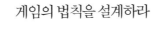

게임의 법칙을 설계하라

# SECRETS OF THE

# 게임의 법칙을 설계하라

케이윳 첸·마리나 크라코프스키 지음

유효상 옮김

# MONEYLAB

클라우드나인
CLOUD 9

# 경제학 실험을 통해 인간을 이해한다

-조지 A. 애컬로프(2001년 노벨 경제학상 수상자)[*]

이 책은 단편 소설집처럼 읽힌다. 한편으로는 뛰어난 경제학 책이기도 하다. 이것은 우연이 아니다. 경제학자와 소설가는 기본적으로 같은 과제를 갖고 있기 때문이다. 둘 다 사람들이 어디에서 동기부여를 받고 또 어떻게 상호작용을 하는지를 설명해야 한다. 그리고 이것을 잘 버무려서 흥미로운 결론을 도출해야 한다.

최근 들어 나타난 경제학의 발전, 이는 30~40년 전에 본격적으로 시작된 실험을 특징으로 한다. 케이윳은 휴렛팩커드의 뛰어난 실험 경제학자이다. 경제학 실험(그가 직접 한 일부 실험, 그리고 다른 사람들에 의한 여러 실험)은 케이윳과 마리나가 풀어내는 이야기의 근원이다. 저자들이 설명하고 있듯 그런 실험은 관리자들에게 엄청나게 유용한

---

[*] 노벨상 수상자이자 경제학자이다. 주요 저서로는 『야성적 충동: 인간의 비이성적 심리가 경제에 미치는 영향Animal Spirits』『아이덴티티 경제학: 정체성이 직업·소득·행복을 결정한다Identity Economics』 등이 있다.

도구가 된다. 떠올린 아이디어를 외부 세계에서 시도해볼 필요가 없다. 회사의 '머니랩'에서 테스트를 해보면 되니까. 얼마나 많은 것이 절약되는지 생각해보라. 그 모든 좋지 못한 아이디어들이 회사 밖에서의 값비싼 시도 끝에 버려진다고 생각해보라.

그만큼 중요한 것이 휴렛팩커드가 케이윳에게 회사의 문화에 대한 접근을 허락했다는 점이다. 우리는 이 책의 곳곳에서 이런 실용적인 오리엔테이션을 발견할 수 있다. 머니랩 실험의 '결과'만이 유용한 것은 아니고 제기하는 '질문' 역시 대단히 가치 있다.

내가 이 책을 특히 마음에 들어하는 것은 경제학을 연구하는 개인적인 방법 때문이라는 것을 고백해야겠다. 이것은 머니랩의 비밀이 아닌 내 개인적인 비밀이다. 나는 이런 방법을 쓴다(세미나를 들을 때라면 특히 더 그렇다). 강연자는 수학적인 모델을 발표하고 있어도 나는 거기에 상응하는 나름의 스토리를 만들어내려 노력한다. 리처드, 수, 매리와 같은 등장인물을 집어넣고 수학이 아닌 상상으로 나만의 결론을 끌어낸다. 이 방법은 수학에서 끌어낸 것만큼 명확하지는 하지만 그만큼 유효한 결론에 이를 때가 깜짝 놀랄 만큼 많다.

이런 이야기는 이 책이 왜 그렇게 좋은 책인가를 다시 생각하게 한다. 이 책은 기본적인 경제학을 상황에 맞추어 스토리로 제시한다. 우리 인간은 스토리로 생각하게 만들어져 있다. 그 사실을 생각하면 이 책은 진정으로 진실에 가 닿는 경제학 책이다. 독자들은 이 책이 언제 어디에서 적용되는지 알게 될 것이다. 리처드, 수, 매리가 실제로 어떻게 상호작용하는지를 직접 질문을 던질 수 있기 때문이다.

게다가 이 책은 아주 재미있게 읽을 수 있다.

# 인간은 어떤 존재이며 왜 상황에 따라
# 다르게 행동하는가?

　사람들은 왜 일생일대의 가장 중요한 순간에 어리석은 판단과 선택을 할까? 그런데 왜 그런 일은 항상 반복될까? 합리적이고 이성적 존재라는 표준 경제학의 전제와는 달리 현실 세계에서 인간은 수많은 인지편향cognitive biases에 빠져 있고 중요한 의사결정도 대충한다. 자신의 믿음을 과신하고 자신이 생각보다 얼마나 무지하고 미래가 얼마나 불확실한지 인정하지 않는다. 그러면서 세상을 이해하는 능력을 과대평가하고 우연으로 만들어진 결과에 대해 과소평가한다.

　인생은 한마디로 곧 선택이다. 그렇다면 그 선택은 아주 현명해야한다. 그런데 인간은 비합리적으로 감정과 직관에 따라 판단과 선택을 한다. 미래의 결과를 예측하기 어려운 상황에서 선택할 때 특히 그렇다. 인간들의 비합리적이고 비이성적인 판단과 선택을 연구하는 학문이 최근에 세계적으로 떠오른 행동경제학이다. 행동경제학은 궁극적으로 사람들의 경제적 선택에 미치는 영향을 연구하는 학문이다. 인간의 합리성을 굳건히 믿는 전통 경제학과는 달리 예측 불가능한 인간의 심리와 본성에 주목한다. 심리학을 비롯한 여러 사회과학을 경제학 모형에 폭넓게 적용함으로써 변덕스러운 인간 행동을 더 정확하게 설명하고자 시도한다는 점이 특징이다.

그럼 왜 경제를 이해하는 데 심리학이 필요할까?

독일의 유명한 밀키트 회사 헬로프레시는 유명 셰프가 만든 요리의 레시피와 그 요리를 만들 수 있게 잘 다듬어진 식자재를 배달한다. 헬로프레시는 서비스를 시작한 지 5년 만에 상장됐으며 2021년 7월 기준 시가 총액이 무려 20조 원이나 된다. 이러한 비즈니스 모델 이전에는 유명 셰프가 만든 요리를 그대로 포장해서 배달하는 회사들이 있었다. 그런데 이런 회사들은 성공하지 못했다. 셰프가 직접 만든 음식이 식자재보다는 훨씬 선호도가 높을 것으로 생각했지만 현실에서 사람들의 선택은 반대였다. 식자재 배달 비즈니스 모델의 완승이다.

사람들은 식자재를 받아서 직접 요리한 뒤 사진을 찍어 보내온 사진과 비교해서 페이스북이나 인스타그램에 올리고 싱크로율이 얼마나 되는지, 직접 먹어본 맛은 어떤지를 공유하고 즐거워한다. 이것을 행동경제학에서는 '이케아 효과'라고 한다. 자신의 결과물에 객관적인 가치보다 훨씬 더 큰 가치를 부여하는 인지적 편향이다. 비즈니스는 고객의 심리를 읽을 수 있을 때만 성공할 수 있다.

물건 가격이 1만 5,000원보다 1만 5,490원이 왜 더 싸게 느껴질까? 어려운 상황에서도 특별 보너스를 지급했다. 그런데 왜 직원들의 사기는 오히려 떨어질까? 왜 메뉴가 다양한 식당에 손님이 별로 없을까? 사람들은 왜 거래하고 무엇을 선호하고 어떤 일에 싫증을 내고 짜증을 내는가? 고객이 몰려드는 기업과 고객이 등을 돌리는 기업은 무엇이 다른가? 왜 내게 도움을 준 것도 없는데 도와주고 싶은 사람과 해코지한 것도 없는데 그냥 싫은 사람은 존재할까?

눈앞에 닥친 일만 처리해도 하루 24시간이 빠듯한 사람들. 변화와 혁신을 주고 싶어도 항상 시간에 쫓기며 결국 '그냥 하던 대로' 다람쥐 쳇바퀴 돌리듯 과거를 되풀이하는 사람들. 획기적인 비즈니스 모델을 찾고 있지만 늘 실패만 하는 사람들. 엄청난 비용과 인력을 투입하고도 별 볼 일 없는 성과에 낙담하는, 소위 '삽질'이 지금도 수많은 사무실에서 벌어지고 있다.

왜 '삽질'이라는 시행착오는 일어날까? 분명한 건 열심히 일하지 않아서 생긴 결과는 아니다. '삽질'은 잘못된 판단에서 시작한다. A를 하면 B가 나올 거라는 착각과 편견이 삽질의 시작이다. 사람들의 의사결정 심리와 돈을 둘러싼 거래와 협상에 대한 명확한 이해만 있다면 삽질은 일어나지 않는다. 기업인들이 무엇보다 먼저 알아야 할 '상식'이 있다면 '상식에 속지 말라.'라는 것이다. 수많은 행동경제학의 연구에서 도출된 '상식을 깨는 결과들'이 이를 증명한다.

최근에는 분야를 막론하고 여러 학문에서 인간의 한계와 불완전성에 관한 연구가 강세다. 자신의 능력을 과대평가하고 주변 환경과 운을 과소평가하는 인간의 특성을 신랄하게 지적하고 약점을 보완하는 사고방식과 행동을 소개하는 책들이 많이 소개되고 있다. 지난 30년 동안 대니얼 카너먼Daniel Kahneman과 리처드 세일러Richard H.Thaler

등 많은 노벨 경제학 수상자를 탄생시킨 행동경제학은 '호모 이코노미쿠스homo economicus'라는 잘못된 가정 위에 성립된 주류 경제학을 근본부터 무너뜨리며 '그렇다면 인간이란 어떤 존재이며 어떤 상황에서 어떻게 행동하는가?'라는 질문에 새로운 답을 내놓기 시작했다.

다행히 사람들의 사고방식 속 편향과 휴리스틱heuristics에는 일정한 패턴이 있어서 그것만 잘 이해해도 인지 착각을 어느 정도 막을 수 있다. 일반적으로 사람들은 자연스럽게 머릿속에서 떠오른 생각들과 늘 하던 기존의 방식을 사용해 문제를 해결하려 한다. 100퍼센트 신뢰하던 정보의 편향성과 실제 능력보다 자신의 능력을 과장하는 인지적 오류 등 인지편향과 휴리스틱이 어떤 형태로 나타나고 또 어떤 방식으로 선택을 유도하는지를 행동경제학은 구체적으로 설명한다.

이 책은 행동경제학을 기반으로 '돈이 움직이는 원리'을 집중적으로 연구한 결과물이다. 경제적 활동에서 중요한 의사결정의 순간에 도움이 되는 실제 실험으로 증명된 수많은 사례를 집대성했다. 구글, 야후, 이베이 등 전자상거래 기업들이나 피앤지P&G, 존슨앤드존슨, 히타치 등 유수의 기업들의 비즈니스 세계에서 벌어지는 다양한 전략과 성공과 실패의 사례를 공유하고 있다.

중요한 순간마다 판단과 선택에 영향을 끼치는 요소는 셀 수 없이 많다. 이 책은 인간의 판단과 선택에 영향을 끼치는 수많은 요소를 설명한다. 우리가 선택하게 되는 이유, 즉 그렇게 행동하고 판단하는 근본적인 심리적 배경을 깨닫게 하고 성공으로 한 걸음 더 다가가게 한다.

# 당신의 비즈니스에 '행동경제학'이라는 무기를 장착하라!

이 책은 한마디로 '돈이 벌리는 원리'에 대한 연구 결과물이다. 단순한 고객 선호도 조사나 상품 테스트와는 다르다. 사람들이 무엇을 좋아하고 싫어하는지, 특히 집단으로 모였을 때 또는 거래할 때 어떻게 행동하는지 등을 중심으로 보여주는 행동경제학 실험서다.

이 책은 특별히 사람들이 경제 활동을 할 때 보이는 특정한 심리적 패턴에 주목한다. 비록 내가 손해를 보더라도 역학관계를 공평하게 하려고 상대에게 보복하는 심리, 상대방이 무언가를 먼저 주면 반드시 보답하고 싶어 하는 심리, 합리적인 의사결정보다는 군중 심리에 휩쓸리는 심리, 장기적 안목의 이익보다는 당장의 손실을 회피하려는 심리 등이다. 사람들이 경제 활동에서 보여주는 이러한 독특한 성향은 비즈니스 향배를 좌우하는 걸림돌이 되기도 하고 지렛대가 되기도 한다.

이런 심리를 제대로 이해하지 못하면 비즈니스에서 합리적 의사 결정을 내릴 수 없다. 당장 크게 차이가 나지 않을지 모르지만 언젠가는 행동경제학 원리로 무장한 사람들에게 뒤처지게 된다. 지금 세계 유수의 기업들은 HP연구소의 경제 실험이라는 첨단의 행동경제학이 끌어낸 놀라운 결과를 효과적으로 활용하기 위해 준비하고 있다. 더 나아가 몇몇 기업들은 실험경제학의 연구와 실행을 위해 특별한 부서를 신설하고 있다. 하지만 걱정할 필요는 없다. 기업 내에 실험 데이터를 창출할 별도의 부서를 두지 않아도 이미 밝혀진 다양한 연구 결과를 적용할 방법이 있다. 이 책은 수백 개의 경제 실험 결과를 총망라하는 최초의 총정리 편으로 바로 그 핵심 자료가 될 것이다.

이 책을 통해 남들이 예측하지 못한 것을 예측하고 측정하지 못한 결과를 측정하고 적용하지 못한 전략을 적용할 수 있을 것이다. 무엇보다 인간의 경제 활동에 대한 당신의 시야가 근시안적이고 단편적인 것에서 좀 더 장기적이고 입체적인 것으로 향상될 것이다. 이제 경제실험으로의 흥미진진한 여행을 함께 떠나보자.

**목차**

# 1부 인간은 무엇을 욕망하는가
## 인간은 돈 앞에서 어떻게 판단하고 선택하는가 • 19

## 1 공정함 혹은 형평성

## 2부 왜 인간은 그렇게 행동하는가
### 왜 인간은 이해할 수 없는 의사결정과 행동을 하는가 • 135

## 1 합리성이라는 함정

## 2 평판의 위력

## 3 신뢰

## 3부 어떻게 인간의 행동을 예측할 것인가
인간의 뇌를 이해하면 경쟁 구도를 유리하게
만들 수 있다 • **259**

## 1 게임의 법칙

1부

# 인간은
# 무엇을 욕망하는가

인간은 돈 앞에서 어떻게 판단하고 선택하는가

# 1

# 공정함 혹은 형평성

왜 다 주고도 미운털이 박히는가

2005년 4월 워싱턴 발레단은 이탈리아 투어 일정을 취소했다. 그 해 여름 세 개의 이탈리아 페스티벌에 참가해 문화 대사로서 활동하고 후원자들의 지원도 독려할 계획이었다. 그중 플로렌스 페스티벌에서는 이들 발레단이 공연의 중심이 될 예정이었다. 플로렌스 페스티벌 주최 측은 발레단이 공연 직전에 갑자기 공연을 취소하는 바람에 난처한 상황에 빠졌지만 방법이 없었다. 무용수들과 발레단 경영진 간의 협상이 결렬됐던 것이다.

무용수들의 수당이 문제였다. 무용수들은 하루 150달러를 요구했다. 플로렌스의 1일 체류비로는 합리적인 액수였다. 하지만 경영진은 투어 때문에 이미 9만 달러의 손해를 보았다고 주장하면서 일비 55달러를 제시했다. 무용수들이 난색을 보이자 경영진은 일비로

150달러를 제공하되 그에 상응하는 액수만큼 급여 삭감이라는 카드를 내밀었다. 급여가 줄어드는 것은 곧 세금도 줄어든다는 의미였다. 하지만 협상은 성사되지 못했다.

협상 결렬의 여파는 발레단 내부를 넘어서 연쇄적으로 퍼져나갔다. 주최 측은 공연이 취소된 것에 격분했다. 이 발레단에 대한 그간의 평가와는 달리 거만하고 프로답지 못하다고 생각했다. 심지어 이탈리아 주재 미 영사관도 실망감을 노골적으로 표출했다.[1] 이 파국이 일비 같은 작은 것에서 촉발됐다는 것은 어이가 없는 일이었다. 노련한 협상가라면 제시된 안이 자신이 가진 대안보다 나으면 받아들이는 것이 당연하다. 그리고 만약 상대의 제안이 내가 가진 대안보다 나쁠 때는 거래를 거부하면 된다. 분명 발레단의 양측 협상가들도 이 원칙을 알고 있었을 것이다. 그렇다면 그들은 상대방의 제안을 받아들이는 것보다 투어 취소가 낫다고 생각한 것일까?

물론 상황은 겉으로 보이는 것만큼 단순하지만은 않았다. 일부 무용수들은 발레단 경영진이 협상을 원하기는커녕 교묘히 빠져나갈 구멍만 찾는다고 생각했다. 경영진은 투어를 하면 할수록 비용이 늘어나니까 고의로 협상이 결렬되도록 유도했을지도 모른다. 공연 취소에 대한 비난을 자신들이 아니라 무용수들이 받도록 말이다. 사실 무용수들은 경영진들이 부정한 의도로 교섭에 응하고 있다고 끊임없이 주장했다.

결국 협상이 결렬된 데는 감정적인 요인이 컸다. 무용수들은 이미 근로조건에 불만을 품고 있었고 몇 개월 전 노동조합을 결성했다. 그리고 협상 직전에는 노동조합을 주도한 두 명의 무용수가 해고됐다. 표면적 해고 사유는 자질 부족이었다. 그러나 무용수들은 사측이 말하는 해고 사유를 믿지 않았다. 따라서 교섭 전에 이미 난기류가 조성돼 있었던 셈이다. 양측이 호전적인 변호인들을 선임하자 상황은 더욱 안 좋아졌다. 경영진 측 변호사는 무용수들이 요구한 '생수 조건'을 문제 삼으며 큰소리로 윽박질렀다.

"우리가 생수를 안 준다고 하면 안 주는 거야!"

변호사의 오만한 태도는 그야말로 불에 기름을 부었다. 감정이 격화되면서 논리가 아니라 감정이 의사결정을 지배했다. 이 사태를 지켜본 사람은 이렇게 회상했다.

"첫 요청을 단칼에 묵살하는 대신에 그저 복리후생에 대한 염려 정도로 받아들였어야 했다. 그랬다면 무용수들은 좀 더 열린 자세로 양보했을 것이다."

그 거래가 가능했을지는 알 수 없다. 하지만 한 가지는 확실하다. 상대의 화를 돋우는 것은 파국을 가져올 뿐 아무런 도움이 안 된다. '불공정한 거래를 하느니 차라리 손해를 감수하겠다.'라는 행동은 이 경우에만 국한되는 것이 아니다. 회사의 제안이 정말 부당했든 아니든 관계없이 무용수들이 부당하게 받아들였다는 것이 문제다.

이 문제를 양측 입장에서 다시 한번 짚어보자. 무용수들이 제시한 일비는 그만한 근거가 있었다. 그들은 다른 공연자들이 받는 정도의 액수를 원했을 뿐이다. 경영진도 나름대로 주장이 있었다. 회사는 이미 투어 때문에 손해를 보고 있다는 것이다. 하지만 협상에서 중요한 것은 '누가 옳은가?'의 문제가 아니다. '양측이 모두 받아들일 만한 것이 무엇인가?'가 제일 중요한 문제다. 경영진은 옳든 그르든

무용수들이 받아들일 만한 것을 제시할 필요가 있었다.


## "나를 골탕 먹여? 너 죽고 나 죽자!"


사람들은 기꺼이 대가를 지급할 만큼 '공정성'이라는 가치를 중요하게 생각한다. 때로는 '공정성'을 쟁취하기 위해서 다른 모든 것을 희생하는 때도 있다. 사람들의 이런 행동을 가장 잘 보여주는 사례가 바로 '최후통첩 게임Ultimatum Game'이라고 불리는 고전적인 실험이다. 최후통첩 게임은 지금까지 고안된 것 중에서도 가장 훌륭한 실험 중의 하나다. 독일의 경제학자 베르너 귀스Werner Guth가 이 믿을 수 없을 정도로 간단한 게임을 개발한 것은 이미 1982년의 일이다. 이 실험의 다양한 버전이 전 세계 수백 개의 연구실에서 이루어졌다.

실험은 이렇다. 2인 1조의 실험 참가자에게 일정한 액수의 돈(예를 들어 100달러)을 주고 그중 원하는 금액만큼을 다른 참가자와 나누어 가지라고 한다. 상대방에게 돈을 전부 줄 수도 있고 한 푼도 주지 않을 수도 있다. 또 일부를 주고 나머지를 갖고 있을 수도 있다. 하지만 여기엔 한 가지 조건이 있다. 상대가 받은 돈을 거부할 수 있다는 것이다. 상대가 제안을 거절하면 두 사람 모두 돈을 얻지 못한다. 반면에 상대가 제안을 받아들이면 둘 다 자기 몫의 돈을 가질 수 있다. 거래는 단 한 번뿐이다. 상대가 제안을 받아들이거나 거절하거나 양자택일의 최후통첩이다.

자, 이 실험의 규칙을 알았다. 그렇다면 당신은 얼마를 제안하겠는가? 그전에 먼저 왜 경제학자들이 이 실험을 그토록 의미 있게 생각하는지 살펴볼 필요가 있다. 이 실험은 '협상의 정수'를 보여주기 때문이다. 연봉 협상이든, 중고차 판매가를 둘러싼 실랑이든, 발레단 일비에 대한 합의든 모든 협상은 쌍방이 '파이를 어떻게 나눌까?'를 다투는 것이다.[2] 한쪽이 많이 가질수록 상대의 몫은 줄어든다. 그리고 양쪽이 합의하지 못하면 협상은 결렬된다. 현실 세계의 '협상'에 대해 연구하는 것은 대단히 혼란스럽고 논리적으로도 매우 복잡한 일이다. 명확하고 통제된 실험을 위해서 경제학자들은 문제의 본질을 끌어내고자 한다. 최후통첩 게임이야말로 최고의 실험이라고 볼 수 있다.

그렇다면 최후통첩 게임에서 최선의 전략은 무엇일까? 전통적인 경제학 교육만을 받았고 인간의 다른 본성을 깡그리 무시한다면 최선의 전략은 당연히 '가능한 작은 액수를 제시하는 것'이다. 실험 주최 측이 10달러짜리 10장(100달러)을 주었다면 상대에게 10달러짜리 1장을 제시할 것이다. 완벽하게 합리적이고 이기적인 참가자들이라면 최소한의 금액을 제시하는 것이 논리적이다. 상대도 아무것도 받지 못하는 것보다는 얼마라도 받는 것이 낫다. 그러니 아무리 적은 액수라도 받아들일 것으로 예상한다. 그런 예상을 하고 최저액을 제시하는 것이 당연하다.

하지만 실제 실험에서는 그 어떤 상대도 그렇게 적은 액수는 받아들이지 않았고 그 누구도 그렇게 적은 액수를 제안하지도 않았다. 물론 최후통첩 게임도 어떤 사람들이 어떤 환경에서 하느냐에 따라 결과가 조금씩 다르다. 베르너 귀스 연구의 경우 참가자들은 전형적인 선택을 한다는 결과를 보여준다.[3] 참가자들이 제안하는 평균금액은 전체의 30퍼센트를 약간 웃돈다. 그러나 예상과 달리 상대방의 5분의 1이 거절했다. 이것은 무엇을 의미하는가? 이 결과는 두 가지 힘, 즉 '단순한 이기심'과 그와 상충하는 '무언가'가 충돌했음을 보여준다. 그것이 바로 '공정성'이다.

## 사람들은 감정을 다치면 반드시 보복한다

제안을 받는 입장에서 보자. 제안자가 100달러 중 20달러를 제안했다고 해보자. 20달러가 공짜로 생기는 것이다. 하지만 나에게는 20달러만 주고 상대는 80달러나 가져가겠다는 그 제안을 흔쾌히 받아들일 수 있을까? 그러기는 쉽지 않다. 대부분 버럭 화를 내고 '불공정한 분배'라며 거절한다. 여러 연구를 종합해보면 제안 금액이 30퍼센트 이하로 떨어지면 거의 거절당했다. 나보다 70퍼센트 이상을 가져가는 것을 보느니 차라리 다 망하는 쪽을 선택하겠다는 것이다.

물질적인 기준만 놓고 보면 어리석은 선택이다. 하지만 사람들은 잘못된 것을 바로잡고 싶어한다. 비록 내가 20달러를 안 받더라도 불공정한 제안을 한 상대에게 복수하겠다는 것이다. 이것은 합리성이 아니라 '감정'의 문제다. 상대가 푼돈을 제안한 데 대한 분노와 그에 상응하는 앙갚음을 했다는 통쾌함의 문제다.[4]

최후통첩 게임에 참여한 사람들의 뇌 스캐닝 영상을 보면 확인할 수 있다. 상대의 제안을 평가하는 과정에서 대뇌의 인지 영역과 감정 영역 모두가 활성화됐다(인지 영역은 논리적인 부분으로 경제적인 이기심을 나타내고 감정 영역은 보복 심리로 거절하게 만든다). 그리고 불공정한 제안은 감정 영역을 더 많이 활성화하면서 감정이 이성을 압도했다.[5]

자기가 손해를 보면서까지도 기꺼이 부당한 제안을 거절하는 것은 또 다른 이유에서도 흥미로운 현상이다. '거절' 상황을 보면 사람들이 '공정하다'고 여기는 기준은 서로 다르다는 것을 알 수 있다. 만약 '20퍼센트 이상이면 공정한 제안'이라고 판단한다고 가정해보자. 그러면 사람들은 '상대방에게 30달러를 주고 내가 70달러를 갖는다.'라고 제안하면서 자신은 아주 너그럽다고 생각한다. 하지만 상대방은 전혀 다른 생각을 한다. 자신이 30퍼센트를 받는다는 것은 매우 불공정하다고 불쾌함을 느끼게 된다.

결국 우리 모두 공정하다고 생각하는 기준이 다르다. 상대방이 어느 정도가 공정하다고 생각할지 추측하는 것도 서툴다. 거기에 능했다면 애초에 거절당할 제안 따위는 하지 않을 것이다. 이 연구가 의미하는 바가 무엇인지는 분명하다. 이런 단순한 실험에서조차 사람들이 공정성에 대해 갖는 개념이 얼마나 서로 다른지 알 수 있다. 그러므로 '내가 공정하다고 생각하는 것'에 상대방도 동의할 것으로 함부로 추정해서는 안 된다. 공정해 보이는 제안이 거절당했다고 해서 놀랄 필요도 없다. 또 거래를 성사시키려면 공정성에 대해 갖는 막연한 개념을 기준으로 삼아서도 곤란하다.

양쪽 모두 거래를 통해 이익을 얻는지, 한쪽에게만 유리한 것인지 고려해야만 한다. 결정적인 순간이 되면 이성이 아니라 감정이 거래에 커다란 영향을 미친다는 것 역시 명심할 대목이다. 그러므로 내 감정이 상대의 감정을 건드리는 상황을 만드는 것은 협상에 전혀 도움이 안 된다. 거래 성사를 위해서는 신중하게 상대의 감정을 고려하는 과정이 필요하다. 그래야 분노나 원한이라는 부정적인 감정을 바탕으로 할 가능성을 줄이고 합리적이고 서로에게 도움이 되는 판단을 할 수 있다.

## 누구나 인색하고 잔인하고 이기적일 수 있다

한 가지 분명하게 짚고 넘어갈 것이 있다. 최후통첩 게임의 결론은 '공정성이 이기심을 이긴다.'라는 것이 아니고 '그것이 옳아서' 공정성을 원한다는 것도 아니다. 처음부터 상대방에게 우호적인 제안을 하는 사람도 있었다. 하지만 많은 사람이 '제안을 받아들일 수 있도록' 금액을 제시했다.

최후통첩 게임과는 또 다른 실험인 '독재자 게임Dictator Game'을 보면 그 의미를 알 수 있다. 독재자 게임에서는 제안을 받는 상대에게 거부권이 없다.[6] 사실 상대의 존재조차 필요치가 않다. 참가자는 자기가 돈을 얼마 가질지 일방적으로 결정하면 그것으로 끝난다. 규칙이 바뀌자 결과가 완전히 달라졌다. 대부분의 '독재자'들은 아주 적은 금액을 제안했다. 최후통첩 게임의 제안 금액보다 훨씬 적었다.

독재자 게임에서 가장 흔한 제안은 0이었다. 최후통첩 게임과 독재자 게임의 차이를 유추해볼 때 '공정하다'라는 기준은 '상대가 제안을 받아들일 것인가 말 것인가?'에 대한 판단, 즉 거절에 대한 두려움에서 나온다는 것을 알 수 있다. 상대가 제안을 받아들이지 않으면 자신도 무일푼이 된다는 것을 알기에 최대한 공정하게 보이려고 노력한다. 최후통첩 게임에서 공정한 분배란 순수한 의미의 공정성이라기보다 철저하게 계산된 이기심인 것이다.

독재자 게임도 예외가 되는 패턴이 존재한다. 대다수는 아주 적은 금액을 나누어주려 하지만 일부는 서로 비슷한 수준으로 나누기도 했다. 물론 일부가 극소수이긴 하지만 무시할 만한 수준은 아니다. 첫 번째 연구에서 24명의 참가자 중 5명이 50대 50의 분배를 했다. 0을 제시한 사람과 같은 숫자였다(나머지 참가자들은 30퍼센트 정도를 나누었다). 이런 편차는 '인간의 본성'을 잘 보여주고 있다. '공정하고자 하는 욕구'에는 개인 차가 크다는 것이다. 결과적으로 모든 것을 하나의 틀로 해석을 해서는 안 된다는 것이다.

예외는 있지만, 거절할 수 있는 상대가 있는 최후통첩 게임보다 독재자 게임에서 '훨씬 덜 공정한 분배'가 이루어졌다. 수많은 독재자 게임 연구에서 참가자의 60퍼센트는 거의 분배하지 않았고 분배한 금액의 전체 평균은 20퍼센트가량이었다.[7]

똑같은 실험을 반복하면 제안 금액은 더 낮아진다. 독재자 게임은 돈을 나누지 않아도 전혀 상관없게 설계돼 있다. 참가자들이 돈을 나누는 방법은 10가지(10~100달러)이고 돈을 주지 않는 방법은 한 가지(0달러)다. 하지만 옵션이 바뀐다면 어떤 일이 일어날까?

존 리스트John List는 독재자 게임을 교묘하게 비틀어서 이런 궁금증에 관해 탐구했다. 그는 '0~100달러'인 선택 범위를 '-50달러~50달러'로 조정했다.[8] 이제 참가자들은 상대에게 최대 50달러까지 줄 수 있지만 그만큼 빼앗아올 수도 있다. 이 단순한 변화는 극적인 결과를 가져왔다. 얼마가 됐든 상대에게 돈을 나누어준 사람은 50명 중 5명, 즉 10퍼센트에 불과했다. 일반적인 독재자 게임이 평균 71퍼센트인 것과 비교하면 엄청난 결과다.[9] 일반적인 실험에서는 평균 20달러를 나누었던 반면에 새로운 조건에서는 평균 '-25달러'로 오히려 상대방으로부터 빼앗아올 수 있는 금액(-50달러)의 절반을 차지했다.

자, 이제 숫자 놀음은 그만하자. 과연 이 실험이 의미하는 바는 무엇인가? 우리는 여기서 이 책 전반에 걸쳐 다룰 주제와 맞닥뜨린다. 사람들의 '너그러움'과 '공정성'에 개인 차가 존재하는 것처럼 어떤 상황인가에 따라 전혀 다른 경제적인 의사결정을 내린다는 사실이다. 천성적으로 관대한 사람이 있고 상대적으로 다른 사람을 잘 믿는 사람도 있다. 다른 사람보다 유독 성실하고 남이 보지 않아도 열심히 일하는 사람도 있다. 하지만 그들 역시 상황에 따라 인색해지기도 하고 의심도 많아지기도 하고 게을러지기도 한다. 왜 다른 사람들이 그런 행동을 하는지 분석하고 싶거나 주변 사람들로부터 특정 행동을 끌어내고 싶다면 바로 이런 상황에 대해 주의를 기울여야 한다.

독재자 게임이 흥미로운 이유가 또 하나 있다. 참가자들은 실험의 의도를 모른 채 무작위로 불려온 사람들이다. 만약 예술에 심취해 있는 작가라면 돈을 나누는 따위의 일을 애초부터 하고 싶어하지 않을 수도 있다. 이 실험에는 의도적인 선택이 없었기 때문에 관대한 사람과 인색한 사람이 모두 존재한다. 하지만 '내 돈을 남과 나눈다.' 라는 것을 용납하지 않는 인색한 사람들은 처음부터 이런 유형의 실험을 피할 가능성이 크지 않을까?

이 질문에 대한 답을 구하기 위해 에드워드 라지어Edward Lazear가 이끄는 연구팀은 참가자에게 '독재자 게임을 할 것인가?' 여부를 선택하게 했다. 연구자들은 버클리와 바르셀로나에서 행해진 실험에서 지금까지의 실험 진행 과정과 결과를 설명했고 실험에서 빠지겠다면 100달러(혹은 100유로)를 가질 수 있는 선택권을 주었다. 실험에서 빠진다는 것은 돈을 나누지 않겠다는 뜻이다(상대에게 0을 주겠다는 선택과 똑같다). 바르셀로나에서는 72퍼센트, 버클리에서는 50퍼센트가 실험에서 빠지는 것을 선택했다. 많은 사람이 무언가를 나눠야 하는 상황을 피할 수 있다면 기꺼이 그렇게 한다는 것이다.[10]

우리가 사는 도시에서는 몇 퍼센트의 사람들이 그런 선택을 할 것 같은가? 흥미롭게도 독재자 게임과 같은 실험실 환경이 아니라 실제 세계에서는 낯선 사람과 단 한 번 만나서 돈을 나눠야 한다면 나누려는 사람들의 비율이 놀랍도록 낮아진다. 낯선 사람(게다가 다시는 볼 일이 없는 사람)에게 사람들이 얼마나 인색한지 알게 된다면 아마도 온몸에 소름이 돋을지도 모르겠다.

## 도대체 얼마여야 고객들은 흔쾌히 받아들일까?

독재자 게임과 최후통첩 게임은 두 가지의 모순적인 양상을 보여준다. 사람들은 자기는 다른 사람에게는 관대하지 않으면서도 다른 사람은 자기에게 공정하고 관대하기를 바란다는 것이다. 이런 결과는 비즈니스의 여러 측면, 특히 급여나 가격 책정처럼 '아주 중요하지만 그 기준이 애매한 영역'과 관련이 있다. 여기서는 '가격'에 초점을 맞춰보자.

우선 퀴즈 하나. 대니얼 카너먼, 잭 넷치, 리처드 세일러가 수행했던 그 유명한 연구에 등장한 질문에 답해보라.[11]

어제까지만 해도 철물점에서 눈 치우는 삽을 15달러에 팔고 있었다. 그런데 오늘 아침 눈이 엄청나게 많이 내리자 그 가게는 가격을 20달러로 올렸다. 어떻게 생각하는가?
1) 대단히 정당하다      2) 어느 정도 정당하다
3) 부당하다      4) 대단히 부당하다

이 질문에 대해 82퍼센트가 '부당하다'고 응답했다. 어떤 면에서는 상당히 비논리적인 결론이다. '수요-공급' 원리에 따르면, 가게 주인이 굳이 가격을 올리지 않더라도 가격이 올라갈 가능성이 커진다. 가격을 올리지 않는다고 해도 수요가 급증해 품귀 현상이 일어날 것이다. 그러면 가격이 공급 부족 사태를 해결한다. 공급 부족이 생기면 가격이 폭등해도 반드시 사려고 하는 사람은 높은 금액을 내더라도 삽을 사게 된다.

물론 어떤 사람들은 이런 수요-공급 원리가 부당하다고 주장한다. 돈이 많은 사람이 아니라 꼭 필요한 사람이 삽을 구매할 수 있어야 하고 그러기 위해 추가로 생계비를 지출하는 일은 없어야 한다고 말한다. 하지만 조사 결과를 보면 이런 몇몇 급진주의자보다도 훨씬 더 많은 사람이 '가격 인상은 부당하다.'라고 생각하고 있었다. 기업은 사람들이 '공정하다'라고 생각하는 이런 기준을 무시하고 합리적이라고 하는 기준으로 했다가 고객을 잃을 수도 있다. 반대로 사람들의 이런 생각을 정확하게 파악한다면 고객의 마음을 얻고 실익도 챙길 수 있다.

가격을 책정할 때는 '비용-수익' '수요-공급'과 같은 경제이론뿐만 아니라 '사람들이 공정하다고 느끼는 정서'에도 신경을 써야 한다. 단적인 예를 들어보자. 경제학자들이 의류회사 고객들을 대상으로 대대적인 실험을 했다. 동일한 가격의 여성 의류 중에서 대형 사이즈만 가격을 올린 것이다(예를 들어 44, 55, 66 사이즈는 모두 같은 가격으로 판매하고 77, 88 사이즈만 가격 인상을 인상한다). 가격을 올리자 고객들의 구매가 눈에 띄게 줄었다.[12]

사람들은 이 결과가 당연하다고 생각할 것이다. 가격이 인상돼 수요가 줄어드는 일은 얼마든지 있기 때문이다. 연구자들은 수요 감소 결과가 자연스러운 현상인지, 아니면 이른바 '공정성 효과' 때문인지 분석하기 위해 여러 버전의 카탈로그를 가지고 실험했다. 특정 카탈로그에는 전 사이즈의 가격을 모두 올렸다. 그러자 고객들은 '부당하다'라고 생각한 특정 사이즈만 값을 올린 경우와 비교해 구매가 줄어들지 않았다. 결과적으로 '부당한 가격 정책'을 취했을 때의 총수익은 이전보다 6~8퍼센트 낮아졌다.


## 왜 연체료나 벌금이 효과를 발휘하지 못할까?


고객들은 '벌금' 형태로 부과되는 연체료 역시 부당한 것으로 생각한다. 경영자라면 약속한 기한을 지키지 않은 고객들에게 사전에 고지된 연체료를 부과하는 것은 당연하다고 생각할 것이다. 하지만 고객들은 다르게 생각할지도 모른다.

예를 들어 DVD 대여 연체료를 고객들은 부당하며 착취적이기까지 하다고 생각한다(DVD를 며칠 늦게 반납했다고 해서 새로 살 정도의 금액을 내야 하는지 등). 경제학자 피터 피시먼Peter Fishman과 데빈 포프 Devin Pope는 비디오 대여점에 관한 연구에서 '연체료를 낸 고객 중 27퍼센트가 다시는 그 가게를 이용하지 않았다는 것'을 발견했다.[13]

장기적인 영향은 훨씬 크다. 세계적인 엔터테인먼트 회사 넷플릭스의 대표 리드 헤이스팅스Wilmot Reed Hastings Jr는 비디오 대여점에 무려 40달러의 연체료를 내게 된 일을 계기로 회사를 세웠다고 고백한 바 있다.[14] 넷플릭스는 '연체료 없음No late fees'이라는 광고로 최대 경쟁자인 블록버스터와 차별화된 서비스를 강조했다.[15]

넷플릭스는 연체료 대신 대여 기간에 따라 가격을 달리 책정했다. 또한 이미 대여한 DVD를 반환하기 전까지는 다른 것을 빌릴 수 없다. 같은 값을 내더라도 얼마나 여러 편의 영화를 얼마나 오래 빌렸느냐를 기준으로 돈을 내는 편이 더 공정하게 느껴진다. 넷플릭스는 고객들이 블록버스터가 부당한 행위를 한다고 느끼는 것을 역이용해 대응했다. 그 결과 고객의 마음을 원하는 쪽으로 돌릴 수 있었다.

유치하게 느껴질지 모르겠지만 전혀 다른 방법도 있다. 때로는 똑같은 숫자도 어떻게 제시하느냐에 따라 고객의 반응이 달라진다. 사람들이 더 쉽게 받아들이는 방법과 그렇지 못한 방법이 있다. 예를 들어 목표하는 바가 고객이 청구서를 받은 다음 2주 내 대금을 지급하게 만드는 것이라고 하자. 이런 경우라면 연체할 때 벌금을 물릴 수 있고 더 일찍 결제할 때 할인해줄 수도 있다. 결국 고객들은 같은 비용을 내는데도 벌금은 가혹하고 부당한 것으로 보고 할인은 자신을 배려한 공정한 조치로 받아들인다. '주말 할증'보다는 '주중 할인'이라는 표현이 훨씬 고객 친화적이다.


## 왜 공정한 제안인데도 부당하게 느껴질까?


객관적으로 공정한 거래인데도 부당하게 보이는 때가 종종 있다. 어린 시절을 떠올려보라. 형제자매와 경쟁하며 자란 사람이라면 익숙한 풍경일 것이다. 엄마가 막대사탕을 준다. 내가 제일 좋아하는 것이고 기대하지도 않았던 터라 기분이 아주 좋다. 그때 언니가 막대사탕을 빨며 방으로 들어온다. 그런데 다른 한 손에도 막대사탕이 들려 있는 것이 아닌가! 이제 더는 가슴이 두근거리지 않는다. 눈물까지 흘린다.

"불공평해! 왜 언니는 두 갠데 난 하나뿐이야!"[16]

엄마가 '인생이란 공평하지 않은 것'이라는 가르침을 주기 위해 그렇게 했을 리는 없다. 엄마는 내가 느끼는 부당함에 대해 합리적으로 설명함으로써 나를 설득하려 했다. 언니가 더 나이가 많다거나, 어제는 나에게 하나를 더 주었다거나, 저녁을 먹은 다음 하나를 더 주겠다는 식이다. 엄마의 해명으로 상황이 덜 부당하게 보인다. 하지만 핵심은 나는 '다른 사람이 더 좋은 것을 가졌다는 것'을 발견하기 전까지는 그 상황에 흡족해했다는 것이다. 그러니까 나는 '나에게' 파이를 주었느냐만이 아니라 '다른 사람에게는' 얼마의 파이를 주었느냐에도 관심을 쏟고 있었던 것이다.

비단 형제자매들끼리의 일만이 아니다. 이런 심리를 연구한 '질투 게임Envy Game'이라는 아주 흥미로운 실험이 있다. 이 실험에 참여하는 아이에게는 두 가지 옵션이 주어진다.

---

A) 자기도 사탕 하나, 다른 아이에게도 사탕 하나

B) 자기는 사탕 하나, 다른 아이에게는 사탕 둘

---

참가자의 나이는 5~6세였는데 80퍼센트 이상이 A를 선택했다.[17] 그러나 더 어린 나이인 3~4세는 질투심이 발달하지 않아서 40퍼센트만이 A를 선택했다.

다른 참가자가 '얼마를 받는지 알 수 있는' 최후통첩 게임의 변형 실험에서 자기보다 다른 참가자에게 제안한 액수가 높을 때 거절 비율은 훨씬 높아졌다.[18] 다른 사람들과의 '비교'를 통해서 공정한 몫을 얻고자 하는 관심은 상당히 오랜 진화적 뿌리를 가진 듯하다. 카푸친 원숭이들조차 다른 원숭이들과 비교해 '부당한' 보상을 거절하

는 모습을 보였다.[19]

우리는 일상에서 이런 상황을 자주 접한다. 직장에서 기대하지 않았던 보너스를 주면 기분이 좋다. 그러다가 동료가 얼마를 받았는지 알게 되면 기분이 상한다. 마찬가지로 연봉이 인상돼 기뻐하다가도, 연차가 비슷한 친구의 연봉을 알고 나서 기분이 상하는 경우도 있다. 왜 인간 본성은 이토록 변덕스러운가를 논하다 보면 작가이자 비평가인 H. L. 멘켄H. L. Mencken의 말이 떠오른다.

"부자란 아내의 친구의 남편보다 연봉을 100달러 더 받는 사람이다."

물론 요즘이라면 100달러보다 액수가 더 커져야 할 것이다. 하지만 멘켄의 말은 여전히 진리다. 우리는 어떤 방식으로든 자기 자신을 가까이에 있는 누군가와 비교한다. 워런 버핏Warren Buffet의 자산 규모를 듣고 '나는 가난하다.'라는 느낌을 받지는 않는다. 우리는 자신을 버핏이 아니라 같은 회사 동료, 동종업종의 종사자, 엇비슷한 이웃들과 비교한다.


## 비교 대상은 나의 가장 가까운 사람이다

우리의 비교 대상은 우리와 실제적인 관계를 맺는 사람들이다. 경제학자 레이첼 크로슨Rachel Croson과 젠 상Jen Shang은 '기부'에 관해 연구한 적이 있다. 그들은 라디오 모금 방송에서 '다른 청취자들은 얼마를 기부했는지' 밝히는 것이 기부액에 어떤 영향을 미치는지 관찰했다.

충분히 예상했겠지만, '누군가가 300달러를 기부했다.'라는 소식을 들은 사람은 아무것도 듣지 못한 사람들보다 더 큰 액수를 기부했다. 사람들이 '모호한 상황', 즉 무엇이 적절한지 명확하지 않은 상황에서 '다른 사람이 어떻게 행동하느냐'에 따라 행동한다는 심리학 이론과도 일치한다.

사람들은 '애매한' 상황에 부닥쳤다고 해서 무조건 다른 사람들의 행동에 영향을 받지는 않는다. 그들의 행동이 '나와 관련이 있다.'라고 여겨져야 한다. 라디오 방송을 통한 또 다른 실험에서 첫 번째 그룹에는 '누군가가 600달러를 기부했다.'라고 말했고 두 번째 그룹에는 '누군가가 1만 달러를 기부했다.'라고 말했다. 그런데 '600달러 기부' 정보는 기부를 늘려주었지만 '1만 달러 기부' 정보는 역작용을 일으켰다. 첫 번째 그룹보다 오히려 기부가 줄어들었다. 즉 누군가가 내가 낼 수 있는 금액보다 훨씬 많은 액수를 냈다는 것을 듣고는 기부 금액이 줄어든 것이다. 때로 비교는 역반응을 낳는다.[20]

또 다른 실험을 시도해보자. 두 가지 옵션이 있다.

---

A) 동료 연봉은 2만 5,000달러, 내 연봉은 5만 달러
B) 동료 연봉은 25만 달러, 내 연봉은 10만 달러

---

당신이라면 어떤 옵션을 선택하겠는가? 연구자들은 하버드대학교 메디컬 스쿨 학생을 대상으로 실험했다.[21] 놀랍게도 참가자 중 50퍼센트가 10만 달러가 아니라 5만 달러를 받겠다고 대답했다. 다른 사람들의 연봉이 올라간다고 해서 내 연봉의 절대적인 가치가 낮

아지는 것은 아니라는 점을 분명히 했다. 그런데도 그런 답변이 나왔다. '상대 소득'에 대한 생각은 때로는 논리를 무시한다. 요컨대 사람들은 남들이 나보다 훨씬 더 잘사는 꼴이 보기 싫어서 기꺼이 자신이 받을 수 있는 더 많은 돈도 포기한다. 이는 동료들보다는 뒤처지고 싶지 않은 인간의 본성으로 보인다.

불행히도 다른 사람과 비교해 상대적 빈곤을 느끼는 경우 자신만의 '공정성'이라는 레이더가 가동된다. HP연구소에서 생긴 해프닝에서도 그 단면을 발견할 수 있다. 그들은 이 책 결론에 소개할 거래와 관련된 실험을 몇 년에 걸쳐 수백 번 진행했고 별 탈 없이 원활히 진행했다. 참가자들은 연구소에 모여 몇 시간 동안 실험했으며 그에 대한 대가를 받았다.

하지만 실험이 계획대로 진행되지 않았을 때도 있었다. 문제의 주인공은 참가자 중 한 명인 학생이었다. 연구원들은 기본적으로 모든 참가자에게 25달러씩을 주었고 실험에 따라 최종 금액이 결정된다고 확실히 설명했다. 결과적으로 누군가는 처음에 받았던 것보다 좀 더 많은 금액을 받았고 어떤 사람은 더 적은 돈을 받았다. 하지만 아무리 실험이 잘못돼도 자기 돈을 물어내는 일은 없었다. 손해를 본다고 해도 처음에 받은 25달러에서 나오는 것이었다. 공정해 보이지 않는가?

하지만 이 학생은 실험에 아주 서툴렀고 3시간이 지난 후엔 수중엔 1달러 35센트만 남게 됐다. 학생은 그것이 공정하지 않다고 생각했다. 자기 돈은 아니지만 3시간이라는 시간에 대한 대가가 1달러 35센트라니 너무하다는 생각이 들었다. 학생은 화가 나서 실험

주최자인 케이윳에게 항의했다. 하지만 회사 측은 원칙을 고수했다. 그 학생만의 편의를 봐주는 것은 공정하지 않았고 앞으로의 실험에도 나쁜 영향을 미칠 것이기 때문이다.

연구자들은 이 일로 한 가지 교훈을 얻었다. 사람들은 무엇을 판단할 때 자신만의 기준점에 따라 비교한다는 것이다. 그래서 그 후의 실험에서는 참가자가 '다른 참가자들은 얼마를 벌었는지'를 물으면 연구자들은 비교하기 힘든 모호하고 상투적인 대답을 했다.


## 나의 생각과 상대의 생각은 완전 다르다


워싱턴 발레단 사건도 같은 방식으로 이해할 수 있다. 무용수들은 자신들에게 지급된 일비가 관행보다 낮았기 때문에 손해를 본다는 느낌을 받았다. 그런데 예를 들어 '다른 발레단의 일비가 50달러 미만'이라는 정보를 미리 알았다면 어떤 반응을 보였을까? 아마 그 경우에 무용수들이 불만은 없었을 거라는 판단을 할 수 있다. 그 이유는 이렇다. 로마에서 식사 한 끼를 해결하는 데 얼마가 드는지 혹은 발레단 경영주가 제시한 일비로 어느 정도 수준의 생활을 할 수 있는지 구체적으로 파악하기는 어렵다. 손쉬운 방법은 주변의 다른 사람들이 얼마를 받는지 알아보는 것이다. 그 결과 상대보다 많이 받으면 훌륭한 대우를 받는 것으로 생각하고 적게 받으면 부당한 대우를 받는 것으로 생각하게 된다.

하지만 합의를 어렵게 만든 것은 또 다른 문제였다. 협상에 임하는 사람들이 비교할 대상을 선택할 수 있는 때 자기에게 유리한 쪽으로 선택한다. 경영자가 인색하다는 것을 증명하려고 일부러 더 나은 조건의 비교 대상을 고른다. 그리고 회사 측은 이들과는 반대되는 비교 대상을 선택한다.

카네기멜런 대학교의 경제학자 린다 밥콕Linda Babcock과 조지 뢰벤슈타인Gerge Loewenstein은 펜실베이니아 교육위원회와 교원노조 임원들을 대상으로 '임금 협상을 위해 자신이 속한 학군과 비교할 만한 지역'을 선택하도록 한 적이 있다. 워싱턴 발레단의 무용수들이 '국무부 자료'를 활용했듯이 노사 모두가 공정한 교섭의 기준으로 삼을 만한 자료를 만들기 위함이었다.

당연한 결과지만, 교사들은 자신들보다 높은 급여를 받는 학군을 열거한 반면에 교육위원회는 급여가 낮은 지역을 선정했다. 예를 들어 한 학군의 교사들이 평균 3만 5,000달러를 받는다고 가정해보자. 그들은 평균 3만 6,700달러를 받는 학군의 교사들과 자신을 비교한 셈이다. 그 액수가 되려면 약 4.9퍼센트의 급여 인상이 필요하다. 그들은 급여를 3만 6,400달러로 올리는 4퍼센트 인상안을 요구하며 아주 '합리적인' 수치라고 생각했다. 그들의 입장에선 원하는 수준에는 못 미치지만 아주 타당한 타협안이다. 반면에 교육위원회는 이를 불합리한 요구라고 본다. 위원회가 참조한 대상은 급여 3만 6,000달러인 학군이기 때문이다. 따라서 교육위원회는 3만 6,200 달러를 제안하면서 아주 관대한 제안이라고 생각한다.

결과적으로 양측이 백번 양보한다 해도 여전히 합의점에 이르지 못한다. 각자 상대방이 부당한 요구를 한다고 생각하는 것이다. 연구자들은 자료를 분석하면서 '공정성'에 대한 서로 다른 기준이 결국 파업으로 귀결된다는 것을 발견했다. 예를 들어 주위에 비교 가능한 학군이 많아서 교사들과 교육위원회 간의 차이가 큰 학군일수록 파업이 일어날 가능성이 컸다.[22]

## 왜 깎아주고도 욕먹고 더 받고도 칭찬받을까?

기업들이 '공정성'에 대한 판단 기준이 상대적이라는 것을 간과했다가 종업원이나 고객과의 관계를 단번에 잃기도 한다. 가격차별을 시도했다 처절하게 실패한 아마존의 사례가 그 적절한 예다. '차등discrimination'이라는 단어의 어감은 좋지 않다. 편협하다는 느낌이 든다. 또한 남자와 똑같이 일하면서 적은 보수를 받는 여성이나 일자리나 주택 문제에서 소외당한 사람의 이미지가 떠오른다. 하지만 가격차등은 그런 어감과는 전혀 다른 의미다. 이는 꽤 오랫동안 널리 인정받아온 마케팅 전략이다.

가격차등이라는 개념은 같은 물건이나 서비스에 대해 서로 다른 가격을 책정한다는 발상이다. 예를 들어 세탁 세제를 구매할 때 할인쿠폰을 사용하거나 읽고 싶었던 책이 문고판으로 나올 때까지 기다리거나 조조 영화를 싸게 보는 식이다. 주중 항공료 할인 역시 가격차별의 개념 중 하나다. 좀 더 부지런하거나 인내심 있는 사람이라면 누구든 가격차등의 기회를 얻고 싶어한다.

이 개념은 판매자 입장에서 제품 가격을 상황에 따라 다르게 책정해 시장을 확대하거나 좀 더 세분화하는 전략이다. 버리느니 조금 싸게라도 파는 편이 낫기 때문이다. 구매자에게도 이득이다. 귀찮은 건 질색이고 가격에도 별로 민감하지 않다면 제값을 내면 되고 좀 더 부지런하다면 푼돈이라도 아낄 수 있다. 그렇다면 아마존은 어째서 실패했을까?

그 문제를 논의하기에 앞서 '가격차등의 두 가지 성립 요건'을 살펴보기로 하자. 첫째, 서로 다른 가격으로 팔리는 제품이나 서비스는 아주 최소한이라도 차이가 있어야 한다. 예를 들어 같은 영화를 보고 같은 책을 읽더라도 친구들과 가기 좋은 오전 11시 이후에 보거나 그렇지 않거나 막 베스트셀러에 오른 따끈따끈한 책을 읽는 것과 그렇지 않은 것에는 차이가 있다. 『해리 포터』 신간을 손에 넣기 위해 발매일 전날부터 서점 앞에서 장사진을 치는 사람들을 떠올리면 이해가 쉬울 것이다. 이 책의 보급판이 나올 때까지 기다린다면 선점의 재미는 놓치게 된다. 스포일러(결정적인 내용을 미리 공개하는 사람들)의 홍수 속에서 김이 다 빠진 채로 책을 읽게 될 수도 있다. 이런 작은 차이로도 가격차등을 정당화할 수 있다. 고객들은 기꺼이 이러한 차이를 수용한다. 어떤 이들은 단지 나온 지 얼마 안 됐다는 이유로 30퍼센트 이상의 금액을 더 지급할 필요가 없다고 생각한다. 둘째, 반면에 어떤 사람들은 가격 따위는 문제 삼지 않는다. 이는 철저히 고객의 판단이다.

비행기를 갈아타는 공항에서 몇 시간이고 기다릴 생각이 있다면 싼 항공권을 살 수도 있다. 몇 분을 투자해 할인 쿠폰을 찾아내기도 하고 그러한 수고를 하지 않으려고 좀 더 비싼 값을 지불하기도 한다. 하지만 누군가가 그런 대가 없이, 즉 정당한 노력 없이 동일한 제품이나 서비스를 나보다 싼값에 구매한다면? 절대 기분이 좋을 리가 없다.

2000년 9월 아마존은 엄청나게 축적된 고객 데이터를 활용해서 실제 사용자들을 대상으로 가격차등 '테스트'를 했다. 그 와중에 한 DVD 애호가가 사이트에 로그인하느냐(26.24달러), 신규 가입자로 등록하느냐(22.74달러)에 따라 가격이 달라진다는 것을 발견했다. 고객들은 자신이 보여준 '충성도'에 따라 더 나은 대우를 기대했는데 그렇지 않았던 것이다. 기존 고객보다 신규 고객을 우대하다니? 꽤 씸하게 여길 만하다.

기업 입장에서 충성도 높은 고객은 이미 록인lock-in된 상태이고 굳이 경쟁사와 가격을 비교하는 수고를 하지 않고 기꺼이 높은 가격이라도 낼 것으로 생각할 수 있다. 하지만 그렇지 않았다. 이 고객은 자신이 가입된 DVD 팬 사이트에 이 경험을 털어놓았고 곧 아마존은 여론의 뭇매를 맞았다.[23] 이 사건을 『워싱턴 포스트』에 다룬 저널리스트 데이비드 스트라이트펠드David Streitfeld는 이렇게 말했다.

"다른 사람이 나보다 더 나은 대우를 받는다는 생각만큼 고객의 반발을 더 빨리 불러일으키는 것은 없다."

아마존은 그저 테스트해본 것뿐이라고 부인하면서 자신들은 '가격차등화 정책'을 한 적이 없다고 해명했다. 그게 사실인지도 모른다. 하지만 실험이었든 전략이었든 그것이 실패로 돌아간 것만은 분명하다. 아마존은 '공정하지 못한 전략' 때문에 더 많은 비난을 받은 듯하다. 공정하지 못했을 뿐만 아니라 새로운 가격 정책에 대해 알리지 않았기 때문에 어둡고 은밀한 수법으로 보이기도 했다. '신규 고객에게 더 많은 할인을 해준다.'라는 사실을 공개하는 일은 기존 고객더러 떠나라고 부채질하는 것이나 다름없다. 그런 의미에서 대다수 잡지사가 정기구독자가 갱신할 때보다 신규 구독자에게 싼값을 받는 것은 이해가 안 가는 일이다.[24] 케이블 방송이나 인터넷 서비스도 기존 업체에 충성하는 것보다 새로운 회사로 전환하는 편이 더 나은 대우를 받는다.

그 전형적인 예가 코카콜라의 사례다. 한동안 코카콜라는 외부 온도에 따라 가격을 조정하는 최신 자판기를 이용해서 날이 더워지면 판매가를 올리는 판촉 계획을 세웠다. 이는 이미 경제학자들이 증명한 사실을 근거로 했다. 이론상으로는 공급이 부족해지고 수요가 많아지면 제품 가격이 올라도 정말 필요한 사람들은 구매하게 마련이다. 하지만 정작 고객은 그렇게 생각하지 않았다. 오히려 캔 콜라 하나에 3달러나 가격을 더 올리는 이 행태에 '착취'라는 이름을 붙였다. 추운 날보다 더운 날 자판기 운영 경비가 더 든다고 해보자. 그럼 왜 자판기 관리자가 아니라 콜라 제조사가 높은 폭리를 취해야 하는가? 그러한 계획이 알려지자 대중들은 등을 돌렸다. 그런 기계를 제작하는 일이 기술적으로는 가능했지만 코카콜라는 결국 그 계획을 실행에 옮기지 않았다. 회사는 나중에 '그렇게 하면 어떻겠냐?'는 CEO의 은유였다고 말을 바꿨다.[25]

'시원한 음료수'라는 개념에는 뭔가 특별하고 흥미로운 요소가 있는가 보다. 맥주를 이용한 실험도 있다. 노벨경제학상 수상자인 행동경제학자 리처드 세일러는 '해변의 맥주Beer on the Beach'라고 불리는 유명한 실험에서 참가자들에게 맥주 한 병에 얼마를 지급할 용의가 있는지 물었다.[26] 각기 다른 두 그룹의 참가자들에게 총 80달러를 주고 맥주 한 병에 얼마를 지급할지 정하게 한 다음 사게 했다. 한 그룹은 호텔에서 맥주를 사고 다른 그룹은 해변 가판대에서 맥주를 사게 했다. 같은 맥주지만 파는 곳은 다르다. 실험 결과 호텔에서 맥주를 산 참가자들은 한 병에 평균 2.65달러를 지급하겠다고 했다. 반면에 허름한 가판대에서 맥주를 사는 참가자들은 평균 1.5달러를 지급하겠다고 대답했다.[27]

왜 같은 상품인데도 호텔에서는 두 배나 비싸게 받아도 된다고 생각하는 것일까? 그건 고객들이 절대적인 가격만 보는 게 아니기 때문이다. 그들은 판매자가 얼마를 버는지도 고려하며 어느 정도가 정당한 이윤인지에 대한 관념도 가지고 있다. 즉 사람들이 가격의 공정성을 판단할 때 우선 판매자의 비용을 고려한다는 것이다. 반면에 고객들은 경비가 훨씬 적게 들어가는데도 터무니없는 대가를 요구하는 것은 공정하지 못하다고 생각한다. 수익을 내는 것은 좋지만 폭리를 취하는 것은 안 된다는 것이다.

물론 이윤의 크기, 즉 '지급 가격' 대비 '제품의 비용' 개념은 사람들이 '공정한 가격'이라고 받아들이고 구매를 결정하는 데 하나의 요소로 작용할 뿐이다. 그 외에도 '장소' '업계의 관행(항공사 좌석의 가격차별은 받아들여도 동일 품목에 대한 가격차별은 수용하기 어렵다)' 대가를 지불하고 얻는 것 등 기업들이 그냥 쉽게 지나치는 여러 요인도 있다.[28]

## 왜 공정하다고 느끼고 부당하다고 느낄까?

이상한 게 있다.

한편으로는 '공정성'에 대한 관심이 인간의 보편적인 특성인 것처럼 보이기도 하지만 다른 한편으로는 '무엇이 공정한 것인가?'에 대한 기준이 모두 조금씩 다르다는 것이다. '상대는 무엇이 공정하다고 생각할지' 추측하는 기준 역시 말할 것도 없이 달랐다. 그렇다면 무엇이 이런 차이를 만드는 것일까? 이 질문에 답할 만한 근거는 여러 가지가 있다. 여기서는 가장 중요한 세 가지에 초점을 맞추기로 하겠다.

### ① 공정성에 대한 인식 차이 1. 문화적 배경

협상에서 '문화'가 어떤 역할을 하는지 알아보기 위한 실험이 있다. 2012년 노벨 경제학 수상자 앨빈 로스Alvin Roth가 이끄는 연구팀은 4개의 각기 다른 도시인 미국의 피츠버그, 일본의 도쿄, 이스라엘의 예루살렘, 슬로베니아의 류블랴나에서 최후통첩 게임을 진행한 바 있다.[29] 재미있게도 국가에 따라 크게 차이가 나타났다. 일반적인 패턴은 똑같았다. 일부 참가자는 제안을 거절했고 일부 참가자는 '합리적으로 보이는' 최저가보다 많은 액수를 제시했다. 하지만 참가자들이 제안한 액수와 각 제안에 따른 거절 빈도는 도시마다 달랐다.

미국과 슬로베니아의 참가자들은 이스라엘과 일본의 참가자들보다 더 높은 금액을 제안했다. 미국과 슬로베니아에서 가장 흔한 제안 비율은 50퍼센트였다. 일본에서는 가장 흔한 것이 45퍼센트와

40퍼센트였고 이스라엘에서는 40퍼센트였다. 이로써 '공정성에 대한 인식'은 문화별로 다르다는 것이 드러났다. 그런데 더 흥미로운 현상은 따로 있었다. 이스라엘과 일본에서는 제안자들이 미국과 슬로베니아에서보다 적은 액수를 제안했는데도 거절 비율은 낮았다. 그렇게 본다면 이스라엘과 일본 사람들은 까다로운 협상 상대가 아닌 것일까? 만약 그들이 인색한 협상가들이라면 거절 비율이 높았을 것이다.

왜 문화권별로 차이가 생기는 것일까? 그 이유에 대해서는 짐작만 할 따름이다. 하지만 여러 다른 국가에서의 실험이 약간의 실마리를 제공한다. 특정 문화권에서는 '제안 금액이 적절하다.'라고 판단하는 기준에 '협력'이나 '통합'의 가치가 많이 반영된다. 공동체성이 아주 강한 인도네시아 라마레라의 고래잡이들은 비교적 독립적으로 생활하는 페루 정글의 마치갱가 족보다 제안 금액이 많았다. 라마레라에서는 협력에 따른 보상이 크기 때문이다. 비슷한 이유로 사람들이 시장에서 빈번하게 상호작용하는 사회가 그렇지 못한 사회보다 더 큰 액수를 제안하는 것으로 드러났다.[30]

이유가 무엇이든 문화는 '공정성'을 평가하고 받아들이는 데 아주 중요한 요인이다. 일본에서는 먹혔던 제안이 미국에서는 어림도 없을 수 있다.

② 공정성에 대한 인식 차이 2. 커뮤니케이션 방식

협상과 거래에서 문화적 배경이 중요한 요인임은 분명하다. 기업의 입장에서 특정 문화권에 영향을 미쳐 그것을 바꾸어놓기란 거의 불가능하다. 그저 그런 문화적 배경을 염두에 두는 정도밖에는 다른 방법이 없다. 그렇다면 그러한 문화를 인정하는 것 외에 '사람들이 공정하다고 생각하는 것'에 영향을 미치고 통제력을 발휘할 방법은 없는 것일까? 다행히도 그런 방법이 있다.

앨빈 로스의 연구에서 보았듯 그중 아주 중요한 한 가지는 '직접적인 커뮤니케이션'이다.[31] 로스는 기본적인 최후통첩 게임과 동시에 몇 가지 변형을 시도했다. 첫 번째 변형 실험에서는 참가자들이 서로 이야기를 나눌 수 있었다. 대화는 분배 비율을 비롯해 무엇이든 허용됐다. 두 번째 변형 실험은 이야기를 나누되 실험과 직접적으로 연관된 이야기는 금지했다. 이때의 커뮤니케이션은 순수한 의미의 사교였다.

자, 어떤 일이 일어났을까? 기본형의 실험 결과는 일반적인 수치와 비슷하게 나왔다. 하지만 직접 대면하고 커뮤니케이션한 다음 분배했을 때 공정하게 분배한 사람들의 비율이 83퍼센트까지 높아졌다. 거절 비율은 기존 33퍼센트에서 5퍼센트로 대폭 떨어졌다. 가장 흥미로운 것은 어떤 커뮤니케이션을 했느냐가 결과에 전혀 영향을 주지 않았다는 점이다. 직접적으로 협상을 했든 그저 사적인 이야기를 나누었든 그다음 이루어진 제안은 좀 더 공정해졌고 상대의 거절 가능성도 작아졌다.

왜 이런 차이가 났을까? 그건 바로 '직접적인 소통'이었다. 중고차 판매가를 두고 협상을 하는 등 다른 여러 실험에서도 간단한 인사라도 나눈 사람들이 합의에 이를 가능성이 더 커진다는 결론이 나왔다. 중고차 가격 협상은 최후통첩 게임보다 훨씬 복잡하다. 하지만 잠시라도 이야기를 나눌 기회를 가진 참가자들은 큰 어려움 없이 합의에 이를 수 있었다. 이메일이나 서류 같은 소통 도구보다 직접 대면을 통해서 쉽게 개인적인 신뢰를 쌓을 수 있는 게 분명하다.[32]

여기서 얻을 수 있는 교훈이 있다. 현대인들은 점점 더 효율성을 중시하고 있다. 여러 동료와 협업하면서도 이메일로만 소통하거나 중요한 비즈니스를 시작하면서 얼굴을 보지 않고 서류상으로만 하기도 한다. 전통적인 가치를 중요시하는 문화권에서 여전히 대면 문화의 가치를 높이 사는 것과 달리 대부분의 선진국에서는 이를 비경제적인 것으로 여긴다. 소위 '마티니 런치three martini lunch'라고 비꼬듯 불리는 이런 대면 과정이 마치 과거로 회귀하는 것처럼 여겨지기도 한다. 하지만 여러 실험 결과를 보면 다소 비합리적인 관행으로 보이는 이런 요소들을 포기함으로써 정작 중요한 것을 잃을 수도 있음을 보여준다. 소소한 일상에 관한 잡담과도 같은 스몰 토크small talk, 특히 대면을 통해 이루어지는 스몰 토크는 큰 영향력을 미칠 수 있다.

직접적인 대면만이 비즈니스 상대방을 진짜 인간으로 보이게 하기 때문이다. 실체가 없는 목소리나 활자보다는 같은 공간에서 마주보며 빵을 함께 나눠 먹은 사람들에게 공감하기가 더 쉽다. 서로의 시선에서 문제를 파악할 수도 있다. 감정이 격해지는 순간에 그런 경험은 큰 힘을 발휘한다. 일본 최대 무선통신 회사 NTT도코모의 사장 류지 야마다Ryujii Yamada는 젊은 직원들에게 이렇게 조언한다.

"요즈음은 일본인들조차 거의 혼자 자라면서 컴퓨터 앞에서 오랜 시간을 보냅니다. 그러다 보니 직접적인 커뮤니케이션에 약할 수밖에 없습니다. 사무실 바로 옆자리 사람과도 이메일이나 메신저로 이야기를 나눕니다. 상황이 좋을 때는 그런 게 문제가 되지 않습니다. 하지만 심각한 문제가 생기면 그렇지 않습니다. 그럴 때 서로의 입장을 존중하고 상대의 시선에서 문제를 바라보려면 먼저 상대의 눈을 바라보는 것부터 시작해야 합니다."[33]

### ③ 공정성에 대한 인식 차이 3. 어린이들의 방식

초등학교 6학년인 케이웃의 아들은 아버지가 했던 것처럼 최후통첩 게임을 활용한 과학 프로젝트를 진행해보기로 했다. 친구들이 실험에서 어떻게 하는지 관찰해보니 어른들과 유사한 요소들을 발견했다. 예를 들어 제안의 약 43퍼센트는 50대 50이었다. 0을 제시했던 한 명은 제안을 거절당했다. 하지만 이 학생을 제외한 평균 제안 금액은 39센트였다(아이는 돈이 많지 않아 1달러로 실험을 했다). 학생들의 29퍼센트는 50센트 이상의 제안도 거절했다.

이 실험을 하기 전에 HP연구소의 과학자들 역시 6학년 학생들의 데이터를 나이가 더 어린이들과 성인들과 비교해 그 결과를 발표한 적이 있었다. 어린이들의 최후통첩 게임을 관찰해보면 공정성이나 보복에 대한 인식이 어떻게 진화하는지 힌트를 얻을 수 있다.

심리학자 요엘라 베레비-메이에르Yoella Bereby-Meyer와 셸리 피스크Shelly Fisk는 5세, 8세, 12세의 어린이를 대상으로 실험을 했다. 절차는 일반적인 방법과 비슷하다. 하지만 대상이 어린이이기 때문에 현금 대신 학용품과 바꿀 수 있는 상품권을 이용했다. 실험을 단순화하기 위해서 제안의 종류도 '공정한 분배(5대 5)'와 '공정하지 않은 분배(8대 2)' 두 가지로 제한했다. 좀 더 나이가 든 2학년생과 6학년생들의 양상은 성인들과 유사했다. 거의 모두가 공정한 제안을 했고 부당한 제안은 거절했다. 하지만 5세 아이들은 매우 다른 모습을 보였다. 60퍼센트가 부당한 제안을 했지만 응답자 중 20퍼센트만이 제안을 거절했다. 즉 '공정성'이라는 잣대가 끼어들지 않았다. 아이들은 합리적인 경제 주체로서 행동했던 것이다.

이 결과를 두고 연구자들은 논문에 '호모 이코노미쿠스란 5세 어린이를 말하는가Is Homo Economicus a five years old?'라는 제목을 붙였다. 공정성에 관한 판단은 선천적이지 않은 것으로 보인다. 오히려 일정한 나이가 된 이후부터 중요한 고려사항이 되는 듯하다.

연구자들은 이 실험을 재미있게 변형해보았다. 사람이 제안하는 것이 아니라 무작위로 숫자를 제공하는 빙고 기계를 이용한 것이다. 다른 연구를 통해서 성인들이 컴퓨터 같은 기계보다 사람에 의한 '공정하지 못한 행위'에 더 강한 보복을 한다는 것은 이미 알려져 있다. 성인들은 상대방에 보복하기 위해 제안을 거절한다는 점을 암시하는 발견이다.[34] 하지만 아이들도 그럴까?

이 경우에도 나이가 많은 아이들 대부분은 성인들처럼 기계에 의한 부당한 제안보다는 다른 아이가 한 부당한 제안을 거절하는 경우가 많았다. 다른 아이의 부당한 제안을 거절한 12세의 비율은 60퍼센트였다. 하지만 빙고 기계의 부당한 제안을 거절한 비율은 10퍼센트에 불과했다. 반면에 5세 아이들은 두 종류의 부당한 제안에 대해 똑같이 20퍼센트의 비율로 거절했다.

유치원 나잇대의 아이들이 '다른 사람에게 신경 쓰지 않는다.'라는 것을 보여주는 또 다른 예가 있다. '최후통첩 게임'과 '독재자 게임'에서 나타난 행동을 비교해보는 것이다. 유치원생들은 두 실험에서 모두 자기 욕심대로 제안했고 그 때문에 상대가 제안을 거절할 수 있다는 것을 인식하지 못했다. 최후통첩 게임에는 거절할 상대가 있고 독재자 게임에는 상대가 없다는 것도 이해하지 못했다. 8세가 되면 대부분 이런 실수를 하지 않는다.

하지만 이런 사회적 소양의 발달이 '제안을 하는 쪽'에만 유리하다는 것에 주목할 필요가 있다. 즉 상대의 의도와 행동을 염두에 두는 것은 '상대방의 제안을 판단할 때'만 도움이 된다는 것이다. 부당한 제안을 거절할 때는 그냥 5세 어린아이처럼 단호하게 행동하는 편이 더 낫다.


## 계약서 문구보다 상대의 감정을 이해하는 것이 중요하다

아마 이쯤 되면 다음과 같이 생각할지 모른다. '공정성? 그게 무엇이기에 이렇게 장황하게 반복해서 설명하는 거야?' 공정성이 그토록 중요한 거야?' 물론이다. '협상'과 '가격차등'에서 보았듯이 공정성은 전 세계 모든 사람이 가장 중요하게 고려하는 요소다. 거의 모든 비즈니스에 영향을 미친다. 게다가 이 문제는 이제껏 너무 과소평가돼 왔다. 사람들은 자기가 부당한 대우를 받을 때는 재빨리 파악하지만 다른 사람들이 어떻게 느낄지는 잘 파악하지 못한다.

워싱턴 발레단이 그 협상 실패에서 교훈을 얻게 됐는지는 알 수 없다. 하지만 협상에 성공하려면 최소한 다른 공연 팀이 받는 평균 금액보다 3분의 2나 적은 일비를 노골적으로 제안하는 일 따위는 해서는 안 된다는 것은 분명하다. '공정성'은 중요한 요소다. 기존 경제학이 예상하지 못했으나 내 몫을 공정하게 챙기고자 하는 개개인의 성향은 우리의 의사결정에 지대한 영향을 미치는 여러 '사회적 고려사항' 중 하나에 불과하다.

경제학자들이 '사회적 선호social preferences'라고 부르는 이 고려사항에는 지위, 즉 상대적인 나 자신의 사회적 위치도 포함된다. 높은 지위에 있다는 것은 다른 사람들이 그렇게 인정해준다는 의미다. 즉 사다리의 맨 위쪽 가까운 위치에 있다는 것을 많은 사람이 알고 있고 그에 따른 권력, 존경심, 영향력, 특권, 그리고 많은 경우 부富가 뒤따른다. 현대에 와서 권력과 돈을 얻기 위해 사회적으로 높은 지위를 쟁취하고자 하는 것은 당연한 욕망이 됐다. 현재의 직함은 '내가 영향력 있는 자리에 있다.'라는 것을 알리는 신호다.

전 세계의 5개국에서 한 실험 결과를 보면 사람들은 다른 목적을 위한 수단으로서뿐만 아니라 지위 그 자체를 추구한다는 것을 알 수 있다. 예를 들어 미국인들은 성공에 덧붙여 대중의 찬사를 받는다면 자기가 받을 재정적 보상에서 10퍼센트를 기꺼이 더 투자하겠다고 답변했다. 즉 그들은 지위를 얻기 위해 10퍼센트의 프리미엄을 지급한다.[35]

우리는 '지위'에 높은 가치를 둔다. 하지만 다음 표에서 보듯 다른 여러 사회적 선호들도 있다. 특히 '지위'와 '부' 같은 선호 중 일부는 주위 사람들에게서 등을 돌리게 만들기도 한다. 이런 선호들은 본질에서 이기적이고 경쟁적이기 때문이다. 하지만 그 특징이 정반대인 사회적 선호들도 있다. '공정성에 대한 욕구' '집단의 일원이 되고자 하는 욕구' '자신에게 잘해준 것에 대해 보상하려는 성향' 등이 그것 이다. 특히 마지막 항목은 다음 장의 주제이기도 하다.

---

경쟁적 요소[36]
부의 추구: 돈과 물질적인 것에 대한 갈망
지위의 추구: 그 자체를 목적으로 하는 지위에 대한 갈망

협력적 요소
공정성과 상호주의: 다른 사람들의 공정성에 대한 요구, 부당한 것을 벌하려는
　　　　　　　　성향, 친절은 친절로 보답하려는 심리
집단 정체성의 추구: 집단의 일원이 되고자 하는 욕구, 자기가 속한 집단의 구성
　　　　　　　　원들을 선호하는 성향

---

비즈니스와 경제학은 전통적으로 경쟁, 특히 '부'를 추구하는 과 정에서의 경쟁을 강조했고 타협에 대해서는 별로 의미를 부여하지 않았다. 하지만 사람들의 모든 선호가 비즈니스에 영향을 미친다. 그런데도 그 영향력을 파악하지 못했다는 것은 곧 사람들의 행동을 제대로 예측하지 못한다는 의미다.

"계약서의 문구 하나도 놓치지 말고 꼼꼼하게 살펴라! 계약이란 모름지기 이의를 제기할 수 없는 것이 돼야 한다. 모든 틈새와 허점 을 봉쇄하고 모든 가능성을 망라하라!"

타당한 말이다. 그러나 이것은 '사람들의 목적은 오로지 이기는 데만 초점이 맞춰져 있고 일말의 빈틈이라도 있으면 그걸 악용한

다.'라는 가정을 전제로 한다. 물론 그 말도 일리가 있다.

　사람들의 이기적인 일면은 자신에게 가장 유리한 것을 상대방으로부터 뽑아내려 한다는 것이다. 속임수를 동원할 수도 있다. 하지만 사람들의 이런 성향은 상대방도 마찬가지이기 때문에 항상 대립된다. 사람들이 '이기는 것'을 목적으로 하고는 있지만 동시에 협력과 관계 유지를 원하며 '신뢰할 만하다.'라는 평가를 받고 싶어한다.[37] 그러므로 신뢰의 바탕 없이 모든 가능성을 나열한 깨알 같은 계약서보다 기본적으로 신뢰에 바탕을 두고 있어 항목 자체가 많지 않은 계약서가 더 좋은 결과를 갖고 올 수 있다.[38] 지나치게 형식적이고 법리적인 계약은 오히려 사회적 규범을 존중하고 협력을 바탕으로 행동하고자 하는 욕구에 찬물을 끼얹을 수도 있다.

　어떤 사람들은 '경쟁적인 힘'이 '협력적인 힘'보다 훨씬 강하다고 생각한다. 그들은 '사람은 선천적으로 이기적'이라고 믿고 단지 사회문화적인 상황 때문에 협력적으로 행동할 뿐이라고 생각한다. 하지만 사회과학자들인 심리학자, 인류학자, 경제학자들은 그런 주장을 인정하지 않는다. 여러 연구가 전혀 다른 결과를 보이기 때문이다.

　인간은 원래 이중적인 본성을 갖고 태어난다. 그래서 '이기심과 이타심' '욕심과 관대함' '지위 추구와 공정성 추구' 양쪽 모두를 동시에 추구한다. 인간 본성의 기원에 대해서는 실험을 할 수가 없다. 하지만 수많은 간접적인 증거들이 '인간들은 수백만 년에 걸쳐 이렇게 진화했다.'라는 것을 시사한다.[39]

　최후통첩 게임을 하다 보면 결국 공정함이 모두에게 좋은 결과를 끌어낸다는 것을 깨닫게 된다. 협력이든 경쟁이든, 사람들의 반응은 대부분 감정적이고 무의식적으로 나타난다. 그래서 사람들은 자신도 모르게 다양성을 띤다. 돈이 없고 지위가 낮으면 질투가 나게 된다. 다른 사람을 이용하면 죄책감이 들고 부당한 대우를 받으면 화가 난다. 이 모든 '불편한 느낌'과 '부정적인 감정들' 때문에 또다시 옳은 일을 하게 된다.

긍정적인 감정 역시 행동의 동기가 된다. 친절하게 행동하거나 집단의 일원이 됨으로써 행복을 느낀다. 다른 사람이 나에게 친절하면 고마운 마음이 생긴다. 우리는 친절로 보답하게 된다. 의식적으로 생각하지 않아도 사람들의 감정은 생각과 행동에 영향을 미친다. 판단을 내리는 데 불완전하지만 가장 효과적인 방법이다. 모든 의사결정에 대해 상황에 따른 비용과 이익을 계산하고 평가할 시간은 없다. 감정은 지름길이다.

하지만 모든 의사결정에서 조건을 깐깐히 따지고 계산하기를 원치 않는 만큼이나 감정의 노예가 되는 것도 바람직한 건 아니다. 합리적인 판단을 할 시간이 충분하다면 감정을 제어하는 것이 현명하다. 경쟁자가 현명하게 감정을 자제하고 숙고하는 동안에도 감정에 휘둘리고 굴복당해서 합리적이지 못한 의사결정을 내리곤 하는가? 가끔 우리는 그렇다. 가깝게는 광고업 종사자들이나 부정적인 예를 들자면 사기꾼들이 그 점을 아주 잘 활용한다. 사람들의 감정을 이용해 전혀 필요하지도 않은 제품을 사게 하거나 적당한 값보다 더 많은 돈을 내게 하는 것이다.

하지만 그런 전략은 도덕적으로도 문제가 있다. 더욱이 상대방이 진실을 알게 되면 역효과가 날 수 있다. 비록 작은 전투에서는 이길 수 있을지는 몰라도 향후 보복으로 인해 마지막 큰 전쟁에서는 질 수 있다. 장기적으로는 '상대에게 바라는 것처럼' 상대를 대함으로써 더 좋은 결과를 얻을 수 있다. 이런 상호이익의 원리가 바로 다음 장의 주제다.

# 2

# 상호주의 혹은 호혜주의

받고 싶다면 먼저 무언가를 주어라

짐 굿나잇Jim Goodnight은 창업하면서 근무환경을 이전 직장과는 다르게 하고 싶었다.[1] 그는 통계학을 전공한 뒤 GE에 다녔다. 출근할 때마다 보안 요원의 감시하에 출근 시간을 기록한 뒤 자기 책상으로 갈 수 있었다. 커피를 마시고 싶으면 자판기에 돈을 넣고 사 먹어야 했다. 굿나잇은 당시를 이렇게 회상했다.

"저는 그 모든 것들이 불쾌했습니다."

그는 조사와 분석 분야의 거물이 됐고 직접 차린 회사 SAS는 세계에서 가장 큰 소프트웨어 회사로 성장했다. SAS는 노스캐롤라이나에 있었는데 무료 커피뿐만 아니라 최고급 구내식당, 최신 피트니스 시설, 레크리에이션 센터, 편리한 보육 시설, 알레르기 예방 접종에서부터 심리치료에 이르기까지 모든 건강관리를 받을 수 있는 의료 센터 등 직원들을 위한 다양한 복리후생을 제공했다.

그렇게 아낌없이 지원하는 주목적이 직원들을 사무실에 오래 잡아두려는 것은 아니었다. 회사는 주당 35시간 근무를 장려했다. 물론 이 관대한 정책에 전혀 사심이 없는 것은 아니다. 회사의 중역들도 그 점에 대해서는 흔쾌히 인정했다. SAS의 인사 담당 간부는 이렇게 말했다.

"우리 회사가 자선사업을 하는 곳은 아닙니다.[2] 우리도 영리를 추구하는 기업입니다. 그러기에 우리가 시행하는 모든 것은 사업적으로도 현명한 일이기 때문에 하는 겁니다."

업계 평균 이직률이 20퍼센트가량인 데 비해 SAS의 이직률은 4퍼센트 수준을 유지하고 있다. 2009년에 SAS를 떠난 사람은 2퍼센트에 불과했다. 이 회사는 2010년 『포춘』이 선정한 '일하고 싶은 100대 회사' 1위로 선정됐다. 여러 인터뷰에서 SAS의 경영진과 직원들은 입을 모아 말했다. "나를 소중히 생각해준다면 나 역시 상대를 소중히 생각합니다." 이는 비공식적인 메시지이지만 노사 모두가 공유하는 회사의 약속이다.


## 이기적인 교환 논리냐, 서로를 위한 상호주의냐?

앞의 이야기는 상호주의의 원칙을 단순하게 표현한 것이다.

"눈에는 눈." "기브 앤 테이크." "오는 정이 있어야 가는 정이 있다." 등의 속담에서도 알 수 있듯이 상호주의는 사회과학에서 대단히 오래 연구해온 주제다. 심리학에서도 마찬가지다. 하지만 오해는 하지 말아야 한다. 그러나 '상호주의'가 '네가 100을 주었으니 나도 100을 준다.'라는 식으로 '반드시 준 것만큼 미래의 이익으로 돌아올 것이다.'라는 전형적인 경제적 개념은 아니라는 점이다.

만일 세상이 경제적 논리대로 된다면 일상의 많은 장면은 수정돼야 한다. 휴가 중 우연히 들른 식당에서 친절한 서비스를 받으면 팁을 많이 준다. 경제적 사고로만 보면 타당하지 않은 행동이다. 다시 그 식당에 갈 가능성은 거의 없기 때문이다. 누군가가 나에게 선금을 주고 일을 맡겼을 때 얼마나 성실하게 했는지 파악할 수 없다면 겉모양만 그럴듯하게 꾸며 대충 일을 해야 할 것이다. 하지만 사람들은 훌륭한 서비스를 받으면 팁을 준다. 상사가 감시하지 않아도 열심히 일한다. 황금률golden rule을 기준으로 자기가 대우받고 싶은 방식으로 다른 사람을 대우한다.

물론 의심의 여지는 있다. SAS 인사 담당 임원이 말하듯 직원들의 기대보다 더 좋은 대우를 해준다고 정말 성과가 더 좋아질까? '직원들에게 잘해주면 충성심을 발휘해 훨씬 더 열심히 일한다.'라는 사측의 이야기만으로는 결론을 내리기 어렵다. 반대로 생각해보자. 훌륭한 직원이라면 성공한 회사에서 일하고 싶어하고 그래서 회사가 더욱 성공하면 직원들에게 좋은 대우를 해줄 만한 여력이 생길 수도 있다. 그렇다면 '직원에 대한 처우가 곧 근로 의욕과 직결된다.'라는 것을 어떻게 증명할 수 있을까?

예상했겠지만 이는 이미 실험으로 증명됐다. 캘리포니아 대학교의 경제학자 조지 애컬로프George A. Akerlof가 발전시킨 개념을 실험으로 확인한 것이다. 애컬로프는 근로자와 고용주의 관계를 '부분적인 선물 교환partial gift exchange'으로 보았다.[3] 물론 여느 시장 거래와 마찬가지로 노동 계약에서도 돈이 오고 간다. 하지만 그는 그 거래의 일부는 비록 문서화되지는 않았지만 '강제성이 높은 규칙', 즉 '상호주의라는 규범'에 지배된다고 주장했다.

이런 시스템에서 경영자는 자발적으로 (다른 회사에서 받을 수 있는 것보다 많은) '필요 이상'의 대가를 근로자에게 지급하고 근로자는 그에 보답하기 위해 자신에게 부여된 업무에 더해 '부가적인' 노력을 기울인다. 이 시스템은 효과가 있어 보인다. 그가 관찰했던 어떤 경영자는 성과를 명확히 측정해 인센티브를 지급하는 대신 이러한 방법을 선택했다. 근로자의 생산성은 수치로 쉽게 파악할 수 있었다. 하지만 이 경영자는 의도적이고 자발적으로 먼저 성과에 대한 보상액보다 많은 급여를 제공했다. 그 결과 생산성이 높아졌다. 물론 근로자들의 헌신을 끌어낸 데는 '승진에 대한 기대'라는 다른 요인도 있다. 하지만 근로자 대부분은 책임만 늘어나고 급여 인상이 없는 승진은 거부했다. 애컬로프는 이 결과를 근거로 높은 급여와 높은 생산성 양쪽을 더 잘 설명해주는 것은 '보상이 아니라 상호주의'라고 결론지었다.

이 이론을 확인하기 위해 많은 경제학자가 '선물 교환 게임Gift Exchange Game'이라는 실험을 이용했다. 취리히 대학교 에른스트 페르Ernst Fehr가 이끄는 오스트리아 경제학자들이 고안한 전형적인 실험에서 참여자 일부가 경영자의 역할을 맡고 또 다른 일부가 근로자의 역할을 맡는다. 일자리보다 근로자의 수가 더 많으며 첫 급여로 최

저임금을 받는다.[4]

이 실험은 두 단계로 진행된다. 첫 단계에서 경영자는 최저 수준의 급여를 공개한다. 어떤 근로자든 그 제안을 받아들일 수 있다. 제안을 받아들이는 순간 구속력을 가진 계약이 된다. 두 번째 단계에서는 계약한 각각의 근로자가 업무의 '성과'를 선택한다. 업무의 성과 혹은 노력 정도는 '0~1' 사이의 숫자로 정한다. 하지만 업무 성과를 높이는 데도 대가가 따른다. 숫자가 높아질수록 근로자의 '비용(노력)'도 높아진다. 근로자가 업무의 성과를 높이려면 열심히 일해야 하고 더 큰 노력을 투여한다. 이것은 곧 근로자로서 더 큰 비용을 제공하는 셈이다.

실험에서 보수를 정하는 방식은 예상한 대로다. 근로자는 원래 약속한 급여에서 자신이 선택한 업무의 성과에 따른 비용을 뺀 만큼을 실질적인 급여로 받게 되는 것이다. 한편 경영자는 업무의 성과에서 근로자의 급여를 제한 만큼의 수익을 낸다. 정리하자면 다음과 같다.

---

근로자의 최종 급여=경영자가 제시한 급여-업무의 성과에 따른 비용(노력)
경영자의 최종 수익=업무의 성과-근로자의 최종 급여

---

철저히 이기적이고 논리적인 사람들은 이 실험에 어떻게 임할까? 이기적이고 논리적인 근로자라면 일하기로 한 순간에 봉급은 이미 정해졌기 때문에 언제나 '업무의 성과'를 0으로 선택할 것이다. 마찬가지로 이기적이고 논리적인 경영자는 구직자는 늘 과잉 상태이기 때문에 언제나 최소한의 급여만 제안할 것이다. 일자리보다 근로자가 많으면 근로자가 최저임금이라도 기꺼이 받아들일 것이다. 이런

조건에서 '업무의 성과'를 결정하는 건 근로계약 이후의 문제다. 따라서 경영자가 일단 계약을 체결한 후에는 성과급을 준다든가 하는 방법으로 더 열심히 일하게 할 장치가 없다.

　실험 결과는 '참가자들이 모두 이기적이고 논리적일 것이다.'라는 예상과는 매우 달랐다. 경영자는 근로자가 '양질의 업무'를 선택하도록 유도하기 위해 최저임금보다 많은 급여를 준다. 급여가 적으면 근로자들이 당연히 업무의 질을 낮출 것이라고 예상하는 듯하다. 한편 후한 급여를 받은 근로자는 최소 0보다 높은 '업무의 질'을 선택한다. '상호주의'라는 개념으로 가장 잘 설명되는 효과다. 사실 높은 급여를 받은 근로자의 절반 이상이 높은 수준의 업무를 선택했다. 급여가 인상됨에 따라 업무 성과도 올라갔다. 예를 들어 급여가 '30~44'에서 '90~110'으로 올라가자 업무의 성과는 0.1에서 0.5로 무려 5배나 상승했다.

　실험은 여기서 그치지 않았다. 조건을 바꿔 진행된 두 번째 실험에서 연구자들은 '근로자들이 선의에 보답할 기회'를 제거했다. 즉 근로자들이 업무의 성과를 선택하도록 하지 않고 그 수준을 무조건 1로 설정한 것이다. 어떤 일이 벌어졌을까? 근로자들이 높은 급여를 받을 때 그에 상응하는 노력으로 보답할 기회가 있었던 첫 번째 실험과 비교해 경영자들이 제시하는 급여 수준은 곤두박질쳤다. 근로자만 선의에 보답하는 것이 아니다. 경영자들 역시 상대 근로자가 상호주의에 근거해 선의를 보여줄 것을 '기대'하고 그에 따라 급여를 정했다는 것을 시사한다.

　이 모든 결과는 좀 더 광범위한 상황, 예를 들어 근로자가 아무리 급여를 낮출 자세가 돼 있다 해도 그것이 곧 취업으로 이어지지 않는 이유를 설명한다. 이론상으로 본다면 적정 가격에서 공급과 수요가 정확하게 맞아떨어져야 한다. 구직자와 일자리의 수가 똑같아야 한다는 말이다. 만약 심각한 불경기라면 근로자들이 적은 일자리를 두고 맹렬한 경쟁을 벌일 것이다. 그 때문에 낮은 임금에도 기꺼이 일하고자 하는 사람들이 일자리를 얻을 수 있는 수준까지 급여가 떨어져야 마땅하다.[5] 그런데도 비자발적인 실업이 생기는 이유는 무엇일까?

애컬로프와 재닛 옐런Janet Yellon이 여기에 대해 한 가지 해답을 내놓는다. 바로 '경영자들이 급여를 내릴 만한 상황에서조차 그렇게 하지 않기 때문이다.'라는 것이다. 낮은 급여란 결국 최선을 다해 노력하지 않는 불만스러운 근로자를 양산한다. 그러므로 수요와 공급이 일치하는 가격, 즉 '시장 청산market clearing' 가격보다 급여가 높아야만 노동에 따른 수익(근로자의 비용에 따른 수익)이 발생하게 된다.[6] 바로 페르와 그의 동료들이 연구소 실험을 통해 발견했던 현상이다.

## 왜 보너스를 지급했는데도 직원 사기가 꺾였을까?

하지만 실제 근로 현장에서는 문제가 있다. 다른 연구자들이 '경영자의 관대함'이 미치는 영향력을 현장에서 실험했는데 매우 혼란스러운 결과를 얻었다. 실험경제학자로서 유명한 유리 그니지와 존

리스트는 '선물 교환 실험' 결과가 실제 세상에서도 통용되는지 알아보고 싶었다. 이런 종류의 테스트는 모든 연구자가 지향하는 바다. 완벽하게 통제된 연구소 실험이란 이론적으로 만들어져 인위적인 것이기 때문이다. 각 변수의 효과를 파악하기 위해 많은 까다로운 세부 사항들을 의도적으로 제거한다. 하지만 그렇게 제거한 것들이 현실에서는 지대한 영향을 끼친다면 어떻게 할 것인가?

많은 경우 실험실 연구는 참여자들이 서로 비대면으로 소통하도록 한다. 신체적인 매력, 인종, 소통 능력 같은 '오염' 요소들의 영향을 줄이기 위해서다. 하지만 오염 요소 중 일부는 전혀 오염 자원에 머물지 않는다. 컴퓨터보다 직접 대면해 실험할 때 더욱 공정한 태도를 보여준 최후통첩 게임 결과처럼 어떤 요소들은 아주 중대한 영향을 미칠 수도 있다.

페르의 실험실판 선물 교환 실험의 경우는 참가자들이 단 몇 시간 동안 실험에 임했다. 하지만 실제 세상에서 이런 과정은 며칠, 몇 주, 심지어 몇 년이 걸린다. 실험은 그 상호작용을 간략하게 압축한 것이지만 현실 세계에서는 시간이 지나면서 많은 일이 일어난다. 아주 짧은 시간에 의사결정해야 하는 실험실 환경보다 더 신중하게 판단을 내릴 수도 있다. 실험실에서는 한두 시간이면 됐던 일이 오랫동안 지속되는 상황에서는 지루함과 피곤함을 더 느낄 수도 있다. 때로는 '실험에 참여하고 있다.'라는 자각이 생각과 행동에 영향을 줄 수도 있다. 이런 여러 원인 때문에 경제학자들은 실험실 밖 테스트를 통해 실험실의 결과를 보완하고자 한다.[7]

그니지와 리스트 역시 직장에서 선물 교환 실험을 해보았다. 실험이라는 사실을 숨긴 채 두 종류의 실제 일자리에 두 명의 대학생을 고용했다. 한 학생이 맡은 일은 책을 살펴보고 거기 있는 데이터 중 일부를 컴퓨터에 입력하면서 도서관 도서 목록을 만드는 일이었다. 다른 학생은 집집이 방문해 리서치 센터를 위한 모금 활동을 하는 일을 맡았다. 두 종류의 일 모두 6시간 정도가 걸렸다. 아울러 연구자들은 실험 참가자가 임의로 입력한 숫자(의지치)가 아니라 실제 일에 기울인 노력을 산출함으로써 생산성을 관찰할 수 있었다.

시장 평균 이상의 급여를 주면 생산성이 높아질까? 이 질문에 답을 얻기 위해 그니지와 리스트는 시장 임금 수준에 근거해 참가자들을 구했다. 도서관 업무는 시간당 12달러, 모금 업무는 시간당 10달러였다. 이런 종류의 일자리를 원하는 학생들이라면 이해할 만한 급여였다. 과연 급여가 높아지면 학생들이 더 열심히 일할까? 연구자들은 이 대목에 '선물'을 집어넣었다. 지원 학생 중 절반은 현장에 와서야 급여 인상 사실을 알게 된다. 절반은 제시했던 것과 똑같은 금액을 받는다고 안내받았다. 즉 통제그룹(시장 임금)과 비교그룹(급여를 20달러로 인상)은 같은 업무를 하면서도 서로 다른 급여를 받게 된 것이다.

예상 밖의 선물이 주는 영향은 꽤 극적이었다. 하지만 거의 실험 초반에만 유효했다. 일을 시작한 최초 90분간 통제그룹의 도서관 작업자가 평균 41권을 기록한 데 반해 비교그룹 작업자는 52권을 기록했다. 놀라운 차이였다. 작업자들이 비슷한 능력과 배경의 소유자들이고 누가 비교그룹에 속할지는 무작위로 결정됐다는 것을 고려하면 더 그렇다. 높은 급여가 근로자를 더 생산적으로 만든 것이 아니다.

연구자들이 학생들에게 '일회성 아르바이트'임을 확실히 알렸다는 점도 밝혀두어야겠다. 즉 작업자들은 경영자의 기대에 못 미친다고 해서 해고당할 것을 걱정할 필요는 없었다. 설령 학생들이 좋은 인상을 얻기 위해서 열심히 일했다 해도 그런 노력이 장래에 높은 급여를 주는 일자리를 얻겠다는 욕망과는 아무 관련이 없었다. 연구자들은 오염 요소들의 영향력이 배제된 상태에서 '강력한 상호주의의 증거'를 찾고자 했으며 첫 90분 동안 바로 그것을 발견했다.

하지만 어떤 이유에서인지 그 시간 이후에는 양상이 약해졌다. 자료 입력을 하든 자금 모금을 하든 약속보다 많은 보수를 받는 학생들이 통제그룹보다 높은 생산성을 기록하지 못했다. 그들은 '높은 보수'라는 선물에 대한 보상 행동을 어느 순간부터 중지했다. 난처한 결과였다. 기존의 실험실에서 했던 '선물 교환 실험' 결과에 의문을 품게 할 만한 상황이었다. 즉 높은 급여를 주는 것이 곧 근로자의 도덕적 해이를 방지하고 생산성을 유지하는 것과 연관성이 없다는 것을 암시했다.

이는 급여가 인상됐거나 이직해본 사람들은 다 알고 있는 효과다. 처음에는 크게 만족을 느끼고 동기부여를 받다가 이내 효과가 없어진다. 그 영향력이 얼마나 빨리 사라지는가는 일의 유형, 인상액의 크기, 동료들이 얼마나 벌고 있는가에 대한 고려 등 헤아릴 수 없이 많은 요인이 영향을 미친다. 어떤 이유에서건 근로자는 머지않아 더 많은 것을 원하게 된다. 비단 돈에만 한정되는 것이 아니다. 승진이나 특전, 동료들 앞에서의 인정, 새롭고 흥미로운 과제로 인한 자극

등이 그런 동기가 될 수도 있다. 최고의 생산성을 유지하려면 무엇이 됐든 신선한 자극이 필요하다. 그러므로 직원들을 관리하는 영역에 있는 사람들은 동기부여에 능통해야 한다. 하지만 알고 있는 것과 실행하는 것은 다르다.

　연봉이나 보너스만으로는 충분치 않다. 사실 직원들은 고과가 마무리되면 급여 인상 수준이나 설정 목표에 따른 성과 등을 알고 있다. 때로는 일에 대한 매력을 잃고 성과가 오르지 않았기 때문에 급여 인상을 기대하지 않는 사람도 있다. 그뿐만 아니라 정기 급여 인상은 예상 범위 안에 있다 보니 선물이 아니라 '당연한 일'로 여겨지기도 한다. 다행히도 관료주의에 물들지 않은 조직들은 급여 인상이나 보너스 외에도 다양한 제도를 채택하고 있다. 예를 들어 휴렛팩커드는 뛰어난 성과에 대해 감사의 표시로 독특한 보상을 하고 있다. 보통 레스토랑 식사권이나 그 정도 가치가 있는 현금이다.

　많은 회사가 이와 유사한 일을 하고 있다. 페덱스는 오랫동안 '골든 팰컨Golden Falcon'과 '브라보 줄루Bravo Zulu' 상을 주고 있다. 여기에는 금전적 보상(회사 주식 교부 등)과 공적인 인정(많은 이들의 욕구를 자극하는 지위 등)이 결합한다. 예상할 만한 큰 선물보다 예상치 못한 작은 선물이 더 효과가 있다는 증거는 다음 실험에서도 드러난다.

## 때로는 돈보다 뜻밖의 작은 선물이 더 효과적이다

세바스티안 쿠베Sebastian Kube가 이끄는 스위스 연구진은 '그니지와 리스트의 현장 실험'이 과연 경영자의 의도를 명확하게 밝혔는지 의문을 품었다.[8] 학생들은 약속보다 높은 보수를 받게 된 이유를 정확히 알지 못해 그 횡재를 선물로 해석하지 않았을 수도 있는 것이다. 그렇다면 그들이 실험 초기에 보여준 추가적인 노력은 '상호주의'보다는 오히려 '의외의 선물'이 주는 추가적인 매력에서 기인한 것일 수도 있다. 선물의 성질을 좀 더 확실하게 밝힌다면 작업자들의 생산성이 올라갈까?

이 질문에 답하기 위해 연구진은 그니지와 리스트가 고안했던 것과 비슷한 도서관 업무를 활용했다. 하지만 그들은 세 가지 서로 다른 방법을 이용했다. 첫 번째는 광고대로 학생들에게 3시간짜리 업무에 시간당 12유로를 지급했다. 두 번째는 추가로 예상치 못한 7유로를 더 지급했다. 이것은 시간당 주어지는 추가 급여가 아니라 일회성 선물이었다. 연구진들은 그 의미를 분명히 전달했다. 실험 초반에 "자, 여기 감사의 표시로 작은 선물을 준비했습니다. 여러분들은 7유로를 더 받게 될 것입니다."라고 말하면서 지급한 것이다. 세 번째는 7유로 상당의 선물을 주었다. 포장이 된 작은 보온병이었다. 연구진은 "감사의 표시로 이 보온병을 준비했습니다."라고 말하면서 지급했다.

어떤 조건에서 가장 좋은 결과가 나왔을까?

그렇다. 예상이 맞았다. 현금 7유로를 추가 지급한 경우는 생산성에 아무런 영향도 미치지 못했다. 경영자라면 생산성 면에서 어떤 이득도 얻지 못하면서 거의 20퍼센트를 추가 지출한 셈이다. 그러므로 결국 그 선물은 비생산적인 역효과를 가져온 것이다. 반면에 보온병을 받은 학생들에게는 어떤 일이 일어났을까? 그들의 생산성은 30퍼센트나 증가했다! 그리고 그 수준의 생산성이 3시간 내내 계속 유지됐다. 경영자가 현금 이외의 선물을 제공한 것이 확실히 더 효과적이었다. 근로자들은 빳빳한 현금을 좋아한다고 말한다. 하지만 특정 상황에서는 현금이 아니라 선물로 그 이상의 효과를 낼 수 있다.

실제 기업을 경영하거나 조직을 운영한다면 선물 교환 실험을 현장에 적용할 때는 몇 가지 염두에 두어야 할 것이 있다. 그니지와 리스트의 실험은 실제 현장에서 진짜 일거리를 이용하기는 했지만 일회성이었다는 점이다. 스위스의 연구에서도 마찬가지였다. 이들 연구진은 '작업자들의 미래에 대한 고려'가 결과에 영향을 주거나 결과에 대한 해석을 혼란스럽게 하지 않도록 의도적으로 상황을 만들었다.

하지만 현실에서는 '고용'은 지속적인 관계를 수반한다. 즉 근로자들은 단지 경영자가 잘해준다는 이유만으로(강한 상호주의) 마음에 들게 행동하지는 않는다. 일을 잘함으로써 경영자가 이후에 더 많은 보수를 주고 승진시키고 혹은 최소한 그들을 해고하지 않을 가능성이 커진다는 것을 알고 있는 것(약한 상호주의) 역시 이유가 되는 것이다.

근로자는 '장래에 대한 기대'를 생각하는 것이 보통이다. 강한 상호주의와 약한 상호주의가 모두 존재하는 쪽이 경영자의 선물과 근로자의 노력 사이의 관계가 더 견고해지리라는 것을 예상할 수 있다. SAS는 이런 '힘의 균형'을 잘 이해하고 안배해서 그토록 큰 성공을 거둘 수 있었던 것이다.

'선물 교환 실험'에서 또 다른 통찰력도 얻을 수 있다. 구직할 때

회사 측에서 "해당 직급보다 스펙이 너무 좋다."라는 말을 들은 적이 있다고 해보자. 그럼 그들이 왜 채용을 망설이는지에 대한 힌트를 얻을 수 있다. 물론 나이가 많다는 것을 완곡하게 표현해서 '경력 과잉'이라고 말하기도 한다. 하지만 누군가가 경력 과잉이라고 판단하는 데는 타당한 이유가 있다.

인사관리자는 지원자가 회사에 쉽게 싫증을 느끼거나 불만족스러워하거나 더 좋은 자리가 나타나면 언제든 회사를 떠나지 않을까 염려한다. 좀 더 경력이 부족하더라도 차라리 최선을 다해 일할 만한 사람을 찾는 편이 낫다고 생각할 수도 있다.

급여가 낮은 비숙련직에 경력이 많은 숙련된 근로자를 고용하는 것은 결국 좋지 못한 결과를 가져올 가능성이 크다. 경영자라면 공급자나 일회성 계약 상대를 찾을 때조차도 이를 유념해야 한다. 누군가가 적은 보수에도 기꺼이 일을 맡기로 했다면 기분이 좋을지 모른다. 하지만 상대가 착취당한다는 느낌을 받게 된다면, 추가적인 보상은커녕 지급한 액수와 정확히 일치하거나 그보다 낮은 수준의 결과를 얻게 될 위험이 크다.

적절한 급여 수준을 판단하는 요인에는 '일의 유형'이나 '경쟁 환경' 등 여러 가지가 있다. 예를 들어 패스트푸드 프랜차이즈의 직원에게 최저임금의 두 배를 줄 수도 있다. 이런 보상이 그들로 하여금 일을 더 잘하게 만들 수도 있다. 하지만 탁월한 서비스보다는 그저 값싼 음식이 빨리 나오고 빨리 돈을 지불하고 떠나기를 원하는 고객 입장에게 유의미한 차이를 만들기는 힘들 것이다. 따라서 어떤 경우에나 높은 급여나 선물이 곧 해답이 될 수는 없다.

마지막으로 '상호주의' 문화를 창조하고 싶다면 우선 받고 싶은 만큼 꾸준히 주어야 한다는 점을 기억하자. 물론 비단 돈에 국한된 얘기가 아니다. 예를 들어 전문직 직원이 추가 보상 없이 자기 일을 확실하고 탁월하게 해내기 위해 야간과 주말도 희생하기를 원하면서 휴가나 월차를 체크할 때 간헐적인 조퇴나 지각까지 철두철미하게 기록한다면 기분이 상하게 될 것이다. 상대를 시간당 급여를 받는 일용직 근로자처럼 대하면서 창의적인 결과를 바라거나, 가족이나 친구처럼 지내자고 하면서 중요한 의사결정에서는 배제하거나 하는 등 '이중 잣대'를 가지고는 결코 상호주의 관계가 성립될 수 없다.

## 사회적 거리가 좁아지면 이익의 크기는 커진다

스위스 실험에서 알 수 있는 것처럼 '선물의 성격'도 중요하다. 현금보다 보온병 선물이 더 좋은 결과를 낸 건 '경영자의 의도가 선하다.'라는 암시를 주었기 때문이다.

보온병이 정작 7유로만큼의 가치가 없을 수도 있다. 하지만 현금을 주는 것보다는 더 많이 고심하고 노력한 결과라고 받아들일 수도 있다. 근로자들은 주로 현금으로 보상받기 때문에 현금이 아닌 선물은 희소성이 있다. 엄밀히 말하면 '예상치 못한 현금'과 '예상 밖의 보온병'은 모두 같은 선물이다. 하지만 예쁘게 포장된 보온병이 현금보다 좀 더 선물에 가깝게 보인다. 선물을 받는 사람들에게 '경영자가 특별히 신경을 썼다.'라는 것을 명확하게 드러낸다. 다른 여러 실험에서도 드러났듯이 직원들에게 경영자가 '왜' 자신에게 좋은 보상을 주고자 하는지에 주목하게 하기 때문이다.

경제학자 게리 차네스Gary Charness는 근로자들은 경영자가 의도적으로 높은 급여를 주고 있다는 것을 인식할 때 더 노력을 기울인다는 것을 발견했다.[9] 급여 수준이 똑같더라도 경영자가 자의로 주느냐 노조의 압력으로 억지로 주느냐에 따라 근로자의 반응이 달라진다는 것이다. '의도intention'가 먹히는 것이다.

그렇다면 상대의 의도를 해석하기 어려운 좀 더 복잡한 상황에서는 어떨까? 보통은 '왜 상대가 나에게 친절한지' 모르는 경우가 대부분이다. 그런 경우에도 상호주의가 행동의 강력한 동기가 될 수 있을까? 이것이 사회 선호 연구의 선구자인 인시아드 교수 크리스토프 로크Christoph Loch와 그의 동료 야오즈홍 우Yaozhong Wu가 실험을 통해 알아보려 했던 질문 중 하나다.

다음의 공급망 시나리오를 연상해보라.

소매상을 통해 고객에게 제품을 판매하는 도매상이 있다. 도매상은 소매상에게 판매할 도매가를 정하고 소매상은 최종 고객에게 판매할 판매가를 정한다. 도매가가 같다면 도매상은 소매상이 판매가를 낮게 매길 때 더 많은 돈을 벌 수 있다. 가격이 싸지면 판매가 늘어나기 때문이다. 반면에 소매상은 판매가를 낮게 매기고 싶지 않을 것이다. 낮은 판매가는 이윤이 적기 때문이다. 하지만 판매가가 낮아질수록 고객은 더 많아진다. 판매가가 높아지면 소매상의 제품당 수익이 늘어나고 판매가가 낮아지면 판매가 늘어난다. 이 점을 소매상들도 잘 알고 있다.

도매상은 이렇게 추론할 것이다.

'내가 도매가를 낮추면 소매상은 더 많은 이익을 얻을 수 있어. 판매가를 낮춰서 더 많은 제품을 팔거나 혹은 판매가를 올려서 이윤을 더 챙기겠지. 그러니 어느 쪽이든 소매상은 더 많은 돈을 벌게 될 거야.'

그러므로 도매가를 낮춘 행동은 친절한 의도에서 나온 '친절한 행동'임에 분명하다. 이 실험에서는 지엽적인 몇 가지 사항(수요의 불확실성 등)을 0으로 놓아 배제했다. 만약 도매가를 낮추는 친절한 행동을 했을 때 소매상 역시 그 친절함에 대한 보답으로 판매가를 낮춤으로써 고객에게 혜택을 돌려줄까?

대답하기는 상당히 어렵다. 소매상이 오직 하나의 도매상과 거래하는 상황에서는 '낮은 도매가'가 무엇을 의미하는지 불확실하다. 참가자들이 평균적인 급여 수준을 알고 있고 경영자의 제안 금액을 비교할 수 있었던 선물 교환 실험과는 다르다. 그뿐이 아니다. 소매상은 도매상이 낮은 도매가를 책정한 것이 단순한 '실수'라고 생각할 수도 있다. 즉 소매상은 '선의에 따른 친절한 의도'를 파악하기 어렵다. 설령 그것을 파악한다고 해도 진의가 무엇인지 알 수 없다. 이렇듯 모호한 상황에서 소매상이 과연 보답할까? 이런 어려운 점들 때문에 상호주의가 얼마나 절대적으로 영향을 미치는지 판단하기는 불가능하다. 따라서 연구자들은 실험 참가자들의 상호작용 조건을 조작해 통제그룹과 비교해 상대적인 차이점을 측정해낼 방법을 찾았다.

상호주의가 '감정'이나 '유대관계'에서 나온다면 참가자들의 사회적 거리를 좁힘으로써 상호주의 효과를 극대화할 수 있을까? 로크는 익명의 참가자 둘이 컴퓨터를 통해서만 상호작용을 하며 15회의 거래를 하는 통제그룹을 설정했다. 통제그룹 참가자들은 서로를 모르고 실험 내내 자신을 드러내지도 않기 때문에 사회적 거리는 대단히 멀다. 하지만 양측 모두 의도와 관계없이 누군가의 친절에 보답하고자 하는 본성이 있다는 것을 잊지 말아야 한다. 결국에는 낮은 공급가와 낮은 판매가 모두 잠재적으로 양측 다 더 많은 돈을 벌게 해준다. 물론 상호주의에 충실하다고 해서 언제나 돈을 벌게 되는 것은 아니다. 극단적인 예를 들자면 도매상이 수익이 전혀 없을 정도로 도매가를 책정하고 소매상 역시 거기서 한 푼도 올리지 않고 판매가를 설정한다면 둘 다 전혀 돈을 벌 수 없다.

연구자들은 실험실 상황에서 실험 참가자 간의 사회적 관계를 만들었다. 우선 실험 이전에 둘이 만나 서로를 소개할 시간을 갖게 했다. 그런 후 사회적 관계를 강화하기 위해 연구진은 실험 시작 전 참가자들에게 다음과 같은 짧은 문장을 보여주었다.

"당신은 실험을 함께할 사람을 이미 만났습니다. 이제 그 사람은 낯선 사람이 아닙니다. 상대 실험자가 좋은 친구라고 상상할 수 있을 것입니다. 서로 좋은 관계를 맺고 있으며 좋아합니다."

연구진은 재무적인 인센티브를 교환하거나 상대 실험자나 실험에 대한 부수적인 정보를 제공하지 않고도 이런 식으로 참가자들 사이의 사회적 거리를 통제그룹보다 좁혔다. 자, 어떤 일이 벌어졌을까? 호혜성이 지배적으로 나타났다. 사회적 관계를 맺은 참가자들은 전혀 모르는 사람들보다 서로에게 훨씬 친절했다. 소매상들과 '친구'

가 된 도매상(5.18달러)들이 익명의 도매상들(6.30달러)보다 가격을 낮게 책정했고 친분이 있는 소매상(10.10달러)이 익명의 소매상(11.63달러)들보다 판매가를 낮게 책정했다.

더욱이 사회적 관계를 맺은 소매상과 도매상이 거래한 팀이 익명의 두 사람이 거래한 팀보다 더 많은 돈을 벌었다. 상호주의에 입각한 친절한 행동이 높은 수익을 낳는 것을 보았다. 물론 두 실험자 모두 계산적이어서 그런 친절한 행동 자체는 현재 이익을 보는 것뿐만 아니라 장기적인 관계를 염두에 두기에 나온 것이기는 하다. 하지만 이 실험은 실험자들의 사회관계가 존재할 때 상호주의 효과가 더 강해진다는 것을 보여준다. 관계는 상호주의 효과를 더 높이고 수익도 더 높인다. 이 모두는 실험 규칙의 다른 변화 없이도 가능했다.

놀랍게도 이런 현상은 그들이 맺은 관계가 오직 '상상 속에서만' 존재할 때도 일어난다. 이 실험의 또 다른 버전에서 연구자들은 '참가자들이 서로를 알지 못하는 상태'에서 다음과 같은 문장을 보여줌으로써 마치 관계를 맺는 것과 같은 감정을 일으켰다.

'이 지시를 통해 당신은 이미 다른 사람과 실험하게 될 것을 알고 있습니다. 상대방이 좋은 친구라고 상상해보세요. 당신들은 서로 좋은 관계를 맺고 있으며 좋아합니다.'

사람들은 완전히 익명인 것도 아니고 직접 대면한 것도 아닌 어중간한 상황에서도 뜻밖에 통제그룹에 비해 서로에게 친절하게 대했고 낮은 가격을 설정해 모두가 높은 수익을 내게 됐다.

우리가 몇 가지 변형된 최후통첩 게임에서 살펴보았듯이 '사회적 고려'는 행동과 수익 양쪽에 엄청난 영향을 줄 수 있다. 그 영향이 눈앞에 보이는 일 처리나 이익과 연관이 없는 것처럼 보일 수도 있다. 하지만 상대가 왜 친절한지 이해할 수 없을 때조차 결국 궁극적으로 이익을 가져온다.

## 상대의 호의를 바란다면 먼저 당근을 줘야 한다

상호주의의 힘은 근로자와 경영자 같은 거래 관계보다 이해관계가 없는 상황에서 더 큰 영향력을 발휘한다. 기부가 그 대표적인 예다. 상호주의 분야의 전문가인 독일의 경제학자 아르민 포크Armin Falk는 간단한 현장 실험을 수행했다. 그는 규모가 큰 국제 자선단체와 일하면서 기금 조성 방법을 세 가지 각기 다른 유형으로 세팅했다.[10] 스위스 취리히 시민들에게 보내는 각각의 프로그램에는 모두 '방글라데시 부랑 어린이들을 위한 학교' 건립을 위해 모금을 독려하는 편지가 들어 있었다. 약 1만 장의 요청서 중 3분의 2에는 방글라데시 어린이들이 만든 소박한 '선물'이 들어 있었고 나머지 3분의 1에는 그런 선물이 없었다. 선물은 대개 아이들이 직접 그린 엽서였는데 전달 방식은 두 가지였다. 선물 중 일부에 엽서가 1장 들어 있고 나머지에는 엽서가 4장이 들어 있다.

포크가 찾고자 한 것은 '선물'이 기부에 얼마나 영향을 미치는가였다. 몇몇은 그냥 주는 것이 좋아 기부했다. 또 몇몇은 가난한 아이들이 존재한다는 안내 문구만으로도 마음이 움직여 기부했다. 그렇다면 선물은 그런 맹목적 이타주의 효과를 넘어서는 특효를 발휘할 것인가? 그리고 거기에서 선물의 크기가 중요할 것인가? 아나나 다를까, 일부 사람들(약 12퍼센트)은 선물을 받지 않았는데도 기부했다. 하지만 많은 사람이 선물을 받은 후에 돈을 기부했다. 선물이 있는 경우 기부 비율은 14퍼센트로 늘었다. 동봉된 선물이 없을 때 3,262명 중 397명이 기부를 했고 엽서 1장이 들어 있을 때 3,237명 중 465명이 기부를 했다. 아주 작은 선물 하나가 기부 비율에 엄청난 영향을 미친 것이다.

하지만 정말로 놀라운 효과는 그다음이다. 엽서 4장이 동봉됐을 때 기부 비율이 20퍼센트까지 올라갔다. 선물을 받지 않은 3,262명 중 397명이 기부를 한 반면에 많은 선물을 받은 3,347명 중 691명이 기부를 했다. 기부 안내장을 보내면서 작은 선물을 동봉하는 것은 이미 많은 자선단체가 하는 일이다. 인사 편지 동봉, 개인 맞춤 주소 라벨, 볼펜 같은 작은 선물을 동봉하는 등의 방법은 심리학자 로버트 치알디니Robert Cialdini가 저서 『설득의 심리학』에서 이미 설파한 바 있는 전통적인 기법이다. 치알디니 역시 그런 기법이 성공하는 이유를 '상호주의'라고 꼽았다.

하지만 상호주의를 불러일으키기 위해 선물을 준다는 개념은 이미 많은 모금 캠페인이 행하는 방식, 즉 기부하면 어떤 답례를 받을 수 있는지 코 앞에 들이대며 유혹하는 것과는 전혀 다르다. 일정 수준 이상을 기부하면 티셔츠, 양장본, 책 등 레벨별로 다양한 선물을 받는 그런 종류의 프로그램과는 다르다는 말이다.

포크가 한 연구처럼 상대가 기부하기도 전에 무조건 선물을 주는 게 손해일 수도 있다. 하지만 어떤 종류의 선물이든 그것이 품고 있는 상호주의의 힘 덕분에 일부 사람들은 그 선물에 보답하고자 한다. 물론 포크의 연구에서도 많은 대상자가 기부는 하지 않고 선물만 챙겼다. 하지만 이전에 아예 뜯어보지도 않고 버렸던 것과 비교해서는 진일보한 셈이다. 게다가 선물을 보내는 것이 큰 도움이 된다는 것이 수치로 증명됐다. 선물의 유무와 크기에 따라 기부 비율이 올라갔을 뿐만 아니라 기부 금액도 다른 때와 비슷한 수준이었다. 선물받은 사람은 최소한 그 정도의 금액을 기부하고자 하는 '보상' 욕구가 생겨난다.

자선단체가 엽서를 제작하는 데 들인 비용은 약 2,000스위스 프랑이었던 반면에 기부자에게 받은 금액은 총 9만 2,656스위스 프랑으로 선물을 활용하지 않았을 때보다 약 22퍼센트(약 1만 380스위스 프랑) 증가했다. 포크는 이 자선단체가 4,800스위스 프랑을 지출해서 좀 더 많은 선물을 보냈다면 추가 수입이 4만 976스위스 프랑이 됐을 것이고 투자와 비교해 대단히 효과적인 수익을 냈을 것으로 분석했다. 하지만 이 실험 결과의 단순 확대 적용은 위험하다. '엽서 1장이 기부 확률을 높여주었고 엽서 4장은 그보다 더 높았으니 엽서 10장!' 혹은 '그 이상의 값비싼 선물을 하면 효과가 커질 거야.' 같은 생각은 위험하다. 당연히 그럴 리 없기 때문이다. 엽서 4장이 스위트 스폿sweet spot*일 수도 있고 더 비싼 선물은 오히려 역효과를 낳을 수도 있다.

여기서 역할을 하는 다른 요인들도 있다. 선물은 기부자의 답례를

---

* 가장 멀리까지 날아갈 수 있는 정확한 타격 위치

직접 받을 대상인 어린이들이 만든 것이었고 천편일률적인 주문생산 제품이 아니었다. 아이들이 직접 그린 엽서는 곤궁한 삶을 떠올리게 했다. 예를 들어 아이가 자기 이름을 비뚤비뚤 써 내려간 알록달록한 그림에서 느껴지는 쾌활함과 낙천적인 이미지가 오히려 현재 처한 상황과 묘한 대조를 이룬다. 그런 이미지 자체가 기부하고자 하는 욕구를 일으키는 것이다. 마지막으로 그 선물은 예상 밖의 것이었다. 기부자가 이곳저곳의 단체에서 매년 같은 엽서를 받아왔다면 더 많이 기부하는 동기가 되지 못했을 뿐만 아니라 전혀 효과가 없었을 것이다.

여기서 확실히 말할 수 있는 것이 있다. 상호주의는 좋은 목적을 위해서 이용할 수 있는 강력한 동인이다. 돈을 기부하게 하거나 시간을 내게 하거나 헌혈하게 하거나 그 무엇이건 원하는 것을 상대가 주기를 원한다면 그렇게 하려고 미래의 당근을 흔들고 싶은 충동이 생길 것이다. 하지만 모든 상호주의 실험은 '먼저' 당근을 내밀어야 한다고 가르친다. 물론 이런 함의를 단순 확대해 해석해서는 안 된다. 당근의 크기, 종류, 그리고 누가 만들어야 하는지 등을 숙고해야 한다.

그렇다면 관대한 기부에 감사하는 사후 선물은 어떨까? 이것은 효과가 없을까? 꼭 그런 것만은 아니다. 사실 사후에 전달하는 감사의 선물이 너무 적으면 기부를 축소할 수도 있다. 이것이 그 유명한 '구축 효과crowding-out effect'다.

긍정적이건 부정적이건 외적인 보상(특히 돈)은 내적인 동인(옳은 일을 하는 마음 등)을 상쇄한다.[11] 경제학자 유리 그니지는 이스라엘의 유치원에서 '구축 효과'를 발견한 것으로 유명하다. 유치원의 부모들에게 어린이를 늦게 데려가는 데 대해 10세켈의 벌금을 물리자 늦게 도착하는 일이 '더' 늘기 시작했다.[12] 그니지는 이 효과를 "보상이 사회적 규범을 약화했다."라고 설명했다.[13]

TV 방송국들의 기부 관련 보상 정책에서도 비슷한 사례가 발견됐다. 시청자들은 옳은 일이고 좋은 일이기에 기부했다. 그런데 유인책(25달러짜리 책 증정 등)이 생기고 나자 '기부와 그에 상응하는 선물'을 시장 교환으로 받아들이면서 주판알을 튕기기 시작했다. 선물이 충분히 크지 않으면 아예 없는 것보다 좋은 결과를 보지 못했다. 이 효과는 여러 연구를 통해 입증됐다. 그래서 그니지는 '충분한 보상을 하든지, 아니면 아예 보상하지 말라.'라고 강조한다.[14]


## 왜 손해보면서까지 부당한 것을 처벌하려 할까?

사람들이 어떻게 보복하는지 살펴보았다. '최후통첩 게임'에서 보듯 사람들은 부당한 제안을 받아들이느니 차라리 손해를 보는 한이 있더라도 상대방이 함께 망하는 선택을 했다.

심지어 자기 것을 포기하면서까지 다른 사람을 처벌하고자 하는 이런 심리는 사회과학자들이 '사회적 딜레마social dilemmas'나 '공공재 게임public-goods games'이라고 명명한 상황에서도 자주 일어난다. 이런 유형의 실험에서는 상대방과 이해관계가 얽힌 상황에서 사람들이 내린 선택과 혼자서 내린 선택이 달라진다. 아주 흔하게 벌어지는 '죄수의 딜레마'의 확장 버전이다.

실험자가 여러 명인 '죄수의 딜레마'의 양상을 알 수 있는 유형이 바로 '비양심적인 만찬자의 딜레마Unscrupulous Diner's Dilemma(이하 만찬자의 딜레마)'다.[15] '만찬자의 딜레마'란 여러 사람이 외식하고 전체 금액을 n분의 1로 나누기로 한 경우, 혼자였다면 주문하지 않았을 값비싼 음식을 시켜서 결국 모두가 더 큰 비용을 치르게 되는 이기적 심리를 보여주는 상황을 말한다. 이런 무임승차의 유혹은 공공재의 고갈, 즉 '공유지의 비극traggedy of the commons'이라는 참담한 운명으로 이어진다.[16]

만찬자의 딜레마에서는 비양심적인 사람이 많아질수록 계산 금액은 커지고 그 결과 다시는 같이 식사하고 싶어하지 않는 비극이 일어날 수 있다. 물론 사람들은 서로 무엇을 주문하는지 보고 있다. 또 비싼 음식을 시키면 모두가 더 많은 돈을 내야 한다는 것을 알고 있다. 다른 사람들이 다 보고 있어서 실제로는 그렇게 극단으로까지 치닫지는 않는다. 하지만 어떤 경우라도 혼자 주문할 때보다는 큰 액수를 내게 된다.[17] 만찬자의 딜레마는 일상생활에서의 문제를 생생하게 보여준다. (공동체 일원이든 조직 구성원이든) 인원이 많아질수록 (다른 사람의 노력에 편승하려는) 무임승차의 유혹이 커지기 때문에 모든 구성원의 협력을 유지하는 것이 어려워진다.

'공공재' 역시 사회적 딜레마의 한 유형이다. 전형적인 공공재 게임에서는 구성원들이 일정 금액을 추렴해 공공재를 만든다. 그리고 이 공공재는 돈을 내지 않은 사람까지 포함한 모든 구성원에게 사용된다. 물론 무임승차자가 늘어나면 집단은 손해를 보게 된다. 어느 순간 이런 무임승차자가 과도하게 많아지면 계속 성실하게 자기 몫을 내는 사람은 졸지에 바보가 된다. 그래서 협조적이었던 사람들까지 무임승차를 하려고 한다. 공유지의 비극으로 이어지는 '악순환'의 고리가 시작되는 것이다. 그 누구도, 심지어 무임승차한 사람조차 원치 않는 결과다. 사람들이 무임승차한 사람을 원망하게 된다.

한 실험에서 에른스트 페르와 시몬 게흐터Simon Gächter는 참가자들에게 다음과 같은 시나리오를 제시했다.

"당신은 이 프로젝트에 16프랑을 투자하기로 했습니다. 그룹의 두 번째 구성원은 14프랑을 투자하고 세 번째 구성원은 18프랑을 투자합니다. 그룹의 네 번째 구성원이 2프랑을 투자한다고 가정해봅시다. 당신은 우연히 이 네 번째 구성원을 만났습니다."

그리고 참가자들에게 1~7 사이의 범위에서(7은 가장 강렬한 분노) 이 사람에게 얼마나 화가 났는지 평가해보라고 요청했다. 그 결과 참가자의 47퍼센트가 6 혹은 7이라는 대답을 했다. 나머지 37퍼센트는 5점을 주었다.[18] 이런 사람들의 분노는 무임승차자에게 벌을 주도록 자극한다. '처벌'이 경제적 시각에서 항상 합리적인 행동은 아니다. 그들을 처벌한다고 해서 물질적 보상을 받을 수 없다. 오히려 실제 그 과정에서 손해보는 경우도 많다.[19] 하지만 여기서 '경제적인 합리성'은 전혀 고려사항이 아니다. 부정한 것에 대한 처벌은 무의식적으로 일어나는 감정이기 때문이다.

사람들은 무임승차자를 '좀도둑' '거머리' '악질' '게으름뱅이' 등 다양한 혐오 대명사로 지칭하면서 엇비슷한 감정을 내비친다. 공저자인 마리나는 아이를 많이 낳은 사람을 '사육자breeder'라고 부르는 엔지니어와 일한 적이 있었다. 가뜩이나 인구밀도가 높은데 한 명의 아이라도 더 갖는 것은 자신의 정당한 몫 이상을 취한 이기적인 행동이라는 것이다. 자녀를 많이 둔 사람들에 대해 갖는 알레르기 반응의 극단적인 버전이라 할 수 있다.[20]

사람들은 그런 조소, 비난, 험담을 통해 '어떤 행동을 용인하지 않는지' 공동체 일원에게 확실히 알릴 수는 있다. 하지만 그것만으로는 규칙을 지키도록 강제할 수 없다. 하나의 집단에 강력하게 결속돼 있지 않은 현대 사회일수록 더욱 그렇다. 그러나 결속력이 강하고 번성하는 조직일수록 협력의 수준을 높게 유지하기 위해 비난이나 험담을 넘어서는 과감한 조치를 한다. 무임승차하는 사람들을 배척하고 벌금을 물리고 감옥에 보낸다. 강력한 협박을 가하기도 한다. 그러나 정직하고 올바른 구성원에게는 감사를 표하고 높은 지위를 준다. 간단히 말해 성공적인 조직은 무임승차자를 벌주고 기여자에게는 보상하는 일을 아주 효과적으로 하는 것이다.

하지만 무임승차자를 벌주는 일에는 비용이 들어간다. 그러나 결과적으로는 모든 사람에게 혜택이 돌아간다. 따라서 벌을 주는 그 자체가 공익적인 것이다.[21] 비용이 들어가는 일인데다 굳이 내가 나서지 않고 누군가가 하게 되면 혜택을 볼 수 있다. 그런데도 반드시 그 일을 하는 사람이 나타난다.

케이윳의 구매자-판매자 실험에서도 이런 양상은 극명히 드러난다.[22] 실험 참가자들은 가상의 온라인 시장에서 구매자와 판매자의 역할을 한다. 구매자는 판매자에게 제품을 주문한다. 그 후 구매자는 대금을 지급해야 하고 판매자는 제품을 배송해야 한다. 그런데 각자에게는 상대방을 속일 기회가 있어서 속인다면 단기적이지만 이익을 볼 수도 있다.

판매자는 돈만 챙기고 제품을 배송하지 않을 수도 있다. 구매자는 제품만 받고 대금을 지급하지 않을 수도 있다. 아이러니하게도 이익을 볼 수 있다는 전제는 상대가 정직하다는 가정하에 성립한다. 구매자와 판매자가 모두 속임수를 쓴다면 양쪽 모두 이익을 보지 못한다. '죄수의 딜레마'와 비슷한 상황이다. 각자 선택한 후 구매자와 판매자는 컴퓨터 모니터를 통해 결과를 본다. 속임수를 쓰면 단기적으로 이익을 얻을 수 있다. 하지만 상대방은 곧 알게 된다. 그러면 그들과 거래를 끊을 게 분명하다.

하지만 실험에서는 전혀 다른 양상이 일어났다. 참가자들이 고의로 속임수를 쓴 사람을 처벌하는 일에 나선 것이다. 그들은 상대가 속임수를 썼다는 것을 확실히 알고도 거래 계약을 맺었다. 속임수를 쓴 사람에게 보복하기 위함이었다. 이런 행동으로 얻을 수 있는 직접적인 경제적 이득이 전혀 없다. 의미 없는 거래를 위해 시간을 낭비한 것이다. 페르와 게흐터는 바로 이런 '정당한 분노가 동반된 상호주의'가 사람들을 복수에 참여하도록 유도한다는 것을 관찰했다.


## 제대로 줄 수 없다면 제대로 해명이라도 하라

우리가 현실에서 직면하는 문제를 생각해보자. 직원의 절도 문제이다. 절도에는 사무용품을 슬쩍하는 행위부터 공금횡령에 이르기까지 크고 작은 모든 것이 포함된다. 어느 회사든 직원들의 절도가 생길 수 있다. 그런데 부당한 대우를 받고 있다고 느끼는 직원들이 더 많이 절도를 저지른다는 증거가 있다.

한 제조업체가 불경기를 이유로 두 개 공장 직원들의 급여는 15퍼센트 삭감한 반면 다른 공장 직원들의 급여는 그대로 유지했다. 자연스러운 실험의 기회가 만들어진 셈이다. 이 상황을 연구한 심리학자 제럴드 그린버그Jerald Greenberg는 급여가 삭감된 두 공장에서의 절도 행각이 급여 삭감이 없었던 공장에 비해 훨씬 많았다는 것을 발견했다.[23]

그린버그는 이 현장에서 또 다른 실험을 했다. 급여가 삭감된 한 공장의 책임자에게 '이번 급여 삭감이 유감이라는 것'과 그럴 수밖에 없는 타당한 이유를 설명해주었다. 그리고 다른 공장의 책임자에게는 그냥 형식적이고 성의 없는 해명만 해주었다. 급여 삭감 기간에 두 공장 모두 절도 빈도가 급증했다. 하지만 급여 삭감에 대해 충분히 해명 받지 못한 쪽의 절도 비율이 더 높게 나타났다. 객관적인 결과뿐만 아니라 '의도'와 '설명'이 중요하다는 것이 또 한 번 증명된 것이다.

직원들은 단순히 '회사에서 무언가를 챙겨 가는 것'으로만 복수하지 않는다. 그저 심리적인 보상을 얻기 위해 적극적으로 고용주에게 사보타주를 행하기도 한다. 사보타주의 유형은 자료를 삭제하거나 설비를 파괴하는 것에서부터 인터넷에 회사 험담을 게재하는 것에 이르기까지 여러 가지가 있다.

예를 들어 베스트바이에서 일하는 어떤 직원이 DVD를 코스트코보다 60달러나 비싼 가격에 파는 것은 너무 부당하다고 생각했다. 그는 회사에 얘기해봐야 소용없다고 생각해서 자기 방식으로 가격 조정을 했다며 그 내용을 인터넷 사이트에 올렸다. "베스트바이에서 그 제품을 사서 친구에게 주었다. 그리고 코스트코에서 같은 걸 산 다음 베스트바이에 반품했다."

치졸한 대응일 뿐이라는 비난이 쏟아졌다. 하지만 그는 앙갚음했을 뿐이라고 생각했다.


## 왜 모두가 망하는 충돌을 막을 수 없는 것일까?

지금까지의 상호주의에 관한 이야기는 대개 긍정적인 내용이었다. 비록 그 효과가 길지 않더라도 친절을 친절로 갚는 것은 좋은 일이다. 잘못을 처벌하는 것 역시 사람들을 옳은 길로 가게 하고 협력을 이루어낸다. 하지만 만사가 그렇게 단순하다면 우리가 사는 세상이 이토록 혼란스러울 리가 없다.

전쟁을 예로 들어보자. 사람들이 좋은 일만 한다면 전쟁은 일어나지 않을 것이다. 한 나라가 다른 나라를 공격하고 다시 공격을 받은 나라가 앙갚음을 한다. 그러면 그것으로 충돌은 끝날 것이다. 하지만 충돌은 확대되게 마련이다. 굳이 중동의 경우를 들먹일 필요도 없다. 한때 사랑했던 잉꼬부부가 이혼에 이른다. 이메일 한 통으로 촉발된 사소한 모욕이 악순환을 거듭해 확대되며 급기야 전면전으로 치닫는다. 이런 일을 상호주의로 설명할 수 있을까?

한 경제학 실험이 그 해답을 알려준다. 긍정적인 방향의 상호주의와 부정적인 방향의 상호주의가 동일하지 않다는 것이다. 부정적인쪽이 더 강하다. 상대의 관대함에 보답하는 것보다 이기심에 보복하려는 경향이 강하다. 더구나 자기가 받았다고 생각하는 모욕이 착각에 불과할지라도 이런 일이 일어난다.

심리학자 보아즈 케이사르Boaz Keysar가 이끄는 시카고 대학교의 연구진은 '독재자 게임'을 재미있게 바꿔서 실험했다.[24] 독재자 게임의 방법을 다시 떠올려보자. 독재자 게임에서는 제안자 한 명만이 존재한다. 제안자는 전체 금액 중 자기 마음대로 분배할 금액을 정하고 상대는 무조건 받아들일 수밖에 없다. 그러니 상대는 이론상으로는 필요 없는 존재다.

하지만 이 변형된 실험에선 독재자를 상대하는 참가자가 존재한다. 재미있는 것은 이들 참가자가 독재자라고 알고 있는 대상이 사실은 '관대한 분배를 하도록 세팅된 컴퓨터 시스템'이라는 점이다. 분배를 마친 후에는 이들 참가자가 독재자 역할을 맡는다. 연구진은 이 실험을 통해서 한 가지 포인트를 검증하고 싶었다. 50대 50이라는 동등한 배분에 대해서 '받는 입장'이 됐을 때와 '주는 입장'이 됐을 때 다른 반응이 나타나는지를 알고 싶었던 것이다.

그래서 참가자들이 상대하는 독재자(컴퓨터)는 두 가지 방법으로 분배를 하도록 설정됐다. 첫 번째는 100달러를 갖고 있다가 50달러를 상대에게 '주는' 독재자이고 두 번째는 한 푼도 없지만 상대가 가진 100달러 중 50달러를 '가져가는' 독재자다.

받는 것이든 뺏기는 것이든 결과적으로 챙기는 돈의 액수는 같다.

그렇다면 역할을 바꾸어 참가자에게 독재자 역할을 맡기면 어떻게 '보답' 혹은 '복수'를 할까?

그렇다. 기대했듯 '받은' 사람들이 '빼앗긴' 사람들보다 관대한 태도를 보였다. 독재자에게서 50달러를 받은 참가자는 평균 49.5달러로 보답했다. 하지만 독재자에게 50달러를 '빼앗긴' 참가자들은 평균 58달러를 빼앗았다. 과연 이 보복은 무엇에 대한 것일까? 물론 그들에게 돈을 '빼앗은' 행동에 대한 보복이다. 별개의 구성원들로 이루어진 두 개 그룹에게 '주는' 독재자와 '가져가는' 독재자의 관대함을 평가하게 하자 '가져가는' 쪽이 훨씬 더 가혹하다고 말했다.

후속 실험은 더 재미있다. 이번엔 옵션을 몇 개 더 두었다. 일군의 독재자는 100달러 중 50달러를 참가자에게 주었다. 또 다른 그룹은 참가자가 가진 100달러 중 50달러를 가져갔다. 여기까지는 앞의 실험과 같다. 또 다른 그룹의 독재자는 상대가 가진 100달러 중 30달러만 가져갔다. 수치로 비교하자면 30달러를 가져간 쪽이 50달러를 준 쪽보다 더 관대하다. 결국 상대에게 70달러를 남긴 셈이다. 하지만 참가자들은 그렇게 생각하지 않았다. 케이사는 이렇게 적고 있다.

"50달러를 주는 경우가 30달러만 가져간 경우보다 훨씬 관대하다고 느끼는 것을 발견했다. 아연실색할 노릇이다."[25]

믿기 어려운 일이다. 하지만 '의도'가 얼마나 중요한지 강조했던 앞의 이야기를 생각해보면 이 괴상한 결과가 이해될 것이다. 상대의 행동에 대한 반응(보답과 보복)을 결정하는 기준은 그 행동의 결과만이 아니다. 사람들은 상대의 의도를 이해하기 위해 노력한다. 상대가 일면식도 없다면 그의 의도를 알기가 어렵다. 그렇기 때문에 작은 정보에도 쉽게 휘둘린다. 이 실험의 참가자들은 '주는' 조건과 '가져가는' 조건이 있다는 것조차 몰랐다. 그들이 본 것은 오직 독재자가 자기 것을 '빼앗아가는' 것뿐이었다. 그리고 그것을 이기적인 행동으로 해석할 수밖에 없었다.

'상대의 의도를 어떻게 해석하느냐'가 행동에 강력한 동력으로 작동한다. 이 사실은 다른 대목에서도 찾아볼 수 있다. 참가자의 돈을 '가져가는' 사람들은 상대편에게 자신이 얼마나 탐욕스럽게 보이는지 알지 못했다. 돈을 가져가는 사람은 자기 의도가 '주는 입장'과 비슷하다고 생각하고 있었기 때문에 상대방 역시 당연히 자기 의도를 이해할 것으로 판단했다. 물론 그 판단은 잘못됐다. 흔히 범하는 오류, 즉 내가 생각하듯 상대도 자기를 평가할 것이라는 잘못된 판단에 불과했다. 이런 불일치 때문에 상호작용이 반복될수록 참가자들은 점점 더 이기적으로 변해간다. 이 실험을 반복하는 변형 실험에서 참가자들은 계속해서 역할을 바꾸었다. 독재자는 탐욕스러운 '의도'를 가진 상대에게 보복을 했다. 이 패턴은 역할이 바뀔 때마다 더욱 심해졌다.[26]

충돌이 확대되는 패턴은 바로 이것이다. 한편에서는 상대방이 어떻게 인지할지 깨닫지 못한 채 악의가 없다고 여기는 행동을 한다. '피해자'는 불쾌한 입장에서 상황을 바라보고 상대의 실수(?)에 비례하는 보복을 한다. 독재자는 이 보복이 지나치다고 생각하고 더 심한 보복을 가한다. 일은 이렇게 진행되는 것이다.

그러므로 이 연구는 충돌의 악순환을 막으려면 받은 것을 돌려주는 것만으로는 충분치 않다는 것을 알려준다. (설령 상대의 오해라 해도) 다른 사람을 상처 준 데 대한 사과든 그 대가로 실질적인 이권을 주는 것이든 잘못을 바로잡으려면 공정하다고 생각하는 것보다 좀 더 큰 것을 주어야 한다.[27]

이들 실험에서 처음부터 충돌을 피할 수 있는 힌트가 들어 있다. 언제나 다른 사람의 입장에서 상황을 보도록 노력해야 한다. 또한 내 입장에서 중립적이거나 심지어 친절하다고 생각하는 행동이 상대에게는 전혀 그렇게 받아들여지지 않을 수 있다. 때로는 실제 나의 모습보다 더 친절하게 행동하고 지나친 흥정을 삼가고 무언가를 요구할 때 다른 사람의 권리를 침해하지 않는 것이 현명하다.

다른 사람의 행동을 어떻게 해석하는지 역지사지로 생각해보라. 자신의 판단이 공정하고 객관적이라고 생각할 것이다. 하지만 참가자들은 상대가 '주는' 입장이 아니라 '가져가는' 입장이라는 이유만으로 '나쁘다'고 판단하는 것처럼 사람들에게는 편견이 존재한다. 세상 그 누구도 완벽하게 객관적일 수는 없다. 어느 한쪽으로 치우칠 수밖에 없다면 관대함 쪽으로 치우치는 편이 낫다. 그편이 파국보다는 협력하게 하고 서로가 모든 것을 잃을 때까지 물고 뜯는 비극을 막을 수 있기 때문이다. 누군가의 의도가 의심스럽다면 좀 더 정보를 얻을 수 있을 때까지 판단을 유보하는 편이 좋다. 내 판단을 돌아봄으로써 갖고 있던 상대방에 대한 의혹이 풀릴 수 있다.

지금까지 실험경제학의 수많은 결과를 통해 '사람들이 무엇을 욕망하는가?'에 대해 살펴보았다. 그런데 사람들이 무엇을 원하는지 안다고 해서 실제로 그들의 행동을 유추할 수 있는 것은 아니다. 사람들은 '어떻게 행동하는가?'라는 질문이 앞으로 2부에서 다루게 될 주제다.

# 3

# 불확실성과 리스크

리스크의 대가로 돈을 벌 수 있다

1754년 베니스의 한 도박장. 자코모 카사노바Giacomo Girolamo Casanova는 도박장에서 자신의 운을 시험하고 있었다. 그에게 도박은 전혀 생소한 영역이 아니었다. 이미 학창 시절부터 손맛을 알았고 결국 도박 빚으로 감옥까지 갔다 왔다. 이 전설적인 바람둥이는 엄청 중차대한 목적을 두고 게임을 하고 있었다.

그는 연인 중 한 명으로 자서전에서 조심스럽게 M-M이라고 밝힌 명문가 출신의 수녀를 꼬드겨 멀리 떠나려고 계획한 것이다. 그 도피 자금을 마련하기 위해 뛰어든 게임은 파로Faro였다. 파로는 빨강과 검정 카드 중 하나에 판돈을 걸고 이기면 판돈의 두 배를 얻고 지면 판돈을 잃는 룰렛과 유사한 도박이었다. 그는 카지노를 상대로 이겨보겠다는 당돌한 생각을 품었다. 그에게는 비장의 무기가 있었다. 바로 '마틴게일martingale'이라는 전략이다. 마틴게일 전략은 아주 단순하다. 우선 게임에 일정 금액의 판돈을 걸고 이기면 다음 판에도 같은 액수로 베팅한다. 반면에 지면 이길 때까지 계속해서 이전 판돈의 두 배로 베팅한다. 그러면 결국 언젠가는 이기게 돼 있다. 그러니 손실을 만회하고도 시작 때보다 주머니를 불리게 된다는 발상이다.

이해가 쉽도록 실제 예를 들어보자. 5달러를 걸고 게임을 시작했다. 5달러를 잃었다면 판돈을 두 배인 10달러로 하고 그 10달러 내기에서도 지면 20달러를 건다. 그런 식으로 이길 때까지 게임을 한다. 만일 네 판을 연달아 잃고 다섯 번째에서 이기면 80달러를 챙긴다. 80달러면 네 판의 손실 즉 75달러(5+10+20+40)를 회복하고도 5달러가 남는다. 마틴게일 전략은 며칠 동안 연속해서 좋은 성과를 냈다. 하지만 곧 운이 다했고 돈이 바닥나자 역전의 기회를 노릴 수가 없었다. 결국 그는 M-M의 다이아몬드를 팔았다. 하지만 그 돈 역시 몇 번의 게임으로 탕진했다. 카지노에서 돈을 벌기는커녕 입고 있던 옷까지 벗어줘야 할 판이었다. 카사노바는 당시 이 일을 이렇게 적었다.

'M-M의 수도원 탈출은 없던 이야기가 됐다. 먹고살 것이 전혀 없지 않은가!'[1]

마틴게일에는 사람을 솔깃하게 하는 무언가가 있다. 지금까지 고안된 여러 혁신적인 베팅 전략들도 마찬가지다. '빨강'과 '검정' 또는 '승리'와 '패배'는 결국 균형을 이룬다! 세상을 이해하는 사람들의 대표적인 사고방식이다. 확률 게임에서 '이기는 기술'을 적용함으로써 '불확실성을 확실하게 확실성으로 바꿀 수 있다.'라는 주장은 꽤 그럴듯하게 들린다. 하지만 카사노바의 경험에서 보듯이 마틴게일에 대한 믿음은 '확률이 실제 어떻게 작용하는가?'에 대해 완전 오해하고 있다는 것을 알려준다.

'빨강'과 '검정'이 종국에는 균등해진다는 것은 사실이다. 그것이 바로 '대수의 법칙laws of large numbers'이다. 하지만 짧은 시간에 균형을 이룬다는 보장은 없다. 예를 들어 카지노에서 딜러에게 52장이 한 벌인 카드에서 '7레드'를 연달아 받는 일은 가끔 일어난다. 물론 사람들은 그런 일이 일어나면 놀랄 것이다. 7레드를 연속으로 받게 될 확률은 상당히 낮기 때문이다.

그러나 '현실'은 '확률'이 아니다. 많은 사람이 그 사실을 망각한다. 만일 재산이 어마어마하게 많고 판돈에 제한이 없다면 마틴게일 같은 전략은 효력을 발휘할 것이다. 물론 그 정도 재산이 있다면 애초에 도박할 필요가 없을지도 모르겠다. 하지만 카지노에는 테이블 리미트table limit, 즉 판돈 제한이 있다.

예를 들어 베팅 최저액이 5달러라면 최대 금액은 500달러로 제한된다. 계속해서 판돈을 두 배로 올리면 일곱 번 잃은 후(320달러) 여덟 번째 판에는 테이블 리미트에 의해 더 이상 판돈을 올릴 수 없다. 그러니 여덟 번째 판에 이긴다고 하더라도 마틴게일 전략을 이용해 그전까지의 손실(635달러)을 만회할 수 없다. 결국 카지노가 테이블 리미트에 의해서든 하우스 에지house edge에 의해서든 이기게 돼 있다.[2]

게다가 카지노는 테이블 리미트 없이도 여전히 여러 혁신적인 베팅 전략들을 물리칠 수 있다. 도박꾼들의 베팅 금액에는 한계가 있기 때문이다. 일반인들은 은행에 있는 돈을 다 끌어오든 신용카드를 긁든 보석을 저당 잡히든 간에 결국 한계에 도달하게 된다. 반면에 카지노는 무한대까지는 아니어도 개인보다는 훨씬 많은 자본을 가지고 있다. 개인은 몇 번 베팅을 잘못하면 돈이 바닥나지만 카지노는 개인이 몇 번 크게 땄다고 해서 파산하는 일은 없다. 카지노는 불확실성하에서도 개인보다 오랫동안 대처할 수 있기에 결국 승자가 된다. '대수의 법칙'에 따라 불확실성을 확실성으로 전환하는 것이다. 이 원리는 보험업에도 적용된다.

아마 독자들은 이 대목에서 의아할 것이다. '무슨 얘기지? 이 책이 카지노 영업비법인가?' 물론 이 책이 카지노 혹은 복권, 주식, 보험에 국한한 것은 아니다. 그런데도 왜 카지노와 같은 도박을 사례로 들었을까? 그건 도박이 '불확실성'에 관한 가장 확실한 교훈을 얻을 수 있고 '사람들의 인식과 행태'를 추정하기 쉬운 분야이기 때문이다. 불확실성은 '확정되지 않은 불안 요소'다. 불확실성이 어떻게 작동하고 어떻게 홀리는지 이해한다면 카지노나 보험회사만큼이나 '확실하게' 돈을 벌 수 있다.


## 아주 작은 위험도 지나치게 두려워한다

당신은 승리할 확률이 낮아도 위험에 도전하는 사람인가? 아니면 이길 가능성이 아무리 커도 적은 위험을 회피하는 사람인가? 어느

극단에 있다면 대답은 쉬워질 것이다. 대박을 기대하며 도박에 뛰어
드는 것을 좋아하는가? 그렇다면 당신은 위험 추구형risk taker이다.

반대로 두 번째 승산이 높은 게임에서 아무리 커다란 보상이 기다
려도 위험을 감수하기보다 이미 손에 쥔 작은 것을 놓지 않고 안전하
게 플레이하는 편이라면 스스로가 어디에 속하는지 잘 알 것이다.

그러나 대부분은 이 양극단의 중간 어디쯤 있다. 다행스럽게도
'위험을 대하는 태도'를 확실하게 측정할 방법이 있다. 어느 쪽 성향
인지 또한 그쪽에 얼마나 가까운지도 알 수 있다. 경제학자 찰스 홀
트Charles Holt와 수전 로리Susan Laury가 고안한 간단한 실험을 활용
하는 것이다.[3] 여기 A, B 두 종류의 복권이 있다.

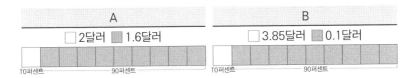

A를 선택하면 2달러를 받을 확률이 10퍼센트이고 1.6달러를 받을
확률이 90퍼센트다. B를 선택한다면 3.85달러를 받을 확률이 10퍼
센트, 0.1달러를 받을 확률이 90퍼센트다.

B의 편차가 A의 편차보다 훨씬 큰 것에 주목하라. B의 최고 금액이
A보다 많기는 하지만 최저 금액은 훨씬 적다. 따라서 B가 A보다 도박
성이 훨씬 크다. 진짜 돈이 걸려 있다면 당신은 안전한 A를 선택하겠
는가(최소 1.6달러에서 최대 2달러) 아니면 위험성이 더 큰 B를 선택하
겠는가(0.1달러를 받을 확률이 높지만 3.85달러를 받을 가능성도 있다)?

이런 선택지[4]가 주어지면 B를 선택하는 사람은 거의 없다. 만약 B

를 선택했다면 대단한 위험 선호자다.

그럼 당첨금 배당률이 달라진다면 어떨까? 표를 보자.

| A | | B | |
|---|---|---|---|
| ☐ 2달러 | ■ 1.6달러 | ☐ 3.85달러 | ■ 0.1달러 |

이제 당첨금 기준이 좀 더 복잡해졌다. 머리가 아픈가? 하지만 어렵지 않다. 기본적으로 앞의 단순한 표와 큰 차이는 없다. A와 B 모두 아랫줄로 내려갈수록 더 많은 상금을 받을 가능성이 커진다. 예를 들어 맨 밑에서 A를 선택하면 2달러는 확실히 받게 된다는 의미다. 반면에 B를 선택한다면 3.85달러는 확실히 받게 된다는 의미다. 따라서 아래로 갈수록 B의 매력이 훨씬 커져 마지막 줄에서는 '누구나' B를 선택하게 될 것이다.

각 줄에서 A나 B를 선택해가다가 어느 지점에서 A에서 B로 전환되는 것을 발견했는가? 대부분 이런 현상이 일어난다. 위험이 점차 줄어들면서 B의 매력이 커지기 때문이다. 하지만 '어느 지점'에서 전환이 일어나는지는 사람마다 다르다. 어느 지점에서 전환하는가가 바로 '불확실성에 대한 태도', 즉 '위험 추구형'을 판단하는 좋은 척도가 된다. 특히 A를 선택하다가 50대 50 확률인 곳에서 B로 전환했다면 '위험 중립형risk-neutral'이다. 즉 기대수익만 생각하고 편차의 범위에 대해서는 신경을 쓰지 않는다는 의미다. 왜 그럴까? 그건 이전 열의 A의 기대수익이 B보다 약간 높기 때문이다. 기대수익 차이는 0.16달러다.

하지만 높은 수익(2달러와 3.85달러)과 낮은 수익(1.6달러와 0.1달러)의 가능성이 같아지는 열에서는 B의 기대수익이 약간 높다. 따라서 당신이 기대수익만을 염두에 둔다면 이 열에 이르러서 처음 B를 선택하게 되고 그 후에는 계속 B를 선택하게 될 것이다. 기대수익만을 생각하고 편차를 고려하지 않는 사람은 위험 중립형이다. 실제 실험해보면 사람들은 일반적으로 위험 중립형보다는 위험 회피형이다. 사람들은 이 선택으로 인한 기대수익이 B에서의 기대수익보다 낮은데도 편차가 적은 A를 선택한다.[5]

사냥꾼으로 비유하면 이렇다. 숲으로 깊이 들어갈수록 새를 더 잡을 가능성이 커진다. 하지만 지금 손안에 있는 한 마리 새를 유지하는 편이 낫다고 생각한다. 표의 아래쪽으로 내려가서 B로 전환할수록 위험 회피성이 높은 것이다. 즉 위험 회피성이 높을수록 결과적으로 편차가 줄어드는 것을 포기하는 경향이 크다.

'위험 회피형'에도 속하지 않고 '위험 중립형'에도 속하지 않는 사람들이 있다. 바로 '위험 선호형'이다. 그들은 돈을 좀 덜 벌어도 편차가 높은 쪽을 적극적으로 찾는다. 하지만 위험 선호형은 위험 중립형만큼이나 드물다. 따라서 대부분이 '위험 회피형'이라고 판단해도 틀림이 없다. 하지만 이 실험은 각각의 선택에 따라 받는 금액 차이가 미미하다. 그러니 이 정도의 수치로 실제 사람들의 행동을 제대로 예측할 수 있을지 의문이 들 것이다. 보상이 더 커진다면 어떻게 될까?

홀트와 로리가 더 큰 금액으로 진행한 실험에 따르면 상금이 많아질수록 위험 회피형은 더 늘어난다. 중국에서는 참가자에게 거의 월급의 세 배에 상당하는 거액의 당첨금을 제시할 수 있었다. 실험 결과는 이렇다. 참가자들은 극도로 위험 회피형으로 행동했기 때문에 도박으로 유도하기 위해서는 훨씬 높은 기대수익을 제시해야 했다.[6]


## 불확실한 미래보다 확실한 현재를 택한다

현실 세계는 두 개의 복권 중 하나를 고르는 것보다 훨씬 복잡하다고 주장하는 사람도 있을 것이다. 우선 실제 세상에서 벌어지는 문제들은 '확률과 범위가 명확하게 규정된 표'로 깔끔하게 나타내기 힘들다. 하지만 이 '위험 회피' 개념은 '도대체 왜 사람들이 비이성적인 선택을 하는가?'에 대해 명쾌하게 설명한다.

몇 년 전 이 책의 저자 케이윳 첸Kay-Yut Chen은 자동차 임대 계약에 관한 용역으로 포드 자동차의 한 연구원과 공동 작업을 했다.[7] 그 연구는 '고객이 계약 만료 시점에 리스했던 차량을 구매할 것인가,

아니면 다른 차를 선택할 것인가?' 하는 선택 실험이었다. 여기서 기존 경제이론의 예상과는 사뭇 다른 결론이 나왔다. 고객은 다른 차보다 자기가 쓰던 차를 갖기 위해 기꺼이 더 많은 대가를 치렀다. 왜 그렇게 했는지는 여러 설명이 가능하다. 하지만 그중에서 이 현상을 가장 잘 설명해주는 심리는 바로 '위험 회피'다. 남이 쓰던 중고차에는 항상 불확실성이 존재하게 마련이다. 그러나 자기가 쓰던 차에 대해서는 장단점을 다 알고 있으니 다른 동급의 중고차보다 좀 더 비싸다고 해도 기꺼이 그 값을 치르는 것이다.

케이웃과 찰스 플로트Charlie Plott가 행했던 일련의 실험을 통해 좀 더 복잡한 사례를 살펴보자. 미술상이 반 고흐Vincent van Gogh 작품의 경매에 참여하려고 한다. 한 고객이 100만 달러에 그림을 사겠다고 했다. 하지만 그 고객에게 팔리려면 우선 경매에서 낙찰받아야 한다. 여기에 '불확실성'이라는 요소가 끼어든다. 일반적인 영국식 경매는 구매자들이 순차적으로 금액을 부르고 가장 높은 입찰자에게 낙찰된다. 예를 들어 입찰이 75만 달러에서 잠시 멈추어 있다면 75만 1,000달러에도 낙찰받을 수 있어서 더 비싸게 부를 이유가 없다.

그런데 이번 경매는 다르다. '최고가 밀봉 경매'다. 흔히 건설계약 등에서 활용되는 유형이다. 여기서 각각의 입찰자는 '희망하는 가격'을 적은 다음 밀봉한 상태로 제출한다. 그럼 경매인은 그중 최고가를 선택한다. 기회는 단 한 번뿐이다.[8] 당신이 최고가를 써냈다면 낙찰받고 경매는 종료된다. 반면에 다른 사람이 최고가를 쓰면 그 사람이 낙찰받는다. 누구에게도 기회는 한 번뿐이다. '밀봉 경매'는 불확실성투성이다. '다른 사람이 얼마를 썼는지 모른다. 도대체 나는 얼마를 써야 할까?' 불확실성을 줄이는 유일한 방법은 입찰가를 최대로 올리는 것이다. 입찰가가 높을수록 낙찰될 확률은 높아진다. 하지만 거기에는 대가가 따른다. 입찰가가 높을수록 수익은 줄어든다.

만약 당신이 90만 달러로 낙찰을 받는다면 수익은 10만 달러밖에 안 된다. 80만 달러를 쓸 때보다 수익이 절반밖에 안 된다. 하지만 90만 달러를 쓴다면 낙찰될 확률은 높아진다. 따라서 여기서 '위험 회피형' 미술상은 고객의 구매가에 근접하게 입찰가를 적음으로써 수익을 좀 포기하더라도 확실히 낙찰될 쪽을 선택한다. 수익이 전혀 없는 것보다는 그게 낫다고 계산기를 두드린다. 그런 식으로 안전한 경매만 하다 보면 수익은 낮아지지만(기대수익의 하락), 모든 위험 회피 전략이 그렇듯 보수는 안정적이 된다.

이게 대단히 난해하고 특별한 상황처럼 보이는가? 천만에다. '밀봉 경매'는 우리 일상에서 여러 모습으로 나타난다. 당신이 주변 시세만 아는 상태에서 특정 부동산의 매매가를 결정한다면 이미 밀봉 경매에 참여한 셈이다. 인기 있는 지역의 주택들이 시세보다 훨씬 높은 가격에 팔리는 이유다.

기업체에서 비교 견적을 받겠다면 하면 거래처는 다른 후보자들이 얼마에 제안할지 모르는 상태에서 경쟁해야 한다. 자영업자가 서비스나 제품의 가격을 얼마로 책정해야 할지 구매자의 생각을 유추해보는 때 역시 여기에 속한다. 높은 가격을 붙이면 수익이 높아지겠지만 고객의 구매가 줄거나 완전히 놓칠 수도 있는 위험을 안게된다. '불확실성'은 늘 우리 주위에 있다.

앞의 실험에서 케이웃과 찰스 플로트는 입찰가를 통해 '리스크에 대한 태도'를 계산했다. 복권의 예처럼 대부분의 사람은 위험 회피형이었다.[9] 그렇다 하더라도 위험 회피의 편차는 대단히 넓었다. 예상가보다 아주 조금 높은 액수로 입찰하는 사람도 있고 필요 이상으로 훨씬 높은 액수를 쓴 사람도 있었다. 흥미롭게도 실제 입찰가는 참가자 자신이 얼마나 위험 회피적인가가 아니라 경쟁자가 얼마나 위험 회피적으로 행동할 것인가를 추측하는 일종의 '자기 확신'에 근거해 정해졌다.

사람들은 이렇듯 자기 경쟁자가 얼마나 위험 회피적인가 하는 또 다른 알 수 없는 불확실성을 파악하느라 고심한다. 왜 실제 가치보다 높은 입찰가를 쓰게 될까? 그 패턴을 보면 사람들의 이런 생각은 모두 망상에 불과한지도 모른다. 마치 가위바위보에서 상대의 패를 읽으려 하다가 무한반복의 고리에 빠져버리는 것과 마찬가지다.


## 나쁜 것보다 불확실한 것을 더 싫어한다

물론 사람들이 모든 일에 위험 회피적인 것은 아니다. 위험 선호형과 위험 중립형이 있을 뿐만 아니라 특정한 상황에서는 위험 회피적인 행동을 하던 사람도 다른 상황에서는 전혀 다르게 행동하기도 한다.

한 연구에서는 일반적인 최고가 경매와 '일정한 금액으로 입찰가가 계속 올라가는' 영국식 경매를 비교한 바 있다. 영국식 경매 역시 상당한 불확실성을 갖고 있다. 경쟁자에게 뺏기지 않고 가격이 낮은 시점에 잡아채야 하기 때문이다. 연구결과는 흥미로웠다. 어떤 이유인지는 몰라도 최고가 경매에서는 위험 회피적인 행동을 하던 사람이 영국식 경매에서는 위험 선호적인 행동을 보였다.[10] 가구별 보험 공제액을 분석한 또 다른 연구에서는 사람들이 자동차보다는 주택에 대해서보다 위험 회피적이라는 것을 밝혀냈다.[11]

전통 경제학자들은 위험을 회피하거나 선호하는 것은 잘못이 아니라고 말할 것이다. 그저 개인의 '기호'에 불과하다고 말이다. 하지만 여기서 중요한 것은 '위험을 대하는 태도'가 곧 각자가 처한 경제적 여건에서 적절한 의사결정과 행동을 유도하는가 하는 점이다. 예를 들어 안정된 직장과 노후 자금까지 갖춘 여유 있는 사람들이 리스나 렌털 서비스를 이용한다는 것은 따지고 보면 우스운 일이다. 수년의 렌털 기간을 거치면 자기 소유가 된다는 달콤한 서비스는 사실 터무니없는 이자를 물리는 무서운 거래다. 반면에 언제 직장을 잃을지 모르기 때문에 고가의 물품을 목돈으로 구매하거나 자동차를 고칠 돈이 없는 사람들에게는 이런 계약이 꽤 매력적으로 보인다. 경제적 불확실성에 대응할 수 있는 합리적인 위험 회피 전략이기 때문이다.[12] 어떤 경우에는 극도로 위험을 회피한 나머지 정상적인 범주를 완전히 벗어나는 사람들도 있다.

행동경제학자 유리 그니지Uri Gneezy, 존 리스트, 조지 우George Wu는 50달러와 100달러짜리 상품권으로 실험을 했다.[13] 사람들은 각각의 상품권에 얼마를 지급할까? 그리고 두 상품권 중 하나를 무작위로 받게 된다면 얼마의 돈을 내려 할까? 만약 당신이 50대 50의 확률로 100달러나 50달러 상품권을 받게 된다면(일종의 복권) 얼마를 내겠는가? 이 세 명의 행동경제학자들은 믿기 힘든 결과와 마주했다. 사람들은 50달러와 100달러 상품권을 사는 데 지급하려 했던 금액의 중간쯤을 선택하리라 예측할 것이다. 그런데 정작 사람들은 얼마를 제시했을까?

답을 말하기 전에 밝혀둘 것은 각각의 상품권을 사는 사람들과 복권(무작위로 받게 된다는 점에서 복권에 비유할 수 있다)을 사는 사람들은 서로 다른 그룹이라는 것이다.[14] 모두 무작위로 선발됐지만 대답은 일관되게 나타났다. 50달러 상품권의 구매 희망 평균 금액은 26.1달러로 나왔다. 따라서 연구자들은 복권도 비슷한 결과가 나올 것으로 예상했다. 그런데 결과는 예상과 전혀 달랐다. 복권의 평균 구매 희망 금액은 16.12달러로 나왔다. 최저금액이 50달러인데도, 심지어 50달러짜리 상품권을 사기 위해 지급한 금액(26.1달러)보다도 적은 금액이었다. 이유가 무엇일까?

또 다른 행동경제학자 유리 사이먼손Uri Simonsohn은 이 실험의 전제가 잘못된 것은 아닌지 확인하기 위해 다른 실험을 해보았다.[15] 참가자들이 혹시 지시사항을 잘못 이해한 것은 아닐까? 하지만 그런 우려는 사실이 아닌 것으로 드러났다. 사이먼손은 이 격차가 '비교'라는 개념으로 설명될 수 있을 것으로 생각했다. 자기가 받을 수 있는 두 가지 상품을 비교하면서 복권 그룹의 사람들은 50달러 상품권의 가치를 낮게 판단한다. 반면에 50달러 상품권에 가격을 매기는 사람들은 다른 생각을 한다는 것이다. 하지만 이 가정도 사실이 아니었다. 따라서 사이먼손은 사람들이 '불확실성에 대한 독특한 특성'을 갖고 있다는 결론을 내렸다. 사람들은 '좋지 않은 상황'이 아니라 '불확실성 그 자체'를 회피한다는 것이다.

## 돈을 주고서라도 불안을 없애고 싶어한다

이 '불확실성 효과uncertainty effect'는 우리를 곤혹스럽게 한다. 이 연구는 비교적 최근에 이루어졌기 때문에 상투적인 말로 '더 많은 연구'가 필요하다. 하지만 한 가지 자신 있게 말할 수 있는 것이 있다. '불확실성'은 간혹 사람들을 이상하게 만든다. 화재나 죽음과 같은 재난에 대비해서 보험을 드는 것은 이해할 수 있다. 하지만 전문가들은 극도로 확률이 낮은 불확실성에 대비해 값비싼 보험금을 내는 것은 낭비라고 말한다.

예를 들어 일부의 사람들은 과다하게 책정된 장기보증 상품을 기꺼이 선택한다. 보증기간 하나 때문에 카메라나 노트북의 무려 4분의 1에서 3분의 1에 달하는 금액을 낸다. 그 이유 중 하나는 고객이 '제품의 고장률'이라는 정보를 모르기 때문이다. 하찮은 고장에 대해서까지 과다하게 높은 비용을 내는 것이다. 일부 연구자들은 '행복감'이 사람들에게 '상실'이라는 위험을 더욱 회피하게 만든다고 한다. 그래서 사람들은 기분이 좋을 때 장기보증 제품을 사는 경향이 더 강하다.[16] 행복감은 앞으로도 지속적으로 좋아질 거라고 느낄 때 위험 선호적으로 만든다. 하지만 똑같은 행복감이라 해도 자기가 중요시하는 것을 잃을 가능성이 있을 때는 더욱 위험 회피적이 된다.[17]

사이먼손은 '불확실성 효과'가 경제에서 일정한 역할을 한다고 주장한다. 누군가 정말 불확실성을 싫어한다면 그것을 줄이기 위해 비상식적인 수준의 대가를 기꺼이 지급할 것이기 때문이다. 이 장 뒷부분에서 '비즈니스에서 불확실성 효과가 미치는 영향'을 학습하게 될 것이다.

우선 사람들에게 왜 불확실성이 크게 문제가 되는지 다루어보자.

## 우리를 죽이는 것은 '평균'이 아니라 '편차'다

"절대 강을 건너지 말라. 강의 평균 수심은 약 1.2미터니까."

파생상품 투자 전문가이자 저서『블랙 스완』과『행운에 속지 마라』로 유명한 나심 니콜라스 탈레브Nassim Nicholas Taleb가 즐겨 하는 말이다.

평균을 믿고 뛰어드는 어리석음을 비꼰 말이다. 평균은 스프레드spread, 즉 최고와 최저의 편차 따위는 전혀 말해주지 않는다. 강의 특정 지점은 수심이 5센티미터밖에 안 될 수 있다. 반면에 3~6미터가 되는 곳도 있을 수 있다. 수영을 못하는 사람은 빠져 죽고도 남을 깊이다. 누군가가 강의 수심이 최저 5센티미터에서 최대 6미터라는 것을 안다고 하자. 그렇다고 해도 특정한 지점마다 수심을 확실히 알 수는 없다. 그래서 사람들은 이런 불확실성을 싫어하고 두려워한다. 강의 깊이가 평평한 수영장 바닥처럼 어디나 1.2미터인 편이 훨씬 안전하다.[18]

이 사례는 위험 회피에 대해 알아야 할 많은 것을 내포하고 있다.

첫째, 왜 '평균'이 아니라 '편차'를 고려해야 하는지 설명한다. 둘째, 위험 회피적인 성향이 많은 이유가 평균만 신경 쓰는 사람은 살아남기 어렵기 때문임을 말해준다.[19] 셋째, 불확실성 회피 성향이 비단 돈에 국한되는 것이 아님을 보여준다. 우리가 싫어하는 불확실성에는 아주 많은 종류가 있다. 또한 다음 사례가 보여주듯이 불확실성은 편차의 최고치와 최저치 모두에게 악영향을 미칠 수 있다.

점심 평균 손님이 200명인 레스토랑을 운영하고 있다고 가정해보자. 200명이면 운영에 가장 적당한 숫자다. 레스토랑은 이 정도 고객을 모두 수용할 만한 좌석을 갖추고 있다. 하지만 이건 어디까지나 평균일 뿐이다. 손님이 어떤 날은 100명이 안 되기도 하고 또 어떤 날은 300명이 된다고 해보자. 이런 경우라면 편차의 양극단 모두가 문제가 된다.

손님이 적은 날엔 수입이 반으로 줄어든다. 하지만 여전히 임대료를 내야 하고 주방장과 종업원의 급여도 지급해야 한다. 손님이 적으면 준비해둔 음식 재료 중 일부는 버려야 한다. 그런 손해가 손님이 많은 날에 상쇄된다면 좋겠지만 좌석이 200개뿐이라서 손님이 많이 오더라도 100명은 돌려보내야 한다. 이로써 잠재적인 수익뿐만 아니라 기존 고객까지도 잃을 수 있다. 그들 중 일부는 주변의 다른 훌륭한 레스토랑으로 갈 수도 있기 때문이다.

## 왜 자영업자보다 월급쟁이가 되려 할까?

물론 편차의 상단은 그리 나쁜 게 아니다. 비즈니스의 특성에 따라 문제를 소화함으로써 저점의 손해를 만회할 수도 있다. 예를 들어 창고에서 제품을 꺼내 배송하는 일을 한다면 주문량이 매일 오르내리는 것 따위는 그리 문제되지 않는다. 그러나 평균이 같다 해도 높고 낮은 숫자가 되풀이되는 것보다는 견실하고 안정적인 흐름을 유지하는 편이 낫다. 그래서 많은 사람이 편차를 줄이기 위해 때로는 높은 수익을 포기하기도 한다.

이런 '위험 회피'는 비이성적인 것이 아니다. 자영업자가 되면 더 많은 수입을 얻을 수 있다는 것을 알면서도 샐러리맨으로 머물기를 선호하는 이유다.[20] 변호사가 재판에서 유리한 평결이 기대되는 상황인데도 중간에 보상이 적더라도 '조정'을 통해 분쟁을 해결하는 쪽을 선호하는 이유이기도 하다.[21] 그래서 사람들은 선택권이 주어지면 위험이 '큰' 쪽보다는 '적은' 쪽을 선호한다. 예를 들어 '복권 선택' 연구를 보면 참가자의 약 3분의 2는 상금이 4달러 이하의 적은 금액일 때도 위험 회피적인 행동을 한다. 결과적으로 대다수가 위험 회피 행동을 하면서 상금이 올라가며 당첨자에게 돌아가는 몫은 계속 커진다.

사람들은 일반적으로 리스크를 싫어한다. 그래서 리스크를 적극적으로 피하거나, 리스크가 어떤 게 있을지 관망하거나, 리스크를 남과 나누거나 다른 사람에게 전가한다. 그러나 무조건 리스크를 피하는 것이 상책은 아니다. 리스크가 없으면 보상도 없기 때문이다. 다음 분기 수요에 대한 정확한 정보를 얻거나, 입사 지원자의 신원 조사를 하거나, 어떤 고객이 팁 주기를 아까워하는지 등 리스크에 대해 더 '파악하는' 것이 훨씬 현명한 방법이다. 실제 이 책의 여러 장, 특히 '평판과 신뢰'에 대한 장과 '예측할 수 없는 것을 예측하는 것'에 대한 장에서는 돌다리를 건너기 전에 두드려보는 여러 방법을 다룬다.

이 장에서는 '위험을 피하기 위한 서로 다른 두 가지 전략', 즉 위험 분산과 위험 이전risk transfer 방법에 집중하려고 한다. 대기업 CEO는 일반 사람들보다 불가피한 변동성을 좀 더 잘 견딜 수 있다. 이 장의 서두에 소개한 카지노의 예와 마찬가지다.

예를 들어 개인택시 운전사는 바쁜 날이 있는가 하면 허탕치는 날도 있다. 이런 상황은 계절적인 변동이나 다른 예측 가능한 사건 때문이 아니다. 그저 일상적이고 무작위적인 '편차' 때문에 일어난다. 다른 개인택시 운전사들도 같은 문제를 안고 있을 것이다. 이런 편차는 무작위적이다. 그러다 보니 누군가는 다른 운전사들이 부진한 날에 바쁘고 또 누군가는 다른 운전사들이 눈코 뜰 새 없이 바쁜 날에 아예 일이 없을 수 있다.

반면에 택시회사라면 100퍼센트의 인력이 모두 바쁘거나 모두 한가하거나 하는 일은 잘 일어나지 않는다. 물론 회사 역시 무작위적인 편차에 직면하지만 여러 기사에게로 '분산'되기 때문에 결국 균등해진다. 회사에 운전사가 많을수록 서로 상쇄돼 전체적인 편차가 줄어든다. 택시회사의 소유주는 그렇게 해서 '규모만으로도' 수익을 올릴 수 있다. 고용주는 위험 회피적인 기사들의 리스크를 떠맡는 대신에 개인택시 기사보다 적은 보수를 지급한다.

이는 개인의 관점에서 보면 다른 개인들과 함께 리스크를 한데 모으는 리스크 풀링이고 조직이나 사업주 관점에서 보면 리스크 스프레딩이다. 예를 들어 다양한 종목의 주식으로 구성된 포트폴리오 소유자는 한 종목만 가진 사람보다 다각화돼 있다. 마찬가지로 다양한 공급망을 가진 사업주는 단 하나의 공급망만을 보유한 사업주보다 리스크를 분산하고 있다.

## 리스크의 정체를 알아야 없앨 수 있다

'큰 충격을 줄이기 위해 리스크를 모은다.'

이런 아이디어는 여러 상황에 적용된다. 누군가의 집에서는 불이 나고 누군가는 암에 걸리는데도 보험회사는 계속해서 수익을 내는 것이다. 변호사들이 로펌을 만들고 의사들이 집단으로 개업하는 이유다. 기업들이 효율을 추구하며 저마다의 방식으로 '재고'라는 불확실성을 극복하려는 이유도 여기에 있다. 그들이 불확실성을 극복하는 방법의 하나는 물류의 중앙집중화다. 예를 들어 아마존은 고객들로부터 생겨나는 모든 수요 리스크를 불과 몇 개의 물류창고로 모으는 대신(리스크 풀링), 보더스Borders 같은 대형 판매망을 인수해 매장에 책별로 일정 부수를 비축하게 함으로써 재고 리스크를 분산한다(리스크 스프레딩).

자동차나 컴퓨터처럼 여러 부품이 들어가는 제품을 생산하는 제조업체 역시 재고 관리를 위해 리스크 풀링을 이용한다. 그 방법의 하나는 다양한 제품군에 사용할 표준 부품을 사용하는 동시에 가능한 한 마지막까지 맞춤 제작 과정을 미루는 것이다. 예를 들어 휴렛팩커드가 생산하는 프린터는 유럽의 국가별로 사양이 약간씩 다르다. 유럽의 전체 수요를 예측하는 것보다 네덜란드의 수요를 예측하는 게 훨씬 더 어렵다. 국가별로 사양이 다른 재고를 모두 비축해둔다면 '납기' 리스크는 줄겠지만 '재고' 리스크는 커질 수밖에 없다. 따라서 휴렛팩커드 유럽 유통센터는 여러 사양의 프린터를 모두 비축해두는 대신 기본형을 보유하고 실제 주문이 들어오면 그 후에 해당 전원코드나 해당 언어의 매뉴얼을 첨부해 각 나라에 맞는 제품을 완성한다.[22]

리스크 풀링(혹은 리스크 스프레딩)은 헤징hedging과는 다르다. 헤지는 환율의 변동성 때문에 손실이 일어날 가능성을 없애기 위해 수수료를 지급해서 위험을 회피하는 것과 같이 한 가지 유형의 리스크를 상쇄하기 위해 다른 유형의 리스크를 받아들이는 것을 말한다. 하지만 리스크 풀링은 헤징에 의존하지 않는다. 리스크 풀링의 개념에서는 동일한 리스크라도 두 개 이상의 요소가 있는 편이 하나만 있는 것보다 위험이 적어진다.[23]

대표적인 예가 바로 대통령과 부통령이 각기 다른 비행기를 이용하는 것이다. 휴렛팩커드를 비롯한 대기업들 역시 중역들이 출장을 갈 때 같은 방법을 적용한다. 서로 다른 비행기에 중역들을 태우면 모두가 같이 죽을 확률은 훨씬 줄어든다. 하지만 위험을 두 대의 비행기로 분산하는 데는 손실이 따른다. 적어도 두 대의 비행기 중 하나가 추락할 확률은 한 대의 비행기가 추락할 확률의 두 배가 된다.[24]

같은 논리가 프로젝트, 공급업자, 고객에게도 적용된다. 하나의 거래에 모든 것을 다 걸었다가 안 되면 낭패를 본다. 반면에 분산 베팅을 한다면 하나의 거래 때문에 낭패 보는 일은 없을 것이다. 예를 들어 불경기가 닥쳤을 때 일반적으로 자영업자들의 고용 안정성이 대기업에 고용된 사람들에 비해 더 높다. 어떤 회사든 예산을 삭감해 정리해고를 할 위험이 있다. 하지만 자영업자는 리스크를 여러 고객에게 분산하므로 불황으로 인해 고충을 겪는다고 해도 일 자체를 완전히 잃게 되는 경우는 적다. 금융계를 떠나기로 하고 몬테소리 교육센터를 시작한 캐나다의 한 기업가는 이것을 다음과 같이 표현한 바 있다.

"요즘 같은 시기엔 누구든 해고통지서를 받을 수 있다. 우리를 지탱해주던 푸근한 러그가 없어질 때는 오히려 누구든 리스크를 무릅쓰기 쉬워진다. 자영업자가 맞닥뜨릴 리스크라고 해봐야 달걀을 한 바구니에 몽땅 쓸어 담는 것보다 적다."[25]

물론 이런 전세는 일자리가 완전히 없어지는 불확실성에만 국한된 것이다. 매일 혹은 매주 달라지는 수입의 불확실성은 일정한 급여를 받는 사람보다 자영업자가 여전히 높다. 수많은 상황에서 다양한 유형의 불확실성이 발생한다. 예를 들어 아마존이나 넷플릭스 같은 유통회사들은 창고나 서버를 얼마나 크게 몇 군데나 두어야 할지 결정해야 한다. 물류를 중앙집중화하면 재고 리스크를 모음으로써 각 매장이 제품을 과다하게 보유해야 할 필요가 적어진다. 반면에 다른 유형의 리스크가 커진다. 화재나 교통 상황 같은 변수에 따라 위험이 발생할 수 있다.

그러므로 불확실성의 원천을 관리하는 핵심은 리스크가 무엇인지 정확히 파악하는 것이다. 그러고 나서 확률, 비용, 그 외의 다양한 수치들을 알아내야 한다. 그 수치들은 무엇을 피해야 하는지 알아내는 데 도움이 될 것이다. 우리는 2부 「1장 합리성이라는 함정」에서 케이윳이 휴렛팩커드에서 이런 유형의 리스크와 어떻게 씨름했는지 다양한 사례를 가지고 소개할 것이다.

## 리스크를 피하려고만 하지 말고 떠안아라

보험회사는 리스크를 모아 수익을 낸다. 하지만 보험회사가 리스크 풀링으로 충분히 효과를 볼 만큼 계약자를 확보하려면 위험을 보험회사로 이전하고 그 대가로 기꺼이 보험료를 낼 의향이 있는 가입자들이 많이 있어야만 한다. 그렇다면 어떻게 그런 일이 가능해질까? 보험회사는 여러 고객의 리스크를 모은 대가로 '리스크 프리미엄risk premium'을 청구해 돈을 번다. 예를 들어 대형 자동차 보험회사는 수백만 명의 계약자를 확보하고 있다. 그 결과 그들은 '대수의 법칙'에 따라 비교적 정확하게 사고 발생에 따른 손실을 산출할 수 있다.

어떤 계약자가 사고를 내고 그 사고에 얼마가 들어갈지를 일일이 예측하기란 어려운 일이다. 하지만 보험사가 연간 지출해야 하는 총 청구 건수와 비용은 예측이 가능하다. 보험회사들은 복잡한 공식을 활용해 계약자들이 매년 얼마를 내야 할지 계산한다. 이쯤에서 또 머리가 아플 것이다. 하지만 걱정할 필요는 없다. 그들이 수치를 계산하는 기본 원칙은 아주 간단하다. 계약자가 지급해야 할 돈(보험료)은 평균 예상 지출액에 리스크 프리미엄을 더한 것이다. 예를 들어 매년 사고율이 10퍼센트라면 보험사는 여기에 들어가는 비용에 10퍼센트의 리스크 프리미엄을 더해 보험료를 청구한다.

종합하면, 리스크 프리미엄이 결국 보험사가 얻는 수익[26]이다. 이는 계약자들이 매년 내는 보험료에서 나온다. 그러나 계약자들은 보험료를 내고 바로 혜택을 보는 게 아니다. 보험료를 내는 게 마음 편할 리 없다. '위험 회피 성향'이 결국 자진해서 이 달갑지 않은 일을 하게 만드는 것이다. 결국 그들은 보험 영업사원들의 말처럼 '마음의 평화'를 사는 것이다.

보험회사만이 리스크를 떠안고 그에 대한 대가를 청구하는 모델은 아니다. 거의 모든 소매업자가 일정 부분 그런 일을 한다. 제조업자는 소매업자에게 제품을 넘기고 소매업자는 중간 마진을 붙여 고객에게 다시 판매한다. 이런 마진 중 일부에는 소매업자가 안아야 할 리스크, 즉 판매되지 않을 재고나 손해를 보고 팔게 될 위험이 포함돼 있다. 경쟁자보다 많은 리스크를 부담하는 대신 공급업자들에게 더 낮은 가격을 받는 소매업자들도 있다.

맨즈웨어하우스는 백화점과 동일한 제품을 팔지만 판매가는 20~30퍼센트 낮다. 사장인 조지 짐머George Zimmer는 경쟁업체보다 대폭 할인된 가격으로 사기 때문에 싸게 팔면서도 수익을 남길 수 있다. 그는 어떻게 경쟁자들보다 싼값에 제품을 살 수 있었을까? 그건 두 가지 리스크를 부담하기 때문이다. '반품 불가'와 '1년 전 선주문'이다.[27] 제조사들은 그에게 엄청나게 싸게 파는 거지만 사실상 수요의 불확실성을 줄이는 데 지불하는 셈이다.

그렇다면 왜 짐머는 다른 경쟁자들은 하지 않는 그런 리스크를 기꺼이 감당하려 하는가? 아마도 그는 고객들의 기호를 잘 파악한 듯하다. 심지어 1년 전이라도 고객이 무엇을 선호할지 알아내는 능력이 있는 듯하다. 그것이 사실이라면 그가 안아야 할 리스크는 제조사의 리스크보다 적다. 그 결과 실제 그에게 주어지는 보상은 자신이 부담해야 하는 리스크 프리미엄보다 더 많아진다.

아마존은 '반품 금지'라는 원칙 아래에 책을 구매한다. 여기서도 비슷한 일은 일어난다. '위탁 판매'라는 독특한 유통구조를 가진 출판업계에서는 매우 이례적이고 독특한 일이다. 하지만 아마존은 반품하지 않는다는 조건으로 경쟁사보다 50퍼센트 더 저렴한 가격에 책을 산다. 판매구조의 특성상 아마존이 감당해야 할 또 다른 리스크는 거의 없다. 간판 방식just in time* 재고 시스템 때문이다. 아마존은 예약주문 등 다양한 방식을 도입해 고객이 책을 주문하기 전에는 출판사에 발주할 필요가 없다.[28]

명심하자. 리스크에 대해 더 많이 알수록 다른 사람에게 리스크 프리미엄을 청구할 수 있으며 더 많은 수익을 창출할 수 있다.


## 고객의 리스크를 줄여주면 구매가 늘어난다

보험업 종사자들은 많지 않다. 하지만 우리는 모두 누군가의 위험

---

* 재고 비용을 최소화하기 위해 수요가 발생하면 바로 생산에 들어가는 방식

회피 심리를 통해 돈을 버는 '보험의 법칙'을 부지불식간에 활용하고 있다. '보증' 역시 그중 하나다. 식료 체인인 트레이더 조의 별난 광고 문구는 이렇다.

'먹어봤더니 좋던데! 마음에 들지 않는다면 묻지도 따지지도 않고 전액 환불!'

트레이더 조는 소비자들이 어떤 제품을 좋아할지 어떻게 알까? 아니, 자기 브랜드를 좋아하기는 하는지는 알 수 있을까? 시계 제조 회사가 보증기간 내내 자사 시계가 잘 작동할지 알 수 없다. 마찬가지로 그들 역시 그 답을 알 리 없다. 하지만 깊이 들여다보면 트레이더 조는 그 해답을 알 필요가 없다. 물론 그들은 표본집단 조사를 통해 고객들이 자사 제품을 좋아한다는 근거에 기반한 확신이 있다. 그러니 그들이 잠재고객에게 자사 제품을 알리는 방법은 자유롭게 먹어보게 하는 것밖에 없다는 결론을 내렸을 수도 있다. 실제로 트레이더 조의 웹사이트에 들어가면 여러 이국적인 음식들이 판매되고 있고 자유로운 반품 정책을 설명한 후 다음 카피로 고객을 유혹한다. "새로운 맛을 과감하게 시도해보세요. 그러기 위해 은행을 털 필요는 없습니다."

이론적으로는 그럴듯하다. 그들의 관대한 반품 정책이 정말 효과를 거둘지는 당장 판단하기는 어렵다. 그렇다면 '반품 가능'이 아니라 반대로 '반품 불가'로는 더 나은 결과를 만들어낼 수도 있지 않을까? 물론 아닐 수도 있다. 그 근거를 알아보기 위해 소매업자에 관한 다른 연구를 살펴보기로 하자. 카탈로그 주문 의류업체의 고객들이 '단순 변심에 의한 반품이 가능한지'를 얼마나 중요하게 생각하는지 연구했다. 당연한 결과겠지만 고객마다 평가하는 가치는 달랐다. 그리고 제품 유형에 따라서도 달랐다.

남성 셔츠의 반품 비용은 한 건당 약 3달러였지만 여성 신발류는 15달러 이상으로 상당히 높았다. 왜 그런지는 단순한 추측으로도 알 수 있다. 남성 셔츠는 표준 사이즈가 규격화돼 있어서 자기 사이즈를 주문하면 통상 몸에 맞는다. 실제 이 연구에서 남성 셔츠의 반품률은 14퍼센트였다. 하지만 여성 신발류의 반품률은 두 배 이상이었다. 신발이 잘 맞는지는 신어봐야 알 수 있다. 게다가 여성 신발류는 디자인과 컬러 면에서 선택의 범위가 넓다. 막상 받아보니 옷과 안 어울린다든가 하는 많은 변수가 등장한다. 남성 셔츠는 '검은 바지에 어울리는 하늘색 셔츠' 식으로 조합이 단순해서 선택의 리스크가 크지 않다(물론 이는 시대와 연령대에 따라 달라질 수 있다).

어쨌든 분석 결과에 따르면 반품 정책이 있으면 여성 신발의 평균 구매율이 50퍼센트 이상 높아졌다.[29] 그건 반품 정책이 없다면 똑같은 양을 팔기 위해 평균 판매가를 50달러에서 35달러로 인하해야 한다는 의미다. 이렇듯 고객의 위험 회피 성향 때문에 관대한 반품 정책은 매출 증대에 대단히 효과적인 도구가 될 수 있다. 왜 온라인 신발 쇼핑몰 자포스닷컴이 365일 반품 정책을 하는지 알 수 있다(이후 365일은 도가 지나친 것임을 절감하게 됐다). 하지만 이런 관대한 반품 정책을 실행하려면 상당한 비용이 든다. 반품된 물품은 재판매할 수 없거나 최소한 할인해서 판매해야 한다. 게다가 반품을 처리하려면 별도의 비용을 들여야 한다. 그러므로 최적의 반품 정책을 도출하려면 반품에 드는 '비용'과 반품 정책으로 얻는 '이익'을 계산해야 할 것이다. 하지만 아주 간단한 방법으로도 알아낼 수 있다.

　남성 셔츠와 여성 신발의 비교에서 보았듯 사람에 따라 불확실성에 차이가 있다. 특정 제품군은 다른 제품군보다 반품 정책의 효과가 크지 않을 때도 있다. 똑같은 옷도 매장에서 입어보고 사느냐 온라인으로 사느냐에 따라 다르다. 컴퓨터와 스탠드가 다르다. 컴퓨터는 구매 전에 스펙을 파악할 수 있지만 스탠드는 거실에 놓아봐야 마음에 드는지 파악할 수 있다. 그러다 보니 소매업자들은 제품 유형에 따라 다양한 반품 정책을 쓰고 있다. 가장 반품이 어려운 품목이 바로 가전제품이다. 아마존은 제품군별로 서로 다른 반품 정책을 두고 있다.[30]


## '햇빛'이든 '숙면'이든 한 가지는 보증해야 한다

　대형 소매업체들만 보증 또는 그와 비슷한 것을 제공하는 것은 아니다. 수수료를 받는 에이전트나 성공 보수를 요구하는 변호사들도 모두 고비용을 청구함으로써 위험 회피 성향을 지닌 고객을 유인하는 동시에 자기 역량에 대한 자신감을 내비친다. 그런 함의 자체가 없고 관습에 따라 움직이는 업계도 있다. 하지만 내가 몸담은 업계에서 그런 관행이 흔치 않다고 해서 보증 조항을 전혀 고려할 필요가 없다는 의미는 아니다. 바로 이 점이 경쟁력이 될 수도 있다.

　예를 들어 도미노 피자는 '30분 내 배달'을 보증했다. 그런 보증을 한 최초의 피자 체인이었다. 1980년대에 미국 최대의 피자 배달

업체가 된 데는 그 보증이 큰 몫을 했다. 하지만 불행히도 회사는 그 보증 정책이 가져올 한 가지 심각한 리스크를 고려하지 않았다. 배달원들의 무모한 운전이라는 리스크였다. 재판에서 배심원들은 과속한 배달원이 사고를 당한 여성에게 7,800만 달러라는 거액의 배상금을 지급하라고 판결했다. 결국 도미노피자는 30분 배달 보증을 포기했다.

여러 스포츠팀도 '시즌 티켓' 판매를 촉진하기 위해 포스트 시즌에 진출하지 못하면 보상하는 보증제도를 운영하고 있다. 팬들이 자기가 응원하는 팀이 예선 탈락할지도 모르는 상황에서 수천 달러에 달하는 시즌 티켓을 구매하려 하지 않는 것은 당연하다. 그중에서도 NBA의 애틀랜타 호크스와 NHL의 플로리다 팬더스가 제공하는 '플레이오프에 진출 못 하면 환불 보증' 조항은 팀이 플레이오프에 진출하지 못하면 입장권 구매자들에게 돈을 돌려줌으로써 리스크를 덜어준다. 이 영리한 보증제도는 티켓 판매를 촉진하고 가격 인상을 수용하기 쉽게 했다. 예를 들어 플로리다 팬더스가 '5퍼센트' 환불을 약속한 해의 시즌 티켓의 판매는 11퍼센트 상승했다.[31] 왜 이런 보증제도가 효과를 발휘할까? 그건 타깃 팬들이 정해져 있기 때문인 듯하다. 프로 스포츠는 도시마다 대표 팀이 있기 때문에 지역을 독점할 수 있다. 따라서 비슷한 보증제도를 가진 다른 라이벌과의 경쟁이 없다.

뉴욕의 한 호텔은 보증을 통해 차별화한 성공 사례로 꼽힌다. 맨해튼 중심가의 벤저민 호텔은 인근의 유명 브랜드 호텔들과 힘든 경쟁을 하고 있었다. 별다른 특징이랄 것이 없었던 이 호텔이 내건 카드는 바로 '숙면 보증'이었다. 이 호텔의 웹사이트에는 '귀하가 저희 호텔에서 머무는 동안 편안히 숙면할 수 있음을 보장합니다. 만약 그렇지 못할 시에는 환불하겠습니다.'라는 안내 문구가 있다(이는 단순한 마케팅 속임수가 아니다. 이 호텔은 베개 종류를 선택해주는 '숙면 관리인'을 포함해 호텔이 얼마나 숙면을 중요하게 생각하는지 보여주는 다양한 시설을 갖추고 있다).

별난 보험들 덕분에 특이한 유형의 보증도 가능해졌다. 투어리즘 빅토리아의 '일광 보증' 판촉이 그 예다. 캐나다 서부 브리티시컬럼비아주의 주도인 빅토리아는 날씨가 맑고 햇빛이 풍부한 곳이다. 특히 여름에 그렇다. 2009년에 이 도시의 관광업체들은 4~5월의 방문을 촉진하기 위해 적어도 2박 이상을 예약하는 방문객에게 '여행 시 12.5밀리미터 이상 비가 오면 500달러를 환불하겠다.'라고 보증했다.[32] 이 판촉 덕분에 전형적인 비수기에도 여행객을 유인할 수 있었다. 투어리즘 빅토리아는 웨더빌닷컴WatherBill.com을 통해 날씨 보험에 가입함으로써 약속을 지킬 수 있었다. 여행객들은 리스크를 투어리즘 빅토리아로 분산했고 투어리즘 빅토리아는 그 리스크를 다시 웨더빌닷컴으로 이전한 것이다.

'리스크 이전'의 방법은 그 외에도 다양하다. 무료 샘플이나 무료 체험도 그 한 가지다. 무료 체험은 소프트웨어, 케이블 방송, e북과 같은 상품에서 특히 인기가 있다. 이런 유형의 제품은 무료 체험에 들어가는 부가적인 비용이 들지 않거나 아주 적다.

## 위험 회피형은 '위탁' 거래로 안전을 추구한다

위탁 계약에 대해 생각해보자. '위탁'이라는 말은 왠지 곰팡내 나는 중고 상점의 이미지를 떠올리게 한다. 하지만 위탁은 '미술' '골동품' '출판' 때로는 '전자제품'에 이르기까지 다양한 분야에서 활용되는 계약 형태다.

생산자나 공급자에게 상품을 구매해 재고 리스크를 안고 판매하는 소매업과는 달리 위탁 계약은 생산자나 공급자가 재고에 책임을 지기 때문에 판매자의 리스크가 적다. 위탁 매장은 판매된 물품에 대해서만 판매 수수료를 받으면 된다. 따라서 물건이 팔리지 않는다고 해도 염려할 필요가 없다. 언뜻 보기엔 공급자에게 불리한 거래처럼 보이지만 그 핵심은 수수료의 크기에 달려 있다. 소매업자가 위험 회피적이라면 이익이 적더라도 재고 리스크가 없기 때문에 낮은 판매 수수료에도 만족할 것이다.

어떤 생산자나 공급자에게는 위탁 거래가 제품을 판매할 유일한 방법이기도 하다. 뉴욕의 알베르틴Albertine 매장은 신선하지만 지명도가 낮은 디자이너들의 옷을 위탁 판매한다. 부티크 점주는 적은 리스크로 새로운 시도를 해볼 수 있다. 디자이너들은 판매처가 없던 자신의 작품을 고객에게 선보일 수 있다.[33]

## 회사를 살리려면 리스크를 장려할 필요가 있다

고용에서도 리스크 회피 심리를 유용하게 활용할 수 있다. 예를 들어 뉴멕시코의 한 자동차 대리점은 유능한 영업사원들을 끌어들이기 위해 인센티브는 줄이되 기본급을 지급하는 옵션을 제시했다. 그러자 월급이 200달러에 불과하더라도 '안정된 직장을 원하는 성실하고 신중한 사람'을 구할 수 있었다고 한다. 자동차 판매 영업을 해본 적이 없는 사람은 판매 수당만 지급하는 시스템을 너무나 위험하게 생각했다. 결국 리스크를 회피하는 대신 안정적인 '낮은 기본급'이라는 옵션을 선택한 것이다. 그 방식은 효과가 있었다. 대리점 직원은 이렇게 말했다. "고정급이라는 개념 자체가 그 사람들을 안심시켰던 것 같습니다. 소극적이지만 성실한 사람들을 확보할 수 있었습니다."

자동차 세일즈에서 역량을 발휘하기 시작한 일부 직원들은 낮은 고정급을 포기하고 판매 수당만을 받는 선택을 했다. 그러면서 서서히 두 그룹으로 나뉘었다.[34] 일단 훌륭한 노동력을 확보한 다음 좀 더 높은 성취에 도전하도록 할 때 리스크 이전의 아이디어를 적용할 수 있다. HP연구소에서 개발된 이 아이디어는 위험 회피적인 직원이 두려워하는 결과에 대한 리스크를 대신 책임져줄 '보험'을 들게 함으로써 수익성이 높지만 리스크가 있는 프로젝트를 자연스레 받아들이게 하는 것이다.[35]

예를 들어 관리자들은 수익성이 아무리 높더라도 리스크가 높은 프로젝트보다는 수익성이 낮아도 자신들에게 위험이 없는 안전한 선택을 하게 된다. 하지만 모든 관리자가 리스크를 피하기만 한다면 조직은 큰 성공을 거둘 수 없다. 그러므로 대기업이라면 보험회사처럼 관리자들의 리스크를 모으고 문제가 발생하면 회사가 책임을 대신 저주는 것이 해법이 될 것이다.

조직은 '의사결정 보험decision insurance'을 통해 소매업자의 반품 정책이 고객의 행동을 바꾼 것처럼 관리자들의 행동을 바꿀 수 있을 것이다. 현재 이 아이디어는 아직 실험 단계다. 구체적으로 실행된 바도 없고 연구소 내에서도 입증된 바가 없다. '리스크 감수'에 따른 보상과 리스크로부터 해방된 사람들이 '지나치게 무모한 모험을 벌일 가능성'에 대한 균형을 잡는 게 가장 큰 문제다(우리는 월스트리트에서 이런 '도덕적 해이'를 경험했다. 금융회사 간부들은 일이 잘되면 보너스를 받고 잘못돼도 아무런 책임을 지지 않는 상황이 되자 리스크 관리를 전혀 하지 않았다).

물론 혁신적인 기업들은 '이익이 되는 선에서 리스크를 장려하는 방안'을 찾아왔다. 그중 가장 유명한 사례가 구글의 '20퍼센트 시간' 정책이다. 엔지니어들에게 일주일 중 하루는 결과를 보여주어야 하는 압박감 없이 회사와 관련된 창조적인 프로젝트를 스스로 추진하게 한 것이다. 이들 프로젝트의 대부분은 성공적이지 못했다. 하지만 구글 뉴스 같은 성공한 몇몇 프로젝트가 다른 모든 리스크를 상쇄하고도 남는다.

## 약자여도 리스크 분산과 이전을 할 수 있다

당신이 특정 상황에서 극도로 위험 회피 성향을 띤다는 것을 느낀다면 어떻게 해야 할까? 위험 회피 성향이 너무 크면 좋은 기회들을 날려버릴 수도 있다. 만약 그렇다면 상황 전체를 전적으로 피하는 것보다 정면 돌파를 시도하면서 리스크를 조금이라도 줄이는 방법을 모색하는 것이 좋다.

이 책의 공저자 마리나는 러시아의 한 잡지사로부터 긴 분량의 기사를 써달라는 청탁을 받았을 때 고민에 빠질 수밖에 없었다. 해당 잡지사는 믿을 만해 보였다. 그렇지만 러시아의 불안정한 비즈니스 환경 등을 고려하면 만일 최악의 상황이 발생했을 때 러시아의 법률 체계로는 원고료를 받지 못할 수 있다는 걱정이 앞섰다. 그래서 마리나는 그 일을 거절하려고 했다. 그러자 잃을 게 없다고 판단한 마리나는 거절하는 대신에 편집장에게 원고료 일부를 선금으로 지급해달라고 요청했다. 작가에게 선금을 주는 일은 출판업계에서는 관행이지만 잡지업계에서는 극히 드문 일이다.

그래서 마리나는 선금을 받는 대신 원고료를 일부 깎아주겠다고 제안했다. 편집장은 이 이례적 계약을 채결했다. 마리나는 원고료 중 상당 부분을 미리 받을 수 있었다. 물론 최종 원고료가 지급되기 전에 잡지사가 없어질 수도 있다는 등의 리스크는 여전히 남아 있었다. 하지만 선금을 받았으니 최악의 시나리오는 피할 수 있는 보험을 확보한 셈이다. '선금'이라는 조건이 '거절'과 '원고료는 많지만 리스크가 큰 프로젝트를 수락'하는 것 사이에서 적절한 타협점을 찾은 것이다.

잡지사 편집장의 관점에서 '선금'은 작가가 돈만 받고 원고를 보내지 않을 위험이 있다. 반면에 선금이라는 조건을 수락하지 않으면 좋은 작가를 놓치는 위험이 생겨난다. 이때 잡지사는 개인인 작가에 비해 위험을 분산하는 데 유리한 위치에 있다. 우선 잡지사는 작가보다 자본이 많다. 그리고 잡지사는 여러 작가에게 기사를 요청한다. 따라서 잡지사가 약속을 지키지 않는 작가 때문에 받을 영향은 작가가 원고료를 주지 않는 잡지사에게 받는 영향보다 적다. 그러므로 편집장은 원고료 전부를 선금으로 주는 게 아니라면 그 정도의 위험은 감수할 만하다고 판단했을 것이다. 마리나가 리스크를 잡지사로 이전한 대가로 원고료를 일부 삭감한 것도 판단에 도움이 됐을 것이다.

요점은 '협상'에서 나에게 돌아올 위험을 줄이기 위해 굳이 아마존이나 맨즈웨어하우스처럼 우월적 지위에 있어야 하는 것은 아니라는 점이다. 누군가에게 리스크를 분산하거나 이전할 때 반드시 그 대가를 치러야 한다. 만약 마리나가 원고료를 깎지 않았다면 다른 조건이라도 변화가 있어야만 협상이 성립됐을지 모른다. 물론 그때 '시장지배력'은 협상에 커다란 영향을 미친다.

## 도덕적 해이는 '리스크 공유'로 피할 수 있다

지금까지 소개된 사례들을 보면 '리스크 이전'은 꽤 매력적으로 보인다. 당신은 어떻게 리스크 이전을 활용할까 고민하고 있을지 모른다. 하지만 조심해야 한다. 리스크 이전이란 리스크를 단순히 일방적으로 상대에게 옮기는 것이 아니다. 오히려 리스크 이전으로 리스크의 '총량'이 증가할 수도 있다.

바로 도덕적 해이 때문이다. 누군가가 리스크를 제3자에게 넘기고 나면 위험을 피하고자 하는 인센티브가 줄어든다. 차량 도난보험을 들고 나면 아무 데나 차를 주차하게 되는 것이 그 전형적인 사례다. 어떤 연구는 사고의 귀책 사유가 누구에게 있는가에 상관없이 배상금을 지급하는 '무과실 손해배상보험'이 엄청나게 높은 사고율을 초래한다는 사실을 밝혀냈다.[36]

도덕적 해이는 다양하게 일어난다. 사람들은 자포스닷컴의 관대한 반품 정책으로 인해 신발을 많이 구매했다(2008년 한 해만 10억 달러 이상). 하지만 곧 대량 반품이 이어졌다. 어떤 고객은 무료 반품이라는 조건을 활용해 다양한 디자인과 사이즈의 신발을 주문해 모두 신어본 다음 구매를 결정하기도 했다.

결국 자포스는 경쟁 브랜드보다 무려 세 배나 높은 반품률을 기록했다.[37] 이 회사의 2008년 순 매출액은 6억 3,500만 달러에 불과했다.[38] 물론 이 액수도 적은 금액은 아니다. 하지만 막대한 운영비를 제하고 나면 영업이익은 고작 1,070만 달러였다. 만약 반품률이 조금만 더 높았다면 적자를 냈을 것이다.

보험회사들은 도덕적 해이를 처리하는 몇 가지 방법을 가지고 있다. 첫째, 보험금을 지급하지 않는 예외조항을 두고 있다. 그래서 운전자가 스스로 좀 더 조심하도록 하고 리스크에 대해 다시 한번 생각하도록 한다. 둘째, 운전자의 사고 기록을 바탕으로 보험료를 차등한다. 두 경우 모두 원칙은 동일하다. 일방적으로 완전히 한쪽에 리스크를 이전을 하는 대신 보험자와 피보험자가 리스크를 공유하는 것이다. 그러면 보험사의 사고 처리 비용은 줄어들고 대신에 피보험자가 부담해야 하는 금액이 늘어난다. 그러자 사람들이 더 안전에 신경을 썼다는 결과가 나왔다.[39]

자포스 같은 기업은 고객에게 반품 수수료나 반품 배송료를 부담시키는 것이 도덕적 해이를 막는 장치가 될 것이다. 혹은 무조건 반품을 허용하되 반품 기간을 짧게 잡을 수도 있을 것이다(신발을 신어 보는 데 도대체 왜 365일이나 필요하단 말인가). 다른 비즈니스에서도 도덕적 해이를 피하기 위해 '리스크 공유'를 활용할 수 있다.

예를 들어 영업사원에게 고정급여를 지급한다면 실적이 나빠도 괜찮다는 보험을 들어주는 셈이다. 또한 열심히 팔고자 하는 동기도 줄어든다. 그래서 대부분 영업사원의 급여에는 '판매 수당'이 포함된다. 하지만 그것이 전부는 아니다. 뛰어난 영업사원이라면 일정한 기본급을 제공하는 고용주 밑에서 일하고 싶어할 것이다. 고정급여를 전혀 주지 않는 회사는 종업원이 불안감을 느낄 수 있다. 고정급여는 판매 의욕을 꺾기도 하지만 소속감을 느끼게도 한다. 결국 도덕적 해이를 불러오지 않으면서 적절하게 리스크를 방지하는 절충안이 필요하다.

리스크 공유의 또 다른 사례는 잡지업계에서도 찾을 수 있다. 잡지 편집자는 '계획대로 기사가 나오지 않을 위험'을 작가들과 함께 공유한다. 기사를 쓰면 무조건 약속한 원고료 전액을 지급하는 방식은 좋은 기사를 쓰고자 하는 인센티브를 없앨 수도 있다. 반대로 편집자가 만족한 경우에만 원고료를 주기로 한다면 원하는 수준의 원고를 만들기 위한 작가와의 협력에 관심이 적어지게 된다.

따라서 업계에서는 편집자가 출판에 부적합하다고 판단하는 경우, 기고가에게 전체 고료의 일부만 지급하는 '부결 고료kill fee' 방식이 적용된다. 방식은 다양하지만 잡지의 경우 10~33퍼센트의 부결 고료가 일반화돼 있다. 미국 최대 잡지사인 콩데 나스트Condé Nast와 허스트Hearst는 통상 25퍼센트의 부결 고료를 지급한다. 물론 작가들은 부결 고료 방식을 선호하지 않는다. 어떤 이는 부결 고료를 '작가의 수입을 빨아먹는 뱀파이어로 그 심장에 말뚝을 박아야 마땅하다.'라고 쓰기도 했다.[40] 작가들은 평균 25퍼센트의 비율이 부당하다고 생각한다. 잡지사는 한 명의 작가보다 유리한 위치에 있으니 더 많은 위험을 감수해야 한다고 주장한다.

하지만 이것은 도의적 책임의 문제지 경제적 차원의 문제는 아니다. 부결 고료 조항을 삭제하거나, 부결 고료 비율을 늘리거나, 부결 고료를 지급해야 하는 근거 조항을 명시하는 작가들도 있다. 상대적으로 높은 명성과 협상력을 갖춘 작가들은 부결 고료 비율을 높이기도 한다.[41] 하지만 '잡지사'라는 수요자보다 '기고가'라는 공급자가 넘쳐나는 상황에서 잡지사가 더 큰 영향력을 가지는 게 일반적이다. 많은 작가가 울며 겨자 먹기식으로 부결 고료를 받아들이는 것이 현실이다. 협상력이 낮은 위치의 작가들은 그나마 한 푼도 못 받는 것보다는 받아들이는 게 낫다고 판단하고 처음부터 이의를 제기하지 않는다.

## 리스크 파워는 비즈니스 환경에 따라 달라진다

리스크가 존재하는 상황에서 사람들의 행동에 영향을 미치는 요인은 리스크 외에도 많다. 인센티브나 환경 역시 사람들에게 커다란 영향을 미친다. '역선택adverse selection'도 주의할 필요가 있다. 도덕적 해이가 리스크 풀risk pool 안에 있는 사람들의 행동 방식과 밀접하다면 역선택이란 누구를 리스크 풀에 끌어들일 것인가에 관한 문제다. 리스크 풀링을 통해 고객을 많이 확보하려다 오히려 도움이 전혀 되지 않는 위험한 고객들만 잔뜩 끌어들이게 될 수도 있다. 다시 보험업계로 가보자.

여기 예약한 여행상품을 취소하게 됐을 때 위약금을 대신 내주는 보험이 있다. 이 보험을 모든 사람에게 똑같은 금액으로 판매한다면 여행을 취소할 가능성이 큰 사람들(예를 들어 가족 중 환자가 있는 사람)은 가입할 가능성이 대단히 크다. 반면에 여행 계획을 변경할 일이 전혀 없는 사람들은 가입하지 않을 것이다. 결국 보험사가 원하는 '리스크 분산'은커녕 '고위험군 계약자'만 우글거리는 리스크 풀이 만들어진다. 따라서 보험회사들은 역선택에 대비하는 몇 가지 전략을 마련하고 있다. 예를 들어 여행자보험은 가입요건을 강화하고 보상에 대해 제한을 둔다. '요건에 부합하지 않는 사람'은 보험에 가입시키지 않든가 더 많은 보험료를 내게 한다.

다른 업계도 역선택의 영향을 받을 수 있다. 지나치게 관대한 반품 정책은 악의적인 사기꾼을 포함해 정책을 악용하려는 고객을 끌어들일 수 있다. 그래서 유통회사들은 반품기한을 제한하거나(구입

후 30일 이내 등), 영수증 제시를 요구하거나, 환불 수수료를 청구하거나, 이른바 블랙리스트를 관리한다. 환불 수수료는 흥미로운 전략이다. 역선택과 도덕적 해이를 동시에 막아주기 때문이다. 반면에 환불 수수료 역시 부작용이 생길 수 있다.

리스크 회피 성향이 강한 고객이라면 구매를 포기하거나, 부당한 정책이라고 항의하며 회사 담당자와 갈등이 생기거나, 다른 소비자들에게 나쁜 소문을 퍼뜨릴 수 있다.[42] 사업 유형에 따라 환불 수수료가 좋은 효과를 내는 경우도 있다. 대형 가전제품 유통업체인 베스트바이는 불만 고객이 생기긴 했지만 정책을 악용하는 사람들을 없앨 수 있었다. 어떤 것이 적절한 정책이냐의 여부는 비즈니스 환경에 따라 달라진다.

1990년대 후반 HP연구소는 제조업체와 판매업자 사이에서 두 개의 반품 정책을 비교하는 연구를 했다. 제조업체로서는 판매업체에 관대한 반품 정책(무제한 전액 환불 등)을 펴는 것이 사업에 도움이 될까? 아니면 제한적인 반품 정책(반품 수량 제한 혹은 무제한 반품에 환불 수수료 청구 등)을 취하는 게 더 나을까?

판매업자에게 환불 수수료를 청구하는 것은 반품에 따른 리스크의 일부를 공유하는 것이다. 판매업자는 제품을 반품할 수 있지만 조건에 따라 부담해야 하는 금액이 있다. 반면에 더 제한적인 반품 정책을 한다면 판매업자는 리스크를 최소화하기 위해 재고를 조금이라도 줄이려 할 것이다. 판매를 극대화하려는 제조업체에는 좋지 않은 소식이다. 이 모든 것을 고려한다면 제한적인 반품 정책은 제조업체에 좋은 것일까, 나쁜 것일까?

현실적인 답을 얻기 위해 실험은 최대한 실제 비즈니스 환경으로 설계됐다. 판매업자의 역할을 하는 참가자들은 고객을 확보하기 위해 서로 경쟁한다. 현실의 판매업자처럼 몇 가지 서로 다른 제품의 재고를 얼마나 유지할지를 결정하고 가격을 매기고 광고 예산을 짜는 일을 한다. 실험 마지막에 판매업자의 실적에 따라 진짜 돈을 받았다.

이 실험은 두 개의 다른 반품 정책, 즉 '무제한 전액 환불 정책'과 '반품 횟수 제한 없는 21퍼센트 환불 수수료 부과 정책'을 두고 테스트했다. 당연히 환불 수수료가 있는 쪽의 반품률이 크게 낮았다. 전액 환불 쪽보다 환불 수수료가 있는 쪽의 반품이 28퍼센트 적었다. 제조업자로서는 제한적인 반품 정책이 곧 비용 절감으로 이어진다는 의미다. 하지만 매출에 미치는 영향은 어땠을까? 재미있는 결과는 어떤 정책을 쓰든 판매업자, 즉 참가자들의 재고는 눈에 띄게 줄어들지 않았다는 점이다. 반품 정책이 깐깐하다고 해서 해당 제품을 두드러지게 회피하지도 않았다. 즉 까다로운 반품 정책을 구사한 제조업체는 거의 부작용 없이 리스크를 줄일 수 있었다.

그렇다면 이 실험 결과가 곧 '까다로운 반품 정책은 늘 좋다.'라는 결론을 의미할까? 아니면 21퍼센트라는 액수가 적절한 환불 수수료라는 의미일까? 둘 다 아니다. 통신판매 연구결과를 보면 고객들은 반품 '옵션'에 가치를 둔다. 휴렛팩커드의 실험에서는 까다로운 반품 정책이 좋은 효과를 낸 것으로 보인다. 그들은 제조업체의 숫자를 통제했기 때문에 시장지배력을 가지고 있었고 그 판매업자들 사이의 경쟁을 부추겨 제조업체가 마땅히 부담해야 할 리스크를 줄일 수 있었기 때문이다. 서로 다른 제조업체들인 예를 들어 HP, 델, 소니 등이 실권을 쥐고 있는 단일 유통업체(예를 들어 월마트)를 두고 경쟁하는 비즈니스 환경도 쉽게 상상할 수 있다. 이 환경에서는 유통업체가 까다로운 반품 정책을 가진 제조업체들을 멀리할 수 있다. 결국 유통업자의 시장지배력이 모든 제조업체가 더 관대한 반품 정책을 펴도록 영향을 미치는 것이다.

## 게임의 법칙을 자신에게 유리하도록 세팅하라

'위험을 회피하려는 것'은 불확실한 상황에서 사람들이 흔히 취하는 행동이다. 사람들의 행동 방식은 매우 다양하다. 사람들은 객관적이고 과학적인 데이터나 충고보다 친구와의 잡담이나 뉴스에 나온 극석이고 개인적이며 단편적인 스토리에 더 큰 영향을 받는다.

사람들은 확률을 계산하는 데 아주 서툴다. 그리고 현명한 의사결정을 내리는 데 반드시 알아야 하는 확률에 대해서는 아예 무지한 경우도 있다(만약 사람들이 합리적이라면 절대 복권 따위는 팔리지 않을 것이다). 사람들은 무작위한 자연 현상에서도 있지도 않은 기이한 패턴의 존재를 맹신하는 경우가 많다. "오늘은 운수대통이야!"라며 '뜨거운 손의 오류Hot-Hand Fallacy'에 빠지기도 하고 반대로 "이렇게 많이 잃었으니 이제 딸 때가 됐어!"라는 '도박자의 오류Gambler's Fallacy'를 추종하기도 한다.[43]

리스크를 사고파는 기업들(카지노와 보험사 등)은 그런 오류를 범하지 않는다. 리스크에 대한 정확한 평가가 곧 그들의 밥줄이기 때문이다. 그들은 회계사와 통계 전문가들을 고용해 언제나 게임이 자기들에 유리하도록 세팅한다. 만약 '불확실성을 어떻게 관리하느냐?'가 중요하다면 게임의 법칙을 유리하게 설계해줄 전문가들의 도움을 받는 일이 반드시 필요하다.

이 장에서 사람들이 얼마나 불확실성을 싫어하고 또 그것을 조금이라도 줄이기 위해 얼마나 노력하는지 살펴보았다. 리스크에 대해 취하는 태도를 파악한다면 향후 사람들의 '불확실성 하에서의 선택'을 어떻게 활용할 수 있을지 알게 될 것이다. 이는 사람들이 선호하는 몇 가지 가치, 특히 앞의 1장과 2장에서 살펴본 '공정성'과 '상호주의'에서도 마찬가지로 적용된다.

2부

# 왜 인간은
# 그렇게 행동하는가

왜 인간은 이해할 수 없는
의사결정과 행동을 하는가

# 1

# 합리성이라는 함정

인간의 불합리를
의사결정의 테크닉으로 극복하라

현대 물류업은 기술의 총아다.[1]

소프트웨어 기술의 발달과 전 지구 위치 파악 시스템GPS 덕분에 UPS, 페덱스, 슈나이더Schnieder, 스위프트Swift Transportation 같은 거대 기업들은 수천 개에 달하는 운송 수단을 실시간으로 통제할 수 있다. 이상적으로는 모든 운송 수단들이 수익성 좋은 제품을 가장 빠른 길로 정확하게 목적지에 전달하고 제일 싼 주유소에서 기름을 넣고 교통 상황 변화에 따라 코스를 조정하며 늘 물량을 가득 실은 상태를 유지하는 것이 제일 좋다.

오늘날 이 모든 결정이 거의 인간의 개입 없이 이루어진다. 운전자가 개인적으로 제일 선호하는 휴게소에서 쉬고 도중에 다른 트레일러와 교환해 집과 가장 가까운 곳으로 움직일 수 있도록 하는 최적화 소프트웨어도 있다. 그러나 이런 일들이 순조롭게 만들어진 건 아니다. 1980년대만 해도 물류 시스템은 많이 낙후돼 있었다. 운전자는 화물을 한 번 배달한 다음 배차원에게 무전을 했다. 그럼 배차원은 임의로 다음 일을 맡겼다. 물론 대부분의 배차원들은 빈 트럭을 멀리까지 보낸다든가 운전자가 충분한 휴식시간 없이 운전하게 하는 등의 명백한 실수를 피하려고 노력했다.

하지만 아무리 똑똑하고 숙련된 배차원이라 하더라도 완벽하게 최적화된 결정을 내릴 수는 없다. 인간의 머릿속으로 고려하기에는 너무나 많은 변수가 있는 것이다. MIT의 운송·물류 연구소 책임자이자 여러 자동화된 물류 기업들을 설립한 바 있는 요시 셰피Yossi Sheffi는 이 상황을 이렇게 설명한다.

"어느 트럭을 어떤 경로로 어디로 보낼지 결정하는 것은 대단히 어려운 문제다. 수백 가지 개연성을 동시에 고려해야 하기 때문이다. 트럭과 화물 하나의 움직임뿐만 아니라 모든 가능한 조합을 고려해야 하므로 결정의 종류는 기하급수적으로 늘어난다. 최적화가 가능하려면 한 가지 변수를 바꿀 때마다 다른 모든 것을 따라 바뀌어야 한다."[2]

한 대의 트럭을 어디로 보낼지 결정하면 다른 연결된 모든 상황에 영향이 미친다. 마치 당구공 하나를 치면 다른 공들이 연쇄적으로 맞아 예측하기 힘든 방향으로 튕기는 것과 같다. 단 한 대에 대해서는 현명한 의사결정이 전체의 관점에서 보면 차선책에 불과할 수도 있다. 반대로 지엽적으로는 비효율적이지만 전체적으로는 이익이 높아지는 선택이 존재하기도 한다. 사람의 능력만으로는 이 모든 것을 동시에 계산할 수 없다. 과거의 물류 시스템은 지금 보면 한심할 정도로 비효율적이었다. 우르르 몰려다니거나 짐 없이 다니거나 수익이 적은 짐만 싣거나 하는 비효율을 개선하는 데는 엄청난 시간이 걸렸다.[3]

결국 '새로운 기술'은 사업을 영위하는 필요조건이 됐다. 최첨단 기술을 확보하지 못한 기업들은 경쟁자에게 밀려 도태됐다.


## 인간의 불합리한 의사결정을 시스템으로 보완하라

시스템을 바꾸면 시장 판도도 완전히 바뀐다. 제약업체들의 데이터 활용이 그 대표적인 사례이다. 제약업체들은 매년 의사들에게 무료 샘플을 제공하는 데 수백만 달러를 쓴다. 2005년 한 해만 해도 무려 180억 달러어치의 무료 샘플을 제공했다. 무료 샘플은 강력한 마케팅 도구다. 영업사원들이 바쁜 의사들을 만날 기회를 주고 의사가 어떤 약을 처방할지 결정하는 데도 영향을 미친다. 하지만 문제는 돈이 너무 많이 든다는 것이다.

기업은 투자 대비 효과를 정확히 알고 싶어한다. '미래 유망 고객이 아닌' 의사에게 너무 많은 무료 샘플을 주면 매출 상승효과는 없고 단지 돈만 낭비한 꼴이 된다. 더군다나 의사가 무료 샘플을 환자에게 나눠준다면 완전히 악몽이다. 반면에 약을 많이 처방할 가능성이 큰 의사에게 무료 샘플을 너무 적게 주면 경쟁에서 탈락할 수도 있다. 제약회사들은 최고의 수익을 창출하기 위해 의사들의 처방 패

턴을 분석하고 그에 따라 무료 샘플을 할당하는 소프트웨어를 이용하고 있다.[4]

다른 업계에서도 방대한 양의 자료를 빠르게 이해하기 위해 알고리즘을 사용한다. 넷플릭스는 '시네매치Cinematch'라는 콘텐츠 추천 알고리즘을 통해 고객들에게 추천작을 안내한다. 시네매치는 고객들의 시청 이력 데이터를 분석해 고객별 취향을 파악하고 그 취향을 중심으로 그룹화한다. 각 그룹의 고객이 높은 별점을 준 콘텐츠를 같은 그룹의 다른 고객에게 추천하는 것이다. 즉 고객이 어떤 영화를 좋아할지를 예측해 추천하는 것이다.

좀 더 일반적인 사례로는 월마트가 있다. 어떻게 월마트는 최저가 정책을 펼칠 수 있었을까? 그건 시스템을 통해 복잡한 공급망을 효율적으로 정리할 수 있었기 때문이다. 월마트의 시스템은 누가 무엇을 어디에서 구매했고 어떤 트럭이나 어느 창고에 지금 어떤 제품이 얼마나 있는지 파악하게 해준다. 또한 간단한 데이터 입력만으로 필요 이상의 인력과 비용 투입 없이 공급과 수요의 균형을 맞출 수 있게 해준다.

월마트와 넷플릭스는 첨단기술을 활용해 유용한 패턴을 찾아내는 데 특히 능숙한 기업이다. 하지만 이들 기업도 이제 더 이상 특별하다고 할 수 없다. 오늘날엔 그 누구도 빅데이터나 알고리즘 없이 거대 기업을 운영하겠다고 생각하지 않는다. 사람의 능력으로 처리하기에는 자료의 양이 너무나 많다. 혹여 사람이 할 수 있다고 해도 컴퓨터의 도움이 없다면 너무나 많은 시간이 걸리고 실수도 생겨난다.

인간이 소프트웨어의 도움 없이 복잡한 계산 문제를 풀고 싶어하지 않는다는 건 놀라운 일이 아니다. 그보다 놀라운 것은 인간은 너무도 쉽게 이성을 잃는다는 것이다. 냉정을 유지해 이성적인 판단을 내려야만 하는 상황에서조차 그렇다.

이 장에서는 '최적의 의사결정을 내리지 못하는' 인간의 패턴이 어떻게 나타나는지를 몇 가지 실험을 통해 자세히 관찰할 것이다. 왜 최적화에 실패할까? 그건 인간의 합리성 범위의 한계 때문에 생겨나는 자연스러운 귀결이다. 그렇다 해도 비즈니스에서는 용납될 수 없다. 대부분 조금만 유의하면 피할 수 있지만 피하지 못한다면 값비싼 대가를 치르게 되기 때문이다.[5]

## 신문 『큐리어스 가제트』를 몇 부나 주문해야 할까?

상상해보자. 당신은 신문 가판대를 운영하고 있다. 매일 고객에게 팔 신문을 주문해야 한다. 고객들의 선호가 분명해서 신문별로 매일 같은 부수가 팔린다면 고민할 필요가 없다.

하지만 상상으로 만들어낸 신문 『큐리어스 가제트The Curious Gazette』는 주문하기가 까다롭다. 수요가 대단히 변덕스럽기 때문이다. 어떤 날은 100부가 팔리는가 하면 어떤 날은 잘 팔리지 않는다. 판매 부수는 12부, 37부, 89부 등 1~100부 사이로 오락가락한다. 더구나 팔리지 않은 신문은 생선 싸는 종이로나 써야 한다. 주문했다가 팔지 못한 신문은 곧장 손실로 돌아간다. 반대로 신문이 다 팔리고 나면 원하는 손님이 있어도 더 팔 수가 없다. 따라서 실수요에 비해 적게 주문하면 추가 매출을 포기해야 한다.

제품의 단가와 이익률을 알고 있다고 가정해보자. 그럼 이 신문을 몇 부나 주문해야 할까? 이것이 '신문 판매원의 딜레마'라는 문제의 요지다. 먼저 왜 이 문제가 중요한지 설명할 필요가 있다. 이런 경우가 예외적인 것은 맞다. 비현실적이고 교과서적인 문제로 보이기도 할 것이다. 하지만 신상품 의류의 세 가지 색상 중 빨강의 비율을 어떻게 해야 할지에서부터 정부 예산 중 보건의료 계정을 얼마로 할지에 이르기까지 거의 모든 종류의 경제적 의사결정에서 나타나는 문제이기도 하다.

재고가 부족한 상황은 익숙하다. 연말연시에 '인기 장난감hot toy'의 수요는 폭발한다. 없어서 못 파는 일이 생기는 것이다. 그 결과 양배추 인형같이 폭발적인 인기를 누린 장난감들은 제조사나 정상적인 유통업체가 아니라 암거래상들에게 엄청난 수익을 안겨주면서 비정상적인 시장에서 거래되기도 한다.

고객 눈에는 띄지 않지만 재고 과잉 역시 자주 일어나는 현상이다. 재고 과잉의 가장 극적인 사례가 바로 IBM의 밸류포인트 컴퓨터였다. 밸류포인트는 컴팩, 델, 휴렛팩커드 등 저가 컴퓨터의 대항마로 1990년대 초반 시장에 선보였다. 제품에 대한 평가가 좋았지만 지나치게 낙관적인 예상치에 비해 판매는 크게 못 미쳤다. 그 결과 회사는 한 해 동안 무려 7억 달러에 달하는 과잉 재고를 떠안아야 했다.

## 당신의 똑똑한 머리만 믿었다가는 배신당한다

사후 분석은 너무나 쉽다. 누가 봐도 수요 예측을 잘못한 사람의 실책이다. 하지만 의사결정권자라고 해서 잘못을 되돌릴 비장의 무기를 갖고 있지는 않다.

그러나 뒤늦은 조치는 아무리 잘해봐야 차선책에 불과하다. 값이 더 오를 걸 예측하지 못하고 재고를 너무 일찍 싸게 처분해버린 것이나 너무 늦게까지 놔둬서 결국 값이 폭락한 것을 나중에서야 후회한다. 결국 완벽한 결정은 단 하나뿐이고 그밖에 모든 결정은 전부다 차선책이다.

하지만 우리는 많은 경우 '신문 판매원의 딜레마'처럼 미래를 예측하기 위해 노력하지 않는다. '수요란 예측할 수 없는 것'이라고 치부해버리기 때문이다. 그렇다면 다른 질문을 하자. 실제 수요가 그토록 부정확하다면 그 전제하에서 수익을 최대화하는 방법은 뭘까? 즉 어느 정도를 주문해야 다음 날 무슨 일이 일어나든 관계없이 최선의 결정이 될까?

사실 신문을 얼마나 주문해야 하는지 정확하게 알려주는 간단한 공식이 있다. MBA 학생이라면 누구나 공부하는 공식이다.[6]

$$\frac{(가격 - 비용)}{가격} \times 최대수요$$

예를 들어 판매가가 12프랑이라고 가정해보자(많은 경제학 실험에서 실험실의 통화를 '프랑'이라고 부른다. 영미권도 마찬가지다). 이미 말했듯이 신문 『큐리어스 가제트』의 최대 수요는 100이다. 비용이 9프랑이라면 당신은 정확히 25부를 주문해야 하고 비용이 3프랑이라면 그보다 더 많은 75부를 주문해야 한다.

같은 공식이 수요에도 적용된다. 예를 들어 수요가 1~300까지 변화하는 어떤 장비를 팔고 있다고 가정하자. 가격이 12프랑이고 비용이 9프랑이라면 75개를 주문해야 하고(3/12×300), 같은 가격에 비용이 3프랑이라면 225개(9/12×300)를 주문해야 한다.

우연치 않게 두 연구자는 사람들이 이런 종류의 수요 예측 문제를 실제로 어떻게 해결하는지 연구하기 위해 '신문 판매원의 딜레마'라는 똑같은 사례를 사용했다.[7] 한 팀의 연구자는 듀크 대학교 후쿠아 비즈니스 스쿨 재학생들(미래에 그런 문제를 자주 직면하게 될 사람들)에게 이 '가격과 비용' 조건에서 최적의 주문량을 산출해보라고 했다. 또 한 팀의 연구자인 와튼 스쿨의 모리스 슈바이처Maurice Schweitzer 와 제라르 카숑Gérard Cachon(당시 후쿠아 비즈니스 스쿨 교수)은 실제 돈이 걸려 있는 통제된 실험을 했다.

자, 이들 비즈니스 스쿨 학생들은 어떻게 했을까?

미래의 비즈니스 리더들에게 기대한 것과는 사뭇 다른 결과가 나왔다. 다 틀린 답을 내놓은 것이다. 더욱이 그들이 답을 도출하는 과정이 전혀 논리적이지 않았다. 학생들은 고수익 제품을 너무 적게 주문하거나 저수익 제품을 너무 많이 주문했다. 비용이 3프랑인 경우(225개를 주문해야 하는 품목)는 평균 178개를 주문했고 비용이 9프랑(75개를 주문해야 하는 품목)일 때는 평균 140개를 주문했다. 그들은 대체 무슨 생각으로 그렇게 한 것일까?

## 앵커링 효과를 이용하면 상대의 관심을 돌릴 수 있다

연구진은 자료 분석을 통해 두 가지 원인을 밝혀냈다. 첫 번째 원인은 '앵커링Anchoring 효과'와 관련됐다. 앵커링이란 대니얼 카너먼과 아모스 트버스키Amos Tversky가 처음 고안한 개념으로 사람들이 어떠한 문제에 대한 해결책을 구할 때 관련이 전혀 없더라도 '쉽게 얻을 수 있는 기준점'을 바탕으로 도출하는 경향을 말한다.

앵커링 효과에 관한 초기 연구 중 하나에서 카너먼과 트버스키는 참가자들에게 '아프리카 국가의 몇 퍼센트가 유엔에 가입돼 있는지'를 물었다. 연구자들은 답변을 듣기 전에 1~100까지 숫자가 적힌 원반을 돌린 다음 원반에 나온 숫자보다 그 비율이 높을지 낮을지 물어보았다. 그리고 나서 최종적으로 참가자들에게 실제 비율을 써내라고 지시했다.[8]

원반을 돌려 우연의 결과로 나온 숫자가 유엔에 가입된 아프리카 국가의 비율과 관련이 있을까? 물론 아니다. 그렇게 생각한다면 코미디나 다름없다. 참가자들 모두 이 사실을 이성적으로 인지하고 있었고 아무도 나온 숫자 그대로 말하지 않고 그보다 낮거나 높다고 대답했다. 하지만 비율에 대한 예측은 원반의 숫자가 무엇이었느냐에 따라 좌지우지됐다! 예를 들어 원반의 숫자가 10이었다면 참가자들은 평균 25퍼센트로 예측했다. 반면에 숫자가 65인 것을 본 참가자들은 평균 45퍼센트로 예측했다.

카너먼과 트버스키는 "사람들은 당장 손쉽게 이용할 수 있는 정보에 '앵커링'하고 자기 생각을 앵커링 기준에서 크게 벗어나지 않게 조정하는 성향이 있다."라는 결론을 내렸다. 실제로 그들은 원반의 숫자에 앵커링(이 경우 완전히 무작위)이 돼 예측에 영향을 미쳤던 것이다.

앵커링은 현실에서 다양하게 영향을 미친다. 예를 들어 '앵커링과 협상' 실험에서는 협상의 기준 금액은 처음에 제시된 숫자가 되는 경향이 있다. 이는 최종 결과에도 큰 영향을 준다. 그래서 전문가들은 '협상에서 성공하려면 절대 먼저 제안해서는 안 된다.'라는 일반적인 통념을 뒤엎는다. 오히려 협상에서 먼저 제안하는 쪽이 유리하다고 조언한다. 그러나 먼저 앵커링할 때 제안의 수준은 너무 무리하지 않는 선에서 공격적인 것이 좋다.[9]

## 사람들의 잘못된 의사결정 편차에도 경향성이 있다

MBA 학생들은 '신문 판매원의 문제'에서 재고 수준을 결정할 때 평균 수요인 150에 앵커링한 후 최적이라고 생각하는 방향으로 조정한 듯했다. 하지만 조정은 충분치 못했고 최적의 해답에 전혀 근접하지 못했다.

두 번째 원인은 참가자들이 주문량과 실제 수요 사이의 차이를 줄이고 싶어했던 것과 관련됐다. 학생들은 '수익의 극대화'만큼이나 '재고의 최소화'에 신경을 썼다. 즉 사람들에겐 '평균을 지향하는 특성'이 있다.

이렇게 생각해보자. 사람들이 실제 수요와 주문량의 격차를 줄이는 데만 주의를 기울인다면 수요의 평균치인 150부를 주문할 것이다. 또 수익 극대화만을 생각한다면 이익률이 클 때는 훨씬 더 많이 주문하고 이익률이 낮을 때는 훨씬 적게 주문할 것이다. 하지만 높은 수익과 낮은 재고를 동시에 최적화하려고 노력한다면 실험 참가자들이 했듯이 양쪽의 '중간 수준'에서 주문할 것이다.

좋은 소식은 이런 편차의 경향성을 파악함으로써 내가 갖고 있던 편견 혹은 동료나 부하직원들의 편견을 고칠 수 있다는 것이다. 구매부서 관리자가 편견을 줄일 수 있는 가장 확실한 방법은 '의사결정 지원 툴tool'을 사용하는 것이다. 단순하게는 엑셀에 있는 '공식' 하나도 툴이 될 수 있다. 핵심은 간단한 문제일지라도 실수의 여지가 있다. 따라서 자동화를 통해 그런 실수를 줄일 수 있다는 것이다.

그렇다면 왜 실수를 아예 없애지는 못하고 줄일 수만 있는 것일까? 사람들에게 조금이라도 결정권이 있다면 의사결정 지원 툴만으로는 인간의 실수를 완전히 제거할 수는 없다. 어떤 이유에서든 툴을 신뢰하지 못하는 사람이라면 기계 장치의 권고를 무시할 것이다. 예를 들어 메트라이프는 편리하고 다루기 쉬운 웹 툴인 메트라이프 베네핏 심플리파이어를 통해 여러 가지 사원 복지 옵션 중에 직원들에게 적합한 것을 선택하도록 도왔다. 선호하는 의료 서비스가 무엇인지, 자녀가 있는지, 미래를 대비한 보험은 있는지 등의 짧은 질문에 답하는 것이다. 그럼 소프트웨어는 어떤 연금 프로그램에 가입하는 게 좋은지 등 몇 가지 어드바이스를 해준다.

메트라이프 베네핏 심플리파이어는 시간과 노력을 줄여주는 유용한 소프트웨어이다. 하지만 직원이 회사가 만든 소프트웨어가 자신에게 흑심 없이 좋은 정보를 준다고 믿지 않는다면 신뢰하지 않을 것이다. 이런 직원은 의도적으로 소프트웨어의 조언과는 다른 연금 프로그램을 선택할 것이다. 만약 소프트웨어의 추천이 최적이라면 직원의 선택은 잘못된 것이다. 하지만 자신의 선택을 소프트웨어의 충고에 앵커링하는 한 전적으로 혼자서 결정하는 것보다는 나을 것이다.

소프트웨어가 올바른 의사결정을 하도록 도와주는 유일한 방법은 아니다. 교육 역시 편견을 줄일 수 있다. 장시간에 걸친 시행착오와 반복 실험을 통해 '신문 판매원 실험' 참가자들은 이상적인 수치의 90퍼센트까지 접근할 수 있었다.[10] 물론 이 경우에도 완벽하게 최적화된 결정을 하지는 못했다. 하지만 슈바이처와 카숑의 연구결과보다는 나아진 결과였다. 교육 역시 그릇된 의사결정을 완전히 막아내지는 못한다. 한 연구에서 연구자들은 7개 기업 직원들에게 가입한 금액과 동일한 액수를 고용주가 보조해주고 언제든 필요하면 자금을 인출할 수 있는 훌륭한 퇴직연금 제도를 교육했다.[11] 합리적인 직원이라면 고용주가 보조할 수 있는 최대 금액까지 가입 금액을 늘려야 마땅하다. 가입 금액을 낮춘다는 것은 공짜로 생기는 돈을 포기하는 것과 같기 때문이다. 하지만 상세한 교육에도 불구하고 종업원들의 가입 금액은 높아지지 않았다.

교육이 공돈이 생기는 일조차도 해결하지 못한다면 도대체 그보다 복잡한 여러 주제를 어떻게 해결할지 궁금할 것이다. 이 점에 대해서는 뒷부분에서 다시 논의하게 된다.[12]

컴퓨터 시스템이나 간단한 교육조차 받아들여지지 않는 영역에서는 전문가의 판단에 전적으로 의지할 수밖에 없다. 컴퓨터는 일정한 '규칙'을 다룰 때는 유용하지만 일정한 규칙이 없는 문제들의 해결에는 별로 효과가 없다. 예를 들어 신제품 런칭할 때 얼마나 만들어야 할까? 인간은 '경험이나 지식'에 근거한 추측을 할 수 있다. 비록 그 답이 틀린 것일지라도 말이다. IBM의 경영진은 밸류포인트의 수요를 7억 달러나 과다하게 예측했다. 그 예측은 지나치게 낙관적이었다. 하지만 개연성이 전혀 없는 숫자는 아니었다.

　IBM은 특정 문제의 해결에서 인간보다 나은 대단히 정교한 컴퓨터를 만들어냈다. IBM의 딥블루Deep Blue 시스템은 체스 세계 챔피언인 가리 카스파로프Garry Kasparov를 이겼다. 카스파로프는 딥블루가 나오기 전에는 수년에 걸쳐 타의 추종을 불허하는 최고의 자리에 있었다. 그러나 체스도 '고객의 니즈를 직관적으로 이해하고, 경쟁사의 계획을 예측하고, 제품에 대해 판단을 내리는 일'에 비해서는 훨씬 단선적이다. 만약 인간의 지혜를 빌리지 않고 컴퓨터가 뽑아내는 숫자를 곧이곧대로 믿는다면 어떤 회사건 결국 파산을 피할 수 없을 것이다.

　휴렛팩커드의 실험이 이 점을 증명한다. 휴렛팩커드 연구자들은 회사의 구매 물품에 대해 협상을 하는 지능형 컴퓨터 시스템을 고안했다. 그들은 이 시스템을 오토나AutONA, Automated One-to-one Negotiation Agent라고 불렀다.[13] 오토나의 목표는 구매 에이전트를 대체하는 것이었다. 오토나의 설계자는 컴퓨터가 공급업자와의 협상을 사람보다 더 잘해 내리라고 생각지 않았다. 하지만 오토나는 사람들과는 달리 급여나 인센티브를 기대하지 않는다. 누구의 눈치를 볼 필요도 없다. 오토나가 최소한 사람만큼 해냈을까? 대답은 '그렇다'이기도 하고 '아니다'이기도 하다.

특정 조건 아래에서는 오토나가 효과적인 협상을 할 수 있었다. 더구나 이 기계는 간단한 튜링 테스트Turing Test*도 통과했다. 일부 실험에서는 공급업자의 역할을 하는 참가자들이 오토나를 사람으로 착각할 정도였다. 하지만 케이윳이 시스템에 충격(수요-공급 조건의 갑작스럽고 예기치 못한 변화)을 주자 오토나는 사람들만큼 잘 대처하지 못했다.

급격한 시장 변화에 대응하는 일이나 협상 상대인 인간의 변덕스러움에 대처하도록 기계를 프로그래밍하는 것이 이론적으로 불가능하다고 이야기하려는 것이 아니다. '시스템'이 최적화하는 영역이 있고 '인간'이 고유한 이점을 발휘하는 영역이 있다고 이야기하고 싶은 것이다. 하지만 이제 살펴볼 '정교한 최적화' 상황은 인간이 대응하기 어려운 과제다.

## 인간은 '비서 고르기'에서 현명한 선택을 할 수 있을까?

비서를 고용하려고 한다. 전체 몇 명을 면접할지 알고 있다. 그들은 하루에 한 명씩 온다. 이 일에 가장 적합한 사람을 찾는 것이다. 하지만 여기에는 두 가지 문제가 있다. 첫째, 특별한 순서 없이 무작

---

* 컴퓨터가 생각을 하고 있는지를 판정하는 테스트

위로 면접을 봐야 한다. 제일 좋은 후보가 제일 마지막에 있을 수도 있다. 둘째, 면접 직후 바로 채용 여부를 결정해야 한다.

물론 현실에서라면 위의 조건은 달라진다. 하지만 기본적인 상황은 크게 다르지 않다. 좋은 지원자는 다른 곳에서도 제안을 받을 것이기 때문에 빨리 답변을 주어야 한다. 하지만 아직 만나보지 못한 지원자 중에 더 좋은 사람이 있을지도 모른다. 너무 빨리 혹은 너무 늦게 채용 제안을 하면 최선의 결정을 할 수 없다. 그렇다면 언제가 최적의 선택 시점인가?

응용 수학자들은 소위 '비서 문제Secretary problem'를 최소한 1960년대부터 연구해왔으며[14] 최적의 해답이 무엇인지 오래전부터 알고 있었다. 이상적인 후보를 100퍼센트라고 하고 최악의 후보를 0퍼센트라고 수치화해보자. 다른 후보자들의 수치는 그 사이에 규칙적으로 분산돼 있다고 가정한다. 예를 들어 후보자가 6명일 때 2순위 후보를 선택하면 80퍼센트이고 3순위 후보를 선택하면 60퍼센트가 된다. 최적의 전략은 다음과 같다. 이미 지나간 지원자는 다시 부를 수 없다. 따라서 모든 지원자의 스펙을 상세하게 파악해야 한다. 그래야 최선과 한참 거리가 있는 후보를 선택하거나 기대치에 가까운 후보자를 거부하는 일을 피할 수 있다.

가장 먼저 해야 할 일은 앞쪽의 지원자를 면접하면서 전체 지원자 풀pool의 표본을 추출하는 것이다(수학자들은 얼마나 많은 표본 추출이 필요한지 계산하는 방법을 알고 있다). 일단 이 표본을 기초로 지금까지 만난 사람 중 가장 훌륭한 후보가 어떤 수준인지 알게 된다면 그보다 나은 후보를 발견할 때까지 면접을 계속한다. 그런 후보를 만났다면 그 사람을 채용한다. 하지만 최고의 후보를 찾기 위해 지나치게 오래 끌어서는 안 된다. 원하는 사람이 끝까지 나타나지 않을 수도 있다. 따라서 일정 숫자의 사람들을 인터뷰한 후에도 적당한 후보를 찾지 못했다면 지나치게 까다로운 태도를 버려야 한다(일정한 숫자가 몇이 되어야 하는지 알려주는 수학적 공식도 있다).

'이게 뭐 그리 혁신적인 문제 해결 방법이란 말인가?' 하는 생각이 들 것이다. 알고 있다. 구체적인 규칙이 또 있다. 이미 만난 후보들보다 나은 사람을 찾아서 고용하는 대신 최선에 조금 못 미치더라도 고용하는 것이다. 일정한 수의 후보를 만나도 차선인 후보조차 나타나지 않는 경우에는 3순위 후보를 선택하는 방식으로 다시 기준을 낮추며 진행한다.

그냥 말로 들으면 쉬운 것 같지만 대부분 단순명쾌하게 진행되지 않는다. 지원자들에게서 얻어야 하는 정보가 무엇인지 채용기준이 명확하다 해도 얼마나 많은 표본을 추출해야 하며 기준을 낮추기 전까지 얼마나 오랫동안 최선의 후보자를 고르는 일을 지속해야 할지 모호하다.[15]

결과적으로 대부분의 채용은 최적이 아니다. 실험 참가자들은 정보탐색 비용이 전혀 책정되지 않았는데도 마치 엄청난 비용을 염려하는 것처럼 너무 일찍 결정을 내려버렸다. 반면에 정보탐색 비용이 부과된 다른 실험에서는 지나치게 시간을 끌었다. 참가자들이 상황을 잘못 이해한 것이 아니다. 탐색 비용이 든다면 빨리 끝내는 편이 좋다는 것을 알고 있다. 다만 얼마나 빨라야 하는지 몰랐던 것이다. 그래서 최적의 수준보다 더 오래 탐색하는 경향을 보였다.[16]

## 주변 사람들의 선택을 설득의 잣대로 이용하라

사람은 어떤 정보에 주의를 기울여야 하는지 잘 알지 못한다. 앵커링 효과 실험이 보여주었듯 문제와 전혀 '관련 없는' 정보를 심각하게 고려하는 경향이 있다.

붐비는 현금인출기 앞에서 장시간 줄을 서서 기다리고 있다고 가정해보자. 계속 기다려야 할까, 아니면 포기해야 할까? 유일한 판단 요소(줄이 얼마나 빨리 줄어드는가)는 앞에 서 있는 사람 숫자다. 하지만 많은 사람이 '뒤쪽'에도 신경을 쓰는 것으로 밝혀졌다. 자기 뒤에 서 있는 사람들이 많을수록 줄에서 이탈할 확률이 낮아진다.[17]

호텔 타월 실험도 비슷한 결과를 보여준다. 투숙객에게 '타월을 한 번만 쓰고 세탁하는 것은 환경에 좋지 않다.'라고 얘기하는 것보다 '다른 손님들도 그렇게 하기로 했다.'라고 하는 쪽이 훨씬 설득력이 높았다.[18] 그리고 '바로 직전 이 방에 투숙했던 손님도 그렇게 했다.'라고 하는 경우에 가장 공감을 했다.

그 어느 것도 타월을 재사용하는 데 영향을 미칠 만한 정보가 아니다. 하지만 실제로는 영향력을 발휘한 것이다. 우리는 무엇을 어떻게 해야 할지 모를 때 주변 다른 사람들에게서 단서를 얻는 경향이 있다.

## 가격 책정 의사결정으로 사람들을 끌어당겨라

이성적으로는 무엇에 귀를 기울여야 하고 무엇을 무시해야 하는 지는 분명히 알고 있다. 하지만 사람들은 정작 관련된 정보에 적절한 가중치를 두지 않는다. 특히 고객들은 언제나 이런 종류의 인지적 오류를 범한다. 고객들이 포인트 리워드 시스템에서 같은 액수의 '돈'보다 '포인트'의 가치를 더 높은 것으로 평가한다는 것은 이미 여러 실험을 통해 검증됐다.[19]

사람들은 또한 복잡한 숫자로 구성된 가격에 대해서도 지나치게 주의를 기울인다. 사람들은 큰 숫자들을 반올림해 부르는 것에 익숙하다. 10, 100, 10,000 하는 식이다. 그래서 뒷자리가 복잡한 숫자를 더 작은 것으로 인식한다. 이런 '숫자 정밀성 효과'에 대해서는 수많은 연구가 행해졌다. 흥미롭게도 이들 실험에서 '395,425달러'에 대한 평가는 '395,000달러'에 대한 평가보다 작은 것으로 나타났다. 실제 부동산 구매자들은 예를 들어 매물가격이 1,476,230달러라고 마지막 숫자에 '0'이 하나만 붙은 경우에 비슷한 수준의 매물보다 더 많은 금액을 지급하면서도 싸다고 느낀다.[20]

정보를 지나치게 중시하거나 과소평가하는 실수는 '기억'이 커다란 영향을 미치는 경우가 종종 있다. 케이윳이 스탠퍼드 대학교 동료들과 수행한 실험은 어떠한 선택을 하더라도 동일한 확률을 갖는 것이었다. 그런데도 참가자들은 자기가 해보지 않은 결정보다 이미 해보았던 선택에 더 큰 가중치를 두었다.

마찬가지로 '신문 판매원 문제'에서 10~20부 사이에서 수요가 발생한다면 14든 15든 혹은 다른 모든 숫자든 비슷한 가중치로 고려돼야 한다. 하지만 케이웃의 실험에서 사람들은 '바로 직전 수요'에 좌우됐다.[21] 이런 편향은 '어림짐작으로 하는 심리적 지름길'을 택한 결과일 것이다.[22]

사람들은 어떤 일의 확률을 알고자 할 때 '얼마나 쉽게 자기 머리에 떠오르는가?'를 기준으로 판단한다. 예를 들어 영어에서 'k'로 시작하는 단어가 많을까, 'k'가 세 번째에 들어가는 단어가 많을까? 'k'가 세 번째에 들어가는 단어를 떠올리긴 쉽지 않다. 반면에 king(왕), knight(기사), knife(칼), key(열쇠) 등 'k'로 시작하는 단어는 금세 떠오른다. 그래서 사람들은 'k'로 시작하는 단어가 'k'가 세 번째에 들어가는 단어보다 많을 것으로 생각한다. 정답은 그 반대다.

최적화의 실패는 다른 의사결정에서도 나타난다. 한 연구에서 닐 비어든J. Neil Bearden, 라이언 머피Ryan Murphy, 암논 래포포트Amnon Rappoport는 참가자들에게 시나리오를 주고 의사결정을 해달라고 했다. 여기서 흥미로운 패턴이 발견됐다. 참가자는 제품을 3주 안에 팔아야 한다. 매일 고객 한 명이 구매를 제안하고 그 제안을 받아들이면 바로 제품을 팔 수 있다. 그러나 나중에 더 높은 가격을 제시하는 고객이 나타나도 제품을 팔 수 없다.

이 문제의 '최적의 답'을 찾으려면 4가지를 알아야 한다. 제품 숫자, 남은 판매 기간, 잠재 고객이 나타날 가능성, 고객이 적정 가격에 구매할 가능성이다. 수학자라면 이 모든 것을 고려하고 정확한 수치를 계산해낼 수 있을 것이다. 하지만 우리 대부분은 수학자가 아니다. 실험 참가자들은 '재고가 많을 때는 지나치게 까다롭고 적을 때는 지나치게 후해지는' 패턴을 보여주었다. 그들은 '남아 있는 제품 숫자'를 고려했다. 물론 고려할 사항임은 분명하다. 하지만 제대로 고려된 것이 아니다. 그 결과는 손실로 이어졌다.[23]

다른 여러 실험에서 '가격 책정 의사결정'의 정확도를 측정했다. 참가자들은 일정 시간이 지나면 가치가 급격하게 하락하는 신선식품이나 항공기 좌석의 가격을 수요에 따라 적절하게 조절했을까? 참가자들은 수요가 많아지면 가격이 올라가고 수요가 적어지면 가격이 낮아진다는 것을 이해하고 적절한 방향으로 가격을 결정하려고 노력했다. 하지만 수요가 아주 조금 올라갔는데도 가격을 너무 많이 올리거나 수요가 조금 떨어졌는데도 가격을 대폭 낮추는 의사결정을 했다.[24]

이 모든 실험 결과에는 공통된 한 가지 사실이 있다. 사람들은 '새로운 정보(최신 정보)'와 '쉽게 활용할 수 있는 정보'에 과잉 반응을 보였다는 것이다.

## 왜 수요예측을 방해하는 채찍 효과가 생길까?

몇 년 전 피앤지P&G의 중역들은 매출 상위를 차지하는 제품의 판매에서 이상 패턴이 나타난다는 것을 알아챘다. 소매 매출은 아주 조금씩 등락을 거듭했는데 소매업자의 주문은 등락이 너무 심했다. 더구나 공급망의 상층부(도매업자나 공급업자)로 갈수록 변동 폭은 더 컸다. 그 수치들을 이용해서 곡선을 그렸더니 마치 채찍을 휘두르는 모양처럼 진동하는 패턴의 그래프가 나타났다.

공급망의 상층부로 올라갈수록 수요의 변동 폭이 커지는 것을 일 컬어 '채찍 효과Bullwhip Effect'라고 한다. 채찍 효과는 비누나 면도기 같은 소비재 분야에만 나타나는 현상이 아니다. 이 효과는 여러 단계로 구성된 공급망이 있는 곳이라면 어디든 나타난다. 연구자들은 수년에 걸쳐 그 요인이 되는 리드 타임lead times과 로트 수량Lot sizes 등을 발견해냈다. 하지만 그런 절차상의 요인 외에도 아주 중요한 원인은 따로 있었다. MIT 슬로언 MBA에서 진행된 독창적인 실험에서 이 중요한 원인을 밝혀냈다.[25]

실제와 유사한 환경에서 진행한 이 실험에는 소매업자, 도매업자, 공급업자, 제조업자 역할을 담당하는 4명이 참여한다. 그리고 이들이 취급하는 품목은 맥주다. 이 유명한 실험은 '맥주 유통 실험Beer Distribution Game' 혹은 줄여서 '맥주 실험Beer Game'이라고 불린다. 소매업자는 고객 역할을 하는 컴퓨터를 상대한다. 매번 참가자는 자기보다 상위에 있는 공급망에 주문하고(소매업자-도매업자-공급업자-제조업자 순) 주문한 제품을 받기까지는 일정 시간이 걸린다. 모든 사람의 목표는 재고가 너무 많거나 적지 않게 적절한 수준을 유지하는 것이다.

단, 고객의 수요는 일정 기간마다 4개로 변함없이 유지되도록 설정했다. 그러므로 이론적으로는 채찍 효과가 일어날 수 없다. 애초에 수요 변동이 전혀 없기 때문이다. 소매업자는 수요에 변동이 없다는 것을 보고 매번 4개를 주문한다. 소매업자가 4개를 주문하면 도매업자도 4개를 주문하고 다른 참가자도 똑같이 할 것이다. 모두가 매번 4개를 주문하고 과잉 재고 문제도 주문 변동도 일절 생기지 않는다. 간단하지 않은가?

하지만 실험 결과 '채찍 효과'가 아주 크게 나타났다. 주문은 수백, 심지어는 수천 개까지 치솟았다! 그들은 대체 무슨 생각을 했던 것일까? 실험이 끝난 후 공급업자 역할을 맡았던 사람이 이렇게 말했다. "고객들이 이상 수요를 만들어내서 공황이 일어났고 그 때문에 다른 모든 사람도 덩달아 움직일 수밖에 없었다. 그래서 나도 내가 의도한 대로 행동할 수가 없었다."

'나는 최적의 전략을 알고 있지만 다른 사람들노 똑같이 그것을 이해하고 실행할지 확신할 수 없다?'

자신보다 하위에 있는 공급망에서 4개가 아닌 주문을 '할지도 모른다.'라고 생각한 참가자들은 혹시 일어날 상황에 대비하기 위해 주문을 변경했던 것이다. 다른 사람들이 '합리적이지 않을 수도 있을 것'이라는 추정이 전체적인 변화를 가져왔고 점점 더 극대화됐다. 최적의 주문에서 멀어지게 된 모든 변동과 편차는 '파트너들이 어리석다.'라고 의심한 데서 기인했다. 결국 이런 악순환은 '변동폭 0'이라는 가장 효율적인 상태에서 멀어지게 만든 것이다.

생산 계획을 엉망으로 만드는 이런 현상을 반길 사람은 없다. 다이애나 우Diana Wu와 엘레나 카톡Elena Katok은 채찍 효과를 줄일 방법을 알아보기 위해 다른 실험을 했다. 그들은 이런 문제가 생길 수 있다는 것을 참가자들에게 교육하고 공급망에 있는 모두가 서로 얼마의 주문을 하는지 확인할 수 있게 했다. 참가자 모두 최적의 주문에 필요한 준비가 완료된 상태였다. 하지만 교육만으로는 충분하지 않았다. 효과를 위해서는 참가자들이 서로 커뮤니케이션을 할 기회를 제공해야 했다.

예를 들어 소매업자는 도매업자에게 자신이 얼마나 주문할 것이며 '왜' 그렇게 했는지를 전달함으로써 서로의 전략을 공유하는 것이다. 최적의 전략을 배웠다 해도 커뮤니케이션이 없었을 때는 참가자들이 여전히 다른 참가자들을 의심했고 그 결과 전략을 제대로 활용하지 못했다.


## 고객은 선택 범위가 너무 많으면 구매를 줄인다

전통적인 의사결정 이론들에 따르면 선택의 폭이 큰 쪽이 언제나 좋다. 필요 없는 것은 버리고 어리석은 결정을 하지 않아도 되기 때문이다. 하지만 너무나 많은 옵션이 있으면 판단력이 마비되거나 올바른 결정을 내리기 힘들거나 아니면 아예 선택하지 못하는 때도 있다. 이런 '선택의 역설paradox of choice'[26]은 말 그대로 '사소한 것부터 중요한 것까지' 선택의 범위가 과잉인 곳에서는 어디서든 나타난다.

한 유명한 연구에 따르면 24종류의 잼과 6종류의 잼이 각각 진열된 테이블에 시식 고객이 많이 몰린 곳은 24종류 쪽이다. 하지만 실제로 구매가 더 많이 일어난 쪽은 6종류 쪽이었다.[27]

예를 들어 미국에서 65세 이상의 노인들을 위해 제공하는 의약품 지원 프로그램인 메디케어 파트 D는 너무나 많은 선택을 하도록 하고 있어 노인들을 패닉에 빠지게 한다. 이 문제를 연구한 저명한 경제학자 대니얼 맥파든Daniel L. McFadden은 이에 대해 아주 적절한 언급을 한 바 있다.

"사람들은 정작 자기가 하나를 골라야 할 때가 아닌 경우에만 다양한 선택권의 존재를 고맙게 생각한다."[28]

선택의 역설을 해결하기 위한 한 가지 방법은 아무것도 선택하지 않아도 되는 '디폴트 옵션default option'을 제시하는 것이다.[29] 물론 쉽게 의사결정을 할 수 있도록 선택지를 줄이는 것도 방법이다. 그렇다면 몇 개의 선택지가 가장 적당할까? 결정권자에게 재량이 주어졌다고 느끼게 하면서도 선택하는 데 어려움을 느끼지 않게 하는 숫자여야 한다.

## 최초의 실수를 바로잡지 않으면 걷잡을 수 없어진다

물론 정확한 해답은 그 결정이 어떤 유형이냐에 따라 좌우된다. 예를 하나 살펴보자. 케이윳과 다이애나 우는 이 문제를 공급망 관점에서 연구했다. 단일 상품을 고객에게 판매하는 소매업자가 있다. 주기적으로 두 가지 의사결정을 해야 한다. 제조업체에 얼마나 많은 물량을 주문할지(재고)와 고객에게 얼마에 팔지(가격) 정해야 한다.

얼마나 많은 물량을 주문할지 결정하기 어렵게 하는 불확실성은 분명히 존재한다. 고객들이 얼마나 제품을 구매할지 알 수 없기 때문이다. 하지만 잠재고객이 어느 정도인지는 알 수 있으므로 가격의 변화를 통해 그 수치를 위아래로 움직일 수는 있다. 가격을 낮추면 수요가 늘지만 당연히 수익은 떨어진다.

주문을 너무 많이 하면 재고 부담이 늘어난다. 하지만 언젠가 팔리기만 한다면 많이 갖고 있는 게 뭐가 문제인가 싶을 것이다. 하지만 재고 유지 비용이 든다(재고 비용). 반면에 주문을 너무 적게 하면 고객이 많아지면 팔 수 없다(발주에서 입고까지 리드 타임이 존재하기 때문에). 따라서 고객의 신뢰를 잃게 된다. 실험에서도 주문에 대한 공급이 제때 이루어지지 않아서 발생하는 '적체 비용backlog cost'을 설정해두었다. 주문을 너무 많이 해도 또 너무 적게 해도 그 실수에 따른 비용을 지급해야 한다. 실험의 관례에 따라 연구자들은 '재고 비용'을 '적체 비용'의 2배로 설정해서 지나치게 많이 주문했을 때 더 큰 비용이 들도록 설계했다.

참가자들은 실험 전에 이 모든 것을 숙지한다. 그리고 수요의 스프레드가 얼마인지도 알고 있다(편차는 9~15까지 균등하다). 연구자들은 매번 한 기간이 끝날 때마다 참가자에게 실제 수요와 그로 인해 발생한 재고 비용과 적체 비용을 알려준다. 규칙은 간단하지만 사실 대단히 어려운 문제다. 수익이란 결국 가격, 재고 수준, 재고 비용, 적체 비용 등 여러 변수의 함수이기 때문이다. 가격을 바꾸면 단위당 수익만 변하는 게 아니라 가격이 수요에 영향을 주기 때문에 전체 수익 규모가 달라진다. 더구나 한 시기에 내린 결정은 해당 기간의 수익뿐만 아니라 향후 모든 기간에 걸쳐 영향을 미친다.

하지만 문제를 정말 복잡하게 만드는 것은 '수요' 자체가 계산할 수 없을 정도로 점점 복잡해질 가능성이 있다는 점이다. 당구대 위의 공과 비슷하다. 포켓 앞에 정확하게 일렬로 서 있는 흰 공과 색깔

공을 생각해보라. 색깔 공은 구멍에 들어가기만을 기다리고 있다. 스트레이트 샷으로 쳐야 하는 상황이다. 흰 공의 정중앙을 정확히 가격하면 일직선으로 굴러 색깔 공의 정중앙을 쳐서 포켓으로 들어가게 된다. 하지만 첫 샷에서 작은 실수를 저지른다면 어떻게 될까? 흰 공의 정중앙을 치지 못하고 오른쪽으로 3도 어긋나게 쳤다고 가정해보라. 공은 앞으로 굴러가지만 왼쪽으로 약간 비껴간다. 결과적으로 색깔 공을 맞히지 못하거나 공의 왼쪽을 가격해 원래 겨냥했던 포켓에서 벗어나 오른쪽으로 굴러가게 만든다.

첫 번째 작은 실수가 좀 더 큰 두 번째 실수가 되고 세 번째 실수가 되면 그 오차는 더욱 커진다. 실수는 그저 커지는 게 아니라 기하급수적으로 증가한다. '오늘의 수요' 예측과 '내일의 수요' 기대의 결합에서도 비슷한 일이 벌어진다. 이 시나리오는 너무나 복잡하다. 사람들은 대부분 오늘의 수요와 이틀 후의 수요의 관계조차 제대로 수치화하지 못한다. 3일 이상은 말할 것도 없다. 이런 복잡성 때문에 대부분의 사람들은 컴퓨터의 도움 없이 문제를 해결할 수 없다.

예측이 어렵지만, 소매업자라면 이런 상황을 다루어야만 한다. 그런 이유로 의사결정에 관해 연구하는 과학자들과 응용수학자들이 '적정 가격'이나 '적정 재고'와 같은 문제를 지속적으로 연구해오고 있다. 결과부터 말하자면 앞에서 살펴본 단순한 형태의 '신문 판매원 문제'처럼 이 문제에 대한 계산식 역시 이미 만들어져 있다. 따라서 실험 목적은 '최적의 답'을 도출하는 것이 아니다. 그보다는 이 문제에 '인간이라는 의사결정자'가 어떤 패턴으로 대처하는지 알아보는 것이 목적이다.

## 차선을 자주 바꾸는 운전자가 제일 늦게 도착한다

실험 참가자들은 캔자스 대학교 MBA 학생들이었다. 그들은 모두 공급망 관리 수업을 들었다. 최소한 가격 설정과 재고 균형에 대한 지식이 있다. 실험의 목적은 사람들이 의사결정의 조건이 각기 다를 때 어떤 패턴으로 행동하는지 알아보는 것이었다. 케이윳과 다이애나는 시기마다 가격과 재고 두 종류의 결정을 해야 하는 통제그룹과 의사결정에 대해 서로 다른 4개의 제약을 둔 비교그룹을 설정하고 그 결과를 비교해보았다.

모든 조건에서 실험 초반부의 의사결정은 이후에도 계속 영향을 미친다. 예를 들어 첫 번째 시기 재고에 대한 의사결정은 두 번째 시기에 일어나는 일에 영향을 미치고 그것은 다시 세 번째 시기에 영향을 미치는 식이다. 현실의 상황과 비슷하게 조성하기 위해 참가자들은 총 36번에 걸쳐 실험했다.[30] 의사결정에 대한 명확하고 일정한 패턴이 드러나기에 충분한 기간이었다.

다음은 연구자들이 각각의 제약조건으로 내세운 서로 다른 상황들이다.

- 비교그룹 1 참가자들은 시작 단계에서 각각의 36번의 시기마다 얼마의 가격으로 어느 정도의 재고를 유지할지 모두 결정한다.
- 비교그룹 2 연구진이 가격을 고정한다. 따라서 참가자들은 36번의 시기마다 재고 수준만 결정할 수 있다.[31]
- 비교그룹 3 연구진이 재고 수준을 고정한다. 참가자들은 36번

의 시기마다 가격만 바꿀 수 있다.

• 비교그룹 4 1번과 비슷하다. 하지만 참가자들은 가격과 재고 중 단 한 가지만 결정을 내릴 수 있고 그 결정은 실험 내내 지속돼야 한다.

과연 어떤 그룹이 제일 많은 수익을 냈을까? 학생들은 진짜 사업을 하는 것처럼 실험한 결과에 따라 돈을 받았다. 따라서 '최적의 답'을 끌어내고자 하는 인센티브는 충분했다고 가정할 수 있다. 그런데 놀랍게도 선택에 대한 제한이 제일 심할 때(비교그룹 4) 너 좋은 결과를 냈다. 왜 그렇게 됐을까?

이 문제에 답하기 위해 연구진들은 참가자들의 시기별 수익을 '최적의 수익'과 비교해 비율을 계산했다.[32] 그 비율은 곧 의사결정의 질을 말해준다. 최악의 의사결정을 내린 것은 가격과 재고 두 개에 대한 의사결정을 모두 내려야 하는 경우, 즉 통제그룹이었다. 참가자들의 평균 수익은 최적 수익의 73퍼센트였다.

하나만 결정할 수 있는 경우, 특히 재고 결정만 하면 되는 경우(비교그룹 2)에 좀 더 나은 결과가 나왔다(최적 수익의 89퍼센트). 가격을 결정해야 했던 경우(비교그룹 3)의 결과는 77퍼센트였다. 가격 결정이 재고 결정보다 어렵다는 것을 의미하는 듯하다. 가장 뜻밖의 결과는 한번 결정하면 바꿀 기회가 없이 가격과 재고를 결정해야 하는 경우(비교그룹 4)였다. 이때는 의사결정 질이 88퍼센트로 시기마다 두 가지 결정을 새롭게 해야 하는 쪽보다 더 높은 수익을 냈다!

이 결과를 설명하는 근거는 몇 가지 있다.

첫째, 참가자들은 근시안적인 행동을 했다. 다음 기간에 대한 고려는 현재의 3분의 1밖에 안 됐고 그 이후 기간에 대한 고려는 더 적었다고 추정됐다. 학생들은 '미래'에 초점을 맞추기는커녕 현재에 대해 생각하는 것만으로도 힘겹다고 여겼다.

지금의 1달러와 다음의 1달러가 크게 다르지 않다. 그런데도 사람들은 미래보다는 지나치게 현재에 집착한다. 사람들은 현재의 결정이 미래에 그리 많은 영향을 미치지 않거나 나중에 실수를 바로잡을 수 있다고 생각한 듯하다. 그런 이유로 '나중에 고칠 수 없다.'라고 생각한 참가자들이 훨씬 더 숙고했을지도 모른다.

가능한 또 다른 설명은 두 변수에 대해 단 한번 결정하는 쪽이 각각의 변수마다 36번 결정하는 것보다 선택의 폭이 작다는 것이다. '선택'에는 노력과 정신적인 에너지가 필요하다. 실험이 진행되는 동안 참가자들이 반복적인 선택에 지쳐서 부주의한 결정을 했을 가능성이 있다.

'너무나 많은 자유'는 최적의 결정을 하는 데 오히려 방해된다. 따라서 두 개의 변수에 대해 단 한 번만 결정하면 되는 경우가 36번 결정해야 하는 경우보다 더 나은 결과를 낸 것이 이해가 된다.[33] 하지만 사람들은 지배력을 가지고 싶어한다. 사람들은 의사결정 기회가 많을수록 기꺼이 받아들인다. 연속해서 올바른 결정을 할 수 있다고 자기 능력을 과신하는 것이다.

예를 들어 어떤 운전자는 자기가 속한 차선의 진행이 느리다고 생각할 때마다 차선을 바꾸곤 한다. 하지만 차선을 바꾸는 건 시간 절약에 도움도 안 되고 사고 위험만 높인다.[34] 마찬가지로 너무 자주 거래하는 주식 트레이더들의 성과는 전체적으로 시장 평균을 밑돈다. 1991년에서 1996년에 걸쳐 이루어진 유명한 연구에서 가장 빈번하게 거래하는 주식 트레이더의 연간 수익률이 11.4퍼센트였다. 동기간 시장 평균 수익률이 17.9퍼센트라는 것을 고려하면 그리 인상적인 수치가 아니다.[35]

우리가 얻을 수 있는 교훈은 분명하다. 결정을 자주 하지 마라! 물론 이렇게 단순하게 말할 문제는 아니다. 결정을 적게 하는 것이 언제나 답은 아니다. 늘 그렇듯이 이 역시 상황에 따라 좌우된다. 의사결정에 따른 파급 효과가 없고 서로 영향을 미치지 않는 경우, 즉 결정들이 완전히 독립적이라면 많은 의사결정을 하는 것 자체로 리스크 풀링 효과를 얻을 수도 있다. 좋은 결정으로 나쁜 결정들과 균형을 맞추는 것이다. 너무 많은 의사결정이 문제를 일으킨다면 적절한 빈도에 대해 의문이 남는다. 1분에 한 번이 너무 많다면 하루에 한 번은 어떨까? 한 달에 한 번이라면? 이것은 자신의 업무 성격에 따라 좌우되는 경험적인 문제다. 다만 확실히 말할 수 있는 것은 지나치게 잦은 의사결정이 부작용을 낳을 가능성이 있다는 것이다.

특정 업계는 이미 이 점을 이해하고 있는 듯하다. 예를 들어 의류 매장은 원할 때마다 제품의 가격을 낮출 수 있다. 최고가에서 시작해서 가능한 수익을 더 올릴 수 있는 지점(수요와 가격의 최적 지점)을 포착할 때까지 가격을 조금씩 인하하는 것이다. 하지만 대부분의 매장들은 1년에 몇 번 세일 기간에만 인하한다.[36] 가격을 재설정하기 위해서는 시간과 돈이 들고 매번 얼마를 인하해야 할지 계산하기도 어렵다. 소매업자들은 매 시즌 마지막에 정기세일을 함으로써 문제를 상대적으로 단순화한다. 세일 '시기'만 미리 정해두고 얼마나 인하할지만 계산하면 된다.

　다른 업계에서는 가격 변화가 훨씬 빈번하다. 주유소의 기름값은 매일 달라진다. 일부 렌터카 회사, 특히 붐비는 공항에 있는 렌터카 회사는 하루 4회씩 렌트 가격을 바꾸는 것으로 알려져 있다. 수요가 몰리는 시기에 알라모Alamo와 내셔널National은 하루 20차례 이상 가격을 바꾼다(두 렌터카 브랜드는 같은 회사 소유다). 앞의 교훈대로라면 너무 잦은 건 아닐까? 테스트 없이는 확신하기 어려운 문제다.

　하지만 직감적으로도 하루 여러 차례는 너무 잦은 느낌이 든다. 이렇게 책정된 가격이 '차선'에 불과하기 때문이 아니다(가격은 경쟁사 가격, 남아도는 차량 대수 등의 데이터를 포괄하는 컴퓨터 시스템으로 산정된다). 가격 경쟁력을 통해 얻을 수 있는 이익이 고객의 혼란과 불만과 같은 다른 비용으로 상쇄될 가능성이 있기 때문이다.[37]

## 의사결정 범위를 처리할 수 있는 수준으로 좁혀라

　이 글을 쓰는 현재 케이웃은 '기업 재무 프로젝트'에 몰두하고 있다. 이 일은 지진과 같은 큰 재앙이 발생했을 때 리스크 관리를 최적화하는 것이다. 캘리포니아의 주요 부품 보관 창고가 지진 피해를 봤을 때 사업이 몇 주에서 심지어 여러 달 동안 중단될 수 있으며 그 손실은 엄청나다.

　물론 HP 같은 대기업은 리스크를 예방하기 위한 여러 조치를 한다. 예를 들어 재고를 여러 주에 분산 보관하는 식이다. 이런 리스크 분배는 서로 다른 리스크 특성과 비용을 고려해 설계된다. 만약 플로리다에 재고 창고가 있다면 지진으로 인한 리스크는 줄어들지만 허리케인 리스크는 증가하기 때문이다.

결국 각 사건의 잠재적 위험성과 발생 가능성을 분석하기 위한 정보 수집이 관건이다. 하지만 이 문제는 더 복잡하다. HP 같은 글로벌 기업은 전 세계에 여러 시설을 보유하고 있다. 시설마다 3~4개 정도의 예방책을 마련한다고 해도 전체 숫자는 대단히 커진다. 더구나 이 수치들은 따로 분리해서 생각할 수가 없다. 이런 예방 조치의 '조합'들에 대해 연구해야 한다. 4개의 옵션을 가진 시설이 10개만 있어도 고려해야 할 조합은 100만 개(정확하게 1,048,576개)가 넘는다. 이것은 시작에 불과하다. 모든 종류의 리스크를 줄이는 비용을 감당할 수 있는 회사는 없다. 따라서 어떤 리스크를 줄이는 것이 가장 효과가 있는지 계산해야 하는 문제가 남는다.

이렇게 복잡한 일을 다루는 것은 매우 힘들다. 이 장을 시작하면서 이야기했던 '트럭의 경로 최적화' 문제와 다르지 않다. 케이욧과 그의 동료들은 쉽게 계산할 수 있는 방법을 고안했다. 그 아이디어는 수학을 활용해서 '처리할 수 있는 수준'으로 어지러울 정도로 복잡한 사건과 옵션의 목록을 줄이는 것이다. 그들은 '일어날 수 있는 모든 나쁜 일'에 대해서 생각하기보다 회사가 정말로 관심을 가져야 하는 것에만 집중했다.

예를 들어 의사결정권자가 최악의 상황에 관심을 가진다면 다른 것을 자세히 조사할 필요가 없다. 사람들의 한계를 아는 것이 해결책을 찾는 데 도움이 된다.

## 모두가 합리적인 의사결정자는 아니라는 것을 알자

케이웃과 다이애나의 실험에서는 의사결정의 자유를 제한하는 편이 오히려 참가자들에게 더 나은 결과를 내게 하는 데 도움이 됐다. 하지만 언제나 그렇게 쉬운 것은 아니다.

당신이 자기 회사를 경영하고 있다고 하자. 거래처와 같은 외부 파트너들의 결정에 영향을 주고 싶다면 어떻게 해야 할까? 그들에게 '무엇은 되고 무엇은 안 된다.'라고 일일이 말할 수는 없다. 그들이 고객에게 팔 가격을 내 마음대로 정해서 의사결정 자유를 제한하는 일은 불가능하다. 그들이 해주었으면 하는 것을 '계약'을 활용해야 한다.

계약서에는 외부 파트너인 소매업자가 일정량의 제품을 판매하고 얼마를 지급해야 하는지 등 제품과 서비스의 조건을 명기한다. 소매업자의 선택에 영향을 주는 인센티브(가격 스케줄, 할인, 리베이트 등)가 계약마다 포함된다. 자, 그렇다면 어떤 계약이 최적의 결과를 가져올까 하는 점이 다음 과제로 대두된다.

당신이 신문 『큐리어스 가제트』의 발행인이라고 가정해보자. 시내 전역의 가판들이 신문을 주문한다. 계약서에는 가제트사와 판매원의 관계를 규정하는 모든 종류의 조건을 조목조목 나열할 수 있다. 신문을 정가에 팔 것인가? 정가를 얼마로 할 것인가? 일정량 이상을 주문하면 할인해줄 것인가? 얼마부터 해줄 것인가? 환매 보증을 해줄 것인가? 그렇다면 어떤 조건에서 해줄 것인가? 이런 조건들은 가판 판매원들의 행동을 통제하기 위해 계약 내용의 일부를 조정하는 것에 불과하다.

계약이론은 '적정 가격과 규칙 벌칙' 등으로 계약을 정확하게 설계한다면 파트너를 내가 원하는 대로 조정할 수 있다고 말한다. 파트너가 오로지 자기 이익에만 관심이 있더라도 가능하다. 하지만 이 주장에는 문제가 있다. 파트너 역시 '자신의 이해관계를 최적화할 능력'이 있어야만 성립되는 전제이기 때문이다. 파트너가 내가 계약서에 넣은 모든 변수(가격, 반품 정책 등)를 고려하고 불확실성을 고려해서 가장 이익이 되는 결정을 내려야만 효력이 성립하는 것이다. 그러나 이 장에서 반복해서 보았던 것처럼 사람들은 최적의 결론에 도달하는 데는 별로 소질이 없다.

이 점을 고려하면 좋은 계약이란 파트너가 '완벽한 최적의 의사결정자'가 아니라는 것을 전제로 해야 한다. 계약은 인간의 한계를 어느 정도 고려하고 그럼에도 불구하고 가능한 한 최선의 결과를 얻을 수 있도록 작성돼야 한다는 말이다. 그렇다면 어떻게 그것이 가능할까? 케이윳과 다이애나는 또 다른 실험을 통해 몇 가지 해답을 찾아냈다.

기본적인 구성은 슈바이처와 카숑의 연구들과 아주 비슷하다. 참가자들은 신문 판매원 역할을 한다. 그들은 평균 판매량이 100부인 상황에서 배급업자에게 신문을 몇 부나 주문할지 결정했다. 판매원 역할을 하는 참가자들에게는 알리지 않았지만 비용과 가격을 고려하면 판매원 입장에서 최적의 주문량은 125부였다. 케이윳과 다이애나는 여러 유형의 계약이 판매원의 의사결정에 미치는 영향을 보고 싶었다. 일정 부수 이상을 주문하면 할인을 해주는 계약에서는 어떤 일이 일어날까?

주문량 할인volume discount으로 최적 수량에 가깝게 주문했을 것으로 예측할 것이다. 주문량에 따른 할인의 계약 조건을 갖고 있는 참가자들은 평균 판매량 100에 앵커링하는 대신 계약서에 있는 125라는 숫자에 주문량을 앵커링하는 경향을 보였다. 예를 들어 125부 이상의 신문을 주문하는 데 대해서 전반적인 비용 부담을 덜어주는 계약의 경우 더 많은 참가자가 정확히 125부를 주문했다.

놀랍지 않은가? 바로 내가 원하는 것을 구매자들이 하도록 만든 것이다. 하지만 이 경우 상당히 높은 비용을 부담해야 한다. 그들은 내가 원하는 양을 주문했지만 이 같은 '전량 할인all units discounts' 조건에서는 상당한 비용을 부담해야 한다. 예를 들어 신문의 원가가 한 부당 9프랑이고 전량에 대해 1프랑을 할인한다고 하자. 그럼 실험자가 125부를 주문했을 때 발행인은 전체 1,125프랑 중 무려 125프랑을 할인해주어야 한다.

판매원이 125라는 최적의 양을 사게 하면서 비용도 절감할 다른 좋은 접근법이 있을까? 케이윳과 다이애나는 '초과분' 할인을 시도했다. 그들은 일정 기준 이상의 주문에 대한 인센티브로 '전량'을 할인하는 대신에 '기준량 이상에 대해서만' 할인을 제공했다. 예를 들어 기준량이 100인 경우 참가자가 125부를 주문했다면 25부에 대해서만 할인을 받는다. 이 계약에서는 발행인이 부담하는 비용은

'전량' 할인 조건에 비해 훨씬 낮다.

동시에 초과분 할인은 기준량 이상의 주문을 조장한다. 판매원은 더 많은 할인 혜택을 받기를 원한다. 따라서 기준량이 70이라면 판매원은 71부 이상을 주문하려 할 것이다. 같은 이유로 기준량이 100이라면 판매원은 101부 이상을 주문할 것이고 기준량이 125라면 판매원은 126부 이상을 주문할 것이다. 발행인의 비용 부담이 적다는 것은 곧 판매원의 수익이 적다는 것을 의미한다.

전량 할인과 초과분 할인 양쪽 모두 분명한 장단점이 있다. 더 관대한 계약(전량 할인)을 제안한다면 파트너의 행동을 좀 더 잘 조종할 수 있을 것이다. 하지만 그에 대한 대가가 따른다. 영향력을 얻는 데 드는 비용을 절약하고 싶다면(초과분 할인) 차선의 결정이 이루어질 것이다.

여기서 케이웃과 다이애나가 발견한 것이 있다. 전체적으로 봤을 때 발행인에게는 다른 그 어떤 할인보다 초과분 할인이 좋다는 것이다.[38] 판매원이 합리적이라면(양쪽 경우 모두 최적의 주문량이 125라는 것을 알 수 있다면) 두 계약을 통한 발행인의 이익은 동일할 것이다. 하지만 이 실험에서처럼 판매원이 합리적이지 못하다면 발행인은 초과분 할인을 제시하는 편이 낫다.

그 이유는 이렇다. 특히 판매원으로서는 초과분 할인 계약에서 내린 자신의 결정이 전량 할인 계약에서 내린 결정보다 좋지 못했다는 것은 사실이다. 하지만 발행인은 매력적인 지점에 기준점을 설정해 판매원이 최적의 결정에 이를 수 있게 할 수 있었다. 그리고 발행인이 투입하는 비용은 전량 할인의 경우보다 훨씬 적었다. 초과분 할인에서 내린 결정이 완벽하지는 못했지만, 본래의 고정가 계약과 비교해 훨씬 좋았다. 대체로 보자면 초과분 할인이 가장 유용했다.

쌍방이 모두 합리적인 의사결정자라는 것을 전제하는 '계약에 대한 경제학 이론'은 여러 계약들의 효용성은 동일하며 최적의 효율로 이끌 수 있다고 말한다. 하지만 실험은 그렇지 않다는 것을 보여준다. 사람들은 완벽하게 합리적이지 않기 때문에 같은 비용을 부담하더라도 효과가 상대적으로 좋은, 달리 표현하자면 낮은 비용으로 동일한 효과를 낼 수 있는 계약이 분명 존재한다는 말이다.[39]

흥미로운 결과는 도매업자는 상대 소매업자가 완벽하게 합리적이라고 생각할 때보다 그렇지 않다고 생각할 때 훨씬 더 높은 가격을 설정할 수 있다는 것이다.

## 상대의 합리성은 어떤 오류에 기인한 것인지 파악하라

이제 당신은 사람들이 컴퓨터처럼 최적화된 의사결정 주체가 아니라는 것을 알게 됐다. 그리고 그들의 결정을 보다 최적에 가깝게 끌어낼 방법이 있다는 것도 알게 됐다. 하지만 사람들의 합리성이 제한적임을 고려해야 한다는 것을 안다 해도 어느 정도 고려할지는 명확하지 않다.

예를 들어 상대가 완벽하게 합리적이라고 가정하지 않고 목표를 낮게 설정한 초과분 할인 계약이 더 좋은 효과를 낸다는 것을 알고 있다 해도 얼마나 낮게 설정해야 하는지는 알지 못한다. 마찬가지로 사람들이 의사결정을 자주 하지 않는 것이 더 나은 결정을 내린다는 것을 안다 해도 얼마나 낮추어야 하는지는 모른다.

문제를 복잡하게 하는 것은 모든 사람이 때때로 비합리적이지만 사람마다 합리성의 수준이 다르다는 사실이다. 감정을 거의 배제하고 논리적으로 수학 문제를 풀어서 컴퓨터가 내놓는 답안과 유사한 해답을 내놓는 엔지니어들도 있다. 반면에 시인들처럼 좀 더 직관적인 유형의 사람들, 즉 직감과 모호한 과거의 경험에 의존하는 경향이 강하고 오류 가능성이 큰 사람들도 있다. 따라서 합리성을 측정하는 데 널리 적용되는 보편적인 방법은 없다. 시인은 엔지니어보나 합리성 관점에서 보면 많이 벗어나 있을 수 있다.

사람들의 오류를 적절하게 바로잡으려면 이렇듯 오류의 예상치를 알아야 한다. 각자 어디까지 합리성이 제한적인지 측정할 수 있어야 한다. 논리적으로 보면 당연하게 들리겠지만 예상하는 것보다 어려운 일이다. 사람들의 행동을 바라보면서 불합리성에 기인한 것인지 오히려 극도의 최적화 욕구에서 기인하는 것인지 판단하기는 어렵다.

예를 하나 들어보자. 마리나의 친구 한 명은 큰 병원에서 소아과 의사로 일한다. 그는 일부 동료 의사들의 행동에 어안이 벙벙해졌다. 의사들은 고용 계약에 따라 연간 정해진 시간에 대해 고정급을 받고 시간 외 근무에 대해서는 보너스를 받게 돼 있다. 그 이유로 많은 의사가 보너스가 지급되는 기준 시간에 이르면 오히려 더 활발하게 일했다. 보너스를 추가 수입으로 생각해 너도나도 초과근무를 하고 싶어했다.

하지만 마리나의 친구는 정반대였다. 그는 간단한 계산을 통해 시간 외 근무수당이 정규 시급보다 훨씬 적다는 것을 알게 됐다. 낮은 시급을 받으면서 일하고 싶지 않았다. 그뿐만 아니라 동료들이 기쁜 마음으로 초과근무를 하는 것 역시 이상하게 생각했다.

그렇다면 다른 의사들이 비합리적인 것일까? 그럴 수도 있다. 하지만 단정 짓기는 어렵다. 그들은 시급보다는 '전체 수익'에 최적화할 가능성이 있기 때문이다. 그렇다면 낮은 시급으로라도 보너스가 지급되는 것을 기쁘게 받아들이는 것도 완벽하게 합리적이다(그 시간에 다른 곳에서 근무함으로써 더 많은 보수를 받을 수 있다면 얘기는 달라진다). 가능한 한 빨리 수입을 올려 저축하는 것을 목표로 하고 있다면 시급 금액에 집착해서 초과근무를 거절하는 것이 오히려 비합리적인 결정이 된다. 의사들의 목표가 무엇인지 알아야 합리적인지 비합리적인지 판단할 수 있다.

1부 3장에서 살펴보았던 '복권에 관한 연구'에서도 똑같은 문제가 생긴다. 참가자들이 기대 수익이 낮은 덜 위험한 옵션을 선택했다 해도 기대 수익에 대해 최적화하지 못했다고 결론지을 수는 없다. 그저 그들이 리스크 회피적이라고, 즉 그들이 좀 더 리스크가 적은 쪽에 최적화하고 있다고 결론지을 수 있을 뿐이다.

'합리성의 부족'과 '리스크 회피'를 구분하려면 한 개인이 가진 모순을 관찰할 수 있는 다른 실험이 필요하다. 예를 들어 케이웟과 그의 동료 테드 호그Tad Hogg의 실험에서는 참가자들에게 두 가지 결정 중 하나를 선택하도록 했다.

A(대단히 위험한 선택)의 기대 수익이 500달러인 반면에 C(적당히 위험한 선택)의 기대 수익은 450달러인 것에 주목하라. 따라서 두 경

**결정 1**

| 옵션 A(대단히 위험한 선택) | 옵션 B(안전한 선택) |
| --- | --- |
| 1,000달러 받을 확률 50퍼센트, 0달러 받을 확률 50퍼센트 | 400달러 받을 확률 100퍼센트 |

**결정 2**

| 옵션 C(적당히 위험한 선택) | 옵션 B(안전한 선택) |
| --- | --- |
| 650달러 받을 확률 50퍼센트, 250달러 받을 확률 50퍼센트 | 400달러 받을 확률 100퍼센트 |

우 모두 기대 수익은 400달러인 B(안전한 선택)보다 높다. 그렇다면 합리적인 사람은 어떤 선택하게 될까? 그것은 그 사람의 위험 회피 성향에 달려 있다. 위험 회피 성향이 강한 사람이라면 양쪽 모두 B를 선택하는 것이 합리적이다. 반면에 위험 선호적인 사람이라면 양쪽 모두 B를 피하는 것이 합리적이다.

이제 위험 회피 성향이 중간 정도인 사람은 어떻게 할지 생각해보자. 대단히 위험한 선택을 피하기 위해 〈결정 1〉에서는 안전한 선택지를 고를 것이다. 그리고 〈결정 2〉에서는 적당히 위험한 선택으로 전환할 것이다. 목표에 최적화하고 있기 때문에 자신의 위험 회피 정도가 허용하는 한에서 기대 수익이 높은 것을 고른 이 선택 역시 합리적인 선택이다. 이 모든 결정은 기대 수익에 최적화되지는 않았다. 하지만 그 사람이 비합리적이어서 그런 것은 아니다. 사람에게는 위험 회피도 좋은 이유가 될 수 있다. 하지만 〈결정 1〉에서는 대단히 위험한 선택을 고르고 〈결정 2〉에서는 안전한 선택으로 바꾸는 비합리적인 선택도 있다. 이 선택이 비합리적인 것은 A를 선택하는 것은 높은 위험 선호를 보여주는 반면에 B의 선택은 높은 위험 회피를 보여주기 때문이다.

물론 이 한 쌍의 결정만으로 사람들의 선택에 대해서 많은 것을 추론해낼 수는 없다. 한 쌍의 결정에서 하나의 실수를 저질렀다고 해서 곧 그 사람이 대단히 비합리적이라는 뜻은 아니다. 사실 이 두 결정에서 일관성이 나타난다는 것조차도 우연일 수 있다. 합리성을 판단하기 위해서는 여러 쌍의 결정으로 사람들을 테스트해야 한다. 더구나 이런 결정이 쌍으로 제시돼서는 안 된다. 이 구조는 '두 결정의 B가 같다.'라는 사실에 주의가 쏠리기 때문에 답을 내기가 너무나 쉽다. 경제학자들이 개발한 합리성 테스트는 여러 옵션을 제시해서 모순되는 선택을 찾아낸다.[40] 이로써 각자의 '합리적 지표', 즉 여러 유형의 문제에서 한 사람의 결정이 얼마나 최적화될 수 있는가에 대한 척도를 알 수 있다.

## 합리성 지표로 영업사원의 실적을 예상할 수 있다

누가 합리적인지 제대로 판단할 수만 있다면 이익을 얻을 수 있다. 예를 들어 휴렛팩커드는 '영업사원의 합리성 지표'를 이용해서 구성원의 실적 예상치를 구한다. 이 아이디어는 얼마나 일관성 없는 선택을 하느냐에 따라 해당 영업사원의 예상 성과를 정확히 예측하는 것이다. 하지만 '일관성 없는 의사결정'이라는 기준으로 '합리성'을 측정한다는 것은 좀 이상해 보인다. 계속 강조해왔듯 사람들의 실수는 무작위적이지 않고 일정 패턴이 있다. 심지어 예측 가능하기 때문이다. 그렇다면 왜 불일치를 찾을까?

이런 식으로 생각해보자. 합리적인 사람이 그게 무엇이든 자신의 목표에 최적화를 하고 있다면 같은 상황에서는 언제나 같은 선택을 해야 한다. 그렇지만 실험들이 보여주듯이 사람들은 일관되지 않다. 케이웃과 다이애나가 실시한 계약 실험에서만 봐도 사람들은 동일한 문제에 대해 그때그때 다른 결정을 한다는 것이 증명됐다. 물론 그 결정이 매번 그렇지는 않지만 산발적으로 일어난다. 매번 동일하지 않다.

그래서 결정을 완벽하게 예측할 수는 없지만 예상 가능한 범위 안에 들어오게 할 수 있다. 따라서 사람의 행동을 반복적으로 관찰하면 패턴을 파악할 수 있다. 그 편차가 얼마나 넓고 특정한 결정이 다른 결정보다 얼마나 더 가능성이 큰지 알 수 있다. 이 패턴을 활용하면 불완전한 의사결정자를 상대로 하는 계약이 자신에게 유리하도록 최적화할 수 있다.


## 어떻게 합리성의 한계를 극복할 수 있을까?

우리는 사람들의 합리성의 한계로 생겨나는 영향력을 최소화할 몇 가지 방법을 알아봤다. 사람들에게 결정 빈도를 줄이는 것처럼 이미 실천하는 것보다 직접적이고 단순한 방법도 있다. 반면에 어떤 것들은 실천하기에 어렵고 부담스럽게 보인다. 그렇다면 그렇게까지 어렵게 해야 할 이유가 있는 것일까?

이 질문은 모든 경영자가 새로운 정책을 시작하기 전에 반드시 해야 한다. 그 대답은 때로는 무척 명료하다. 수백만 달러의 재원이 있다면 기술이나 교육이나 전문가를 고용하는 데 투자하는 것은 분명히 가치 있다. 이미 대기업들은 그렇게 하고 있다. 예를 들어 휴렛팩커드가 계속해서 연구소에 투자하는 것도 그런 이유에서다. 그곳의 과학자들이 단 0.5퍼센트라도 회사의 수익을 향상할 수 있다면 그로 인한 이익금은 전체 연구 조직에 투자하고도 남을 것이다.

완전히 반대인 경우도 있다. 결정으로 인한 파급 효과가 없다면 인간의 실수 따위는 문제 될 게 없다. 따라서 일반 직원들은 '이해관계가 적은' 프로젝트를 맡게 된다. 마찬가지로 작은 편의점을 운영하고 있다면 정확한 판매가를 산출하기 위해 값비싼 판매 관리 소프트웨어를 설치하는 게 필요 없을 수도 있다. 아주 가끔 발생하는 직원의 실수를 막기 위해 고가의 시스템을 구매하는 것도 적절하지 못하다.

그러나 때로는 해답이 모호한 경우도 있다. 당신이 연간 50만 달러의 수익을 올리는 레스토랑의 매니저인데 과거부터 구전으로 내려오는 경험과 어림짐작에 의존하고 있다고 해보자. 그럼 가격 설정과 재고 관리를 돕는 소프트웨어를 구매할 가치가 있을까? 컨설턴트를 고용해서 고객들을 위해 메뉴를 리뉴얼하는 게 논리적일까? 그럴 수도 있고 아닐 수도 있다. 그 결정 자체가 어려운 문제다. 벤치마킹이 그토록 인기가 있는 이유다. 업계 동료 경영자가 눈에 띄게 좋은 성과를 올리고 있다면 자신에게도 개선의 여지가 많다고 생각할 것이다. 그런 경우에는 전문가를 고용하는 것이 의미 있는 일이다.

지금까지 사람들이 얼마나 쉽게 실수를 저지르는지 보아왔다. 이는 설령 자신이 무엇을 원하는지 안다고 해도 최선이 아니라 심지어는 최악의 선택을 함으로써 원하는 목표에 도달하지 못할 수 있다는 것을 의미한다. 사람들의 행동을 예측하는 것은 다른 이유에서도 어려운 일이다. 전혀 다른 상황에서도 항상 똑같이 행동하는 경우는 드물다. 예를 들어 사람들은 궁지에 빠지면 여유가 있을 때보다 훨씬 성급하게 결정한다. 여성과는 편안하게 협상하면서 남성과는 협상하지 못하는 여성도 있다. 위험 요인이 어느 정도냐에 따라 때로는 여러 명과 있는 경우보다 혼자 있을 때 일을 더 열심히 하는 사람이 있고 때로는 그 반대인 사람도 있다.

따라서 환경의 변화는 우리의 행동 방식에 큰 영향을 미친다. 더구나 우리는 공통점도 많지만 각자가 유일무이한 존재다. 특정한 사람 혹은 기업이 어떻게 행동할지를 정확히 예측하는 것이 가능하기는 한 것일까? 이것이 우리가 다음 장에서 대답할 질문이다.

# 2

# 평판의 위력

실적보다 좋은 평가, 평가보다 나쁜 정서,
암묵적 지지…… 시장의 교묘한 속성

2008년 8월 수영 선수 마이클 펠프스Michael Phelps는 힘들게 얻은
올림픽 챔피언의 영광을 이용해서 켈로그와 전속 광고 계약을 맺었
다. 그에게 이런 계약은 처음이 아니었다. 그는 오랫동안 오메가 시
계와 스피도 수영복 홍보 모델도 하고 있다.

하지만 그의 얼굴이 설탕이 첨가된 '프로스티드 플레이크Frosted
Flakes' 패키지에 등장하면서 논란이 일었다. 시리얼 이미지를 개선
하려는 광고로 펠프스는 이미지에 손상을 입었다. 뉴욕의 『데일리뉴
스』는 온라인 여론조사를 통해 독자들에게 이렇게 질문했다. "설탕
이 잔뜩 든 프로스티드 플레이크 광고가 마이클 펠프스의 평판을 훼
손할 것이라고 생각하십니까?" 응답자의 9퍼센트만이 그렇다고 대
답했다.[1]

몇 개월 뒤 (오메가 시계를 차고) 마리화나 파이프를 켠 펠프스의 사진이 널리 유포됐다. 그는 실제로 마리화나를 피운 적이 있다는 것을 인정해야 했다. 켈로그는 곧바로 "최근 마이클의 행동은 켈로그의 이미지를 대변하지 않는다."라고 선언하면서 그와의 계약을 연장하지 않을 것이라고 발표했다. 그러자 SNL의 세스 마이어스Seth Meyers는 이 발표를 조롱거리로 삼았다. 그는 켈로그의 많은 카툰 캐릭터들이 이미 맛이 간 마약쟁이 같다고 냉소적으로 비꼬았다. 마리화나 합법화 지지자들은 켈로그에 대한 불매운동을 시작했다.

곧 켈로그의 판단 착오임이 드러났다. 펠프스의 다른 대형 스폰서들은 그의 편에 섰다. 바논Vannon이라는 한 무명의 평판 추적 회사는 "5,000개 이상의 기업 랭킹에서 켈로그의 평판 순위가 최근 9위에서 83위로 하락했다."라고 발표했다. 바논이 어떻게 그 수치를 얻었는지는 모르지만 발표 자체가 이슈가 되면서 바논의 평판이 일시적으로 높아지는 부수적인 효과도 낳았다.

이 이야기는 평판의 복잡한 성질을 보여주는 완벽한 사례다. 하지만 평판이 정말 어떤 것이고 어떤 작용을 하는지 알아보기 전에 우선 보다 기본적인 질문에 착수해보기로 하자.

왜 우리는 '평판'이라는 것에 관심을 두어야 하는가?


## 평판이 일생일대의 기회를 가져다준다

평판에는 '대가'가 따른다. 스타 운동선수가 판촉 연설을 하거나 제품 보증 광고를 함으로써 엄청난 사례를 받는 모습(혹은 타이거 우즈처럼 갑작스레 평판이 하락해 엄청난 대가를 치르는 모습)에서 쉽게 알 수 있다. 하지만 평판을 이용해 이익을 얻기 위해 꼭 극단적인 예를 들 필요까지도 없다. 평범한 사람 혹은 견실한 실적을 유지하는 회사에서도 일상적으로 일어나는 일이다.

브랜드 가치가 높은 기업은 덜 알려진 경쟁사보다 자사의 상품이나 서비스에 더 높은 가격을 책정할 수 있다. 고객 만족도가 높은 배관공이나 지붕 수리공은 반복적인 작업과 추천을 통해 별 어려움 없이 일을 구한다. 그들은 높은 가격을 제시하더라도 일거리를 따내고 종종 경쟁 절차가 생략되기도 한다.

명문대 졸업장이나 좋은 성적표는 쉽게 직장을 얻고 높은 급여를 받을 수 있게 한다. 품질이 좋다는 평판을 얻은 기업들은 제3의 제조업체에 자사의 이름과 로고를 사용하는 대가로 로열티를 받는다. 디즈니는 이런 식으로 평판을 이용해서 『할리우드 리포터』의 헤드라인이 빈정거리듯이 '돈을 찍어내는 라이선스a license to print money' 계약으로 매년 300억 달러를 번다.[2]

평판이 더 놀라운 보상을 한 사례도 있다. 2005년 스티브 잡스Steve Jobs의 뇌리에서 '아이폰'이라는 구상이 싹트기 시작했을 때 파트너가 될 통신사를 찾았다. 그는 과감한 비전을 실현해온 평판(아이팟, 아이튠즈의 경이로운 성공 등) 덕분에 당시 싱귤러Cingular, 즉 현재의 AT&T 와이어리스 중역들을 설득해 시제품조차 없는 상태에서 파트너 계약을 맺었다.[3]

잡스는 싱귤러에 독점적인 통신 서비스 공급권을 주는 것을 포함해 큰 이권을 주었다. 이는 애플이 무선통신 서비스 회사가 되겠다는 애초의 생각에서 크게 후퇴한 것이었다. 하지만 이전의 어떤 휴대전화 제조업체도 가질 수 없던, 전례가 없던 것을 싱귤러에 요구했다. 애플이 아이폰의 디자인, 제조, 마케팅에 대한 완벽한 권리를 가지며 통신 서비스 제공업체는 거래가 성사된 후에도 작업 중인 시제품을 보지 못한다는 조건을 내건 것이다. 잡스(그리고 애플)의 평판이 '만족스러운 파트너'라는 것을 보증하지는 못했다. 사실 이전에 버라이즌Verizon은 그의 제안을 단번에 거절했다. 하지만 평판이 아니었다면 잡스는 기회를 잡을 수 없었을 것이다.

## 상대와 거래를 할 것인가, 말 것인가?

우리의 관심은 이런 비하인드 스토리를 캐는 데 머물지 않는다.

'평판'은 측정 가능한 가치를 지니며 그저 모호하고 보잘것없는 마케팅 도구가 아니다. 우리는 세계에서 가장 큰 전자상거래회사 중 하나인 이베이에서 이루어진 실험을 통해 그 강력한 증거를 찾아보고자 한다.

이베이는 인터넷상에서 가장 크고 유명한 거래 공간이라는 평판을 확보하고 있다.[4] 이베이에서 쇼핑해본 사람은 알겠지만 그곳에서는 판매자와 구매자가 서로 평가를 할 수 있다. 시간이 지나면 이런 평가가 판매자(구매자)의 평판으로 형성되면서 사이트 이용자들이 상대와 거래할지 결정하는 데 도움을 준다.[5] 이른바 '이베이 평판 실험'을 위해 연구진은 빈티지 엽서를 판매하면서 높은 평가를 받는 기존의 판매자 하나를 선정했다. 판매자의 뛰어난 평판이 기꺼이 돈을 내려는 구매자의 마음에 영향을 주는지 궁금했다.

이 질문에 대답하기 위해 연구진은 판매자에게 새로운 아이디를 만들도록 했다. 즉 동일한 판매자가 동일한 제품을 판매하지만 한 명은 전혀 평판이 없는 판매자인 것처럼 꾸민 것이다. 그 결과 기꺼이 구매하고자 하는 가격의 차이가 8.1퍼센트였다. 즉 이베이 고객들은 평판이 좋은 판매자에게서 제품을 구매하기 위해 기꺼이 많은 돈을 지급했다. '정직한 판매자'라는 평판이 명백한 보상을 준다는 증거다.

좋은 평판이 프리미엄을 받을 만한 가치를 주는 이유는 뭘까?

누구에게서 물건을 살지 결정할 때는 여러 불확실성 요소가 있다. 우리는 상대가 정직하게 거래할 것인가, 속임수를 쓸 것인가, 약속을 지킬 능력이 있는가에 대해 알지 못한다. 위험을 피하고자 하는 구매자는 자신이 돈을 지급할 상대방을 확신하고 싶어한다. 좀 더 평판이 좋은 사람과 거래를 하면 거래에 실패할 가능성이 줄어든다. 따라서 확실성에 대해 기꺼이 더 많은 대가를 지급하는 것이다.

판매자에게도 비슷한 일이 일어난다. 미지의 구매자가 돈을 제대로 지급할지 알지 못한다면 설령 조금 낮은 가격에 팔더라도 신용이 좋은 사람에게 팔고 싶을 것이다.[6] 두 경우 모두 좋은 평판으로 '리스크 프리미엄'을 받는다. 리스크 프리미엄은 '평판 프리미엄'이라고도 불린다. 즉 평판은 신뢰를 구축해서 미지의 거래 상대를 얼마나 믿을 수 있는지 판단하는 데 도움을 준다. 평판은 신뢰를 구축하는 주된 방법이지만 다른 방법도 많다. 이 장에서는 그 다양한 방법들을 포괄적으로 살펴볼 것이다. 하지만 평판이 긍정적이지도 중립적이지도 않고 오히려 철저히 부정적일 때는 어떤 일이 벌어질까? 엄청난 비용이 발생할 것이다.

타이어 폭발 사건이 그 유명한 사례다. 포드 익스플로러 SUV에 장착된 파이어스톤 타이어가 폭발하는 바람에 몇 사람이 사망했다. 포드와 파이어스톤 모두 오랫동안 무결점 기록을 자랑했다. 하지만 이 사건 하나로 평판이 상당 기간 타격을 입었다. 금전적으로도 마찬가지였다. 두 회사는 희생자에 대한 손해배상을 비롯해 엄청난 비용을 부담했다. 그리고 포드의 모든 차량에 장착된 파이어스톤 타이어를 교체하는 데 무려 21억 달러가 들었다.

두 회사가 입은 주식 시장에서의 타격은 그 비용보다 훨씬 컸다. 이들 회사의 주가는 무려 50퍼센트나 하락했다. 사고 이전까지 포드의 기업가치는 290억 달러였지만 이후에는 160억 달러가 됐다.[7] 이런 기업가치의 폭락은 직접적으로 발생한 비용으로는 도무지 설명할 수 없는 종류의 것이다. 기업가치의 폭락은 대부분은 평판의 손실에서 비롯됐다. 우리는 평판이 한순간에 뒤집힐 수 있다는 것을 안다. 도요타가 프리우스의 결함을 둘러싼 지독한 소문으로 평판이 추락하자 포드의 판매가 상승했다. 그리고 새롭게 수익을 내는 회사가 된 포드는 갑자기 다시 승자의 자리에 복귀한 것처럼 보였다.

보통 평판은 망가지는 것보다 회복하는 쪽이 훨씬 어렵다. 따라서 브랜드 가치에 엄청난 투자를 하는 기업들은 브랜드에 손상을 입히려는 사람들에게서 평판을 보호하기 위해 그야말로 무슨 짓이든 한다.

피앤지는 암웨이 공급업자들이 '피앤지의 수익이 사탄 숭배교로 간다.'라는 거짓 루머를 퍼뜨렸다고 주장하면서 무려 10년 동안 막대한 변호사 비용을 썼다. 결국 피앤지는 민사소송으로 1,925만 달러를 받아냈다. 평판에 대한 손상은 말할 것도 없고 노력에 비해 적은 보상일지는 모르지만 소송은 '원칙'에 관련된 문제였다.

당시 피앤지의 최고법률책임자는 "이것은 우리의 평판을 보호하는 일이다."라고 결연하게 말했다. 그는 앞으로 나타날 중상모략자들을 저지하려는 듯이 이렇게 덧붙였다. "만약 경쟁자들이 우리 브랜드나 우리 회사의 평판을 부당하게 손상한다면 언제든 강경한 법적 조치를 강구할 것이다."[8]


## 평판 정보가 없다면 시장은 무너진다

사실 평판이라는 정보가 없다면 시장은 무너진다. 쓸데없는 걱정으로 들리겠지만 실험과 경험으로 입증되고 있다. 그 사례로 휴렛팩커드가 수행한 바 있는 평판에 관한 연구를 다시 살펴보자. 구매자와 판매자가 거래할 때마다의 이력은 평판의 일부가 된다. 일부는 실험이 계속되는 동안 거의 완벽한 평판을 유지했다. 하지만 마지막 회는 예외였다.

마지막 회에 무슨 일이 벌어진 것일까?

연구자들은 실험 참가자들에게 다음이 마지막 거래라고 알린다.

참가자들이 통보를 받고 '더 이상 정직함에 대한 보상이 주어지지 않는다.'라는 것을 알게 되는 순간 상대방을 속이는 것이 이익이 된다. 정직함을 보여준들, 그걸 활용할 다음 기회가 없기 때문이다. 그러므로 이전에는 정직하게 거래했던 판매자도 속임수를 쓰게 된다. 결과적으로 마지막 회에는 거래가 거의 성사되지 않는다. 일부 실험에서는 단 한 건의 거래도 이루어지지 않았다.

이렇듯 평판에 대한 염려가 없다면 시장은 무너진다. 달리 말하면 사람들은 '평판에 대한 우려'로 정직한 태도를 유지하게 된다. 평판 걱정이 없다면 거래는 완전히 결렬된다.


## 어떻게 평판은 시장의 신뢰를 만들까?

평판이 어떻게 시장을 유지하는가를 이해하기 위한 적절한 사례가 하나 있다. 새 차는 매장을 떠나는 순간 가치가 급격히 떨어진다. 그렇다면 거의 사용하지 않은 중고차가 새 차에 비해 훨씬 싼 이유는 무엇인가?

이것이 바로 경제학자 조지 애컬로프가 1970년에 발표한 유명한 논문 「레몬 시장market for lemons」에서 다룬 의문이다.'[9] 그의 해답이 대단히 통찰력이 있고 많은 함축적 의미를 담고 있다. 그는 노벨상을 받게 됐다. 하지만 너무나 파격적이고 일견 하찮아 보이는 주제여서 여러 학술 저널에 실리지는 못했다.[10]

애컬로프의 주장은 다음과 같다.

중고차 시장을 상상해보자. 매장에는 좋은 차(복숭아)와 나쁜 차(레몬)가 있다. 자동차 딜러는 어떤 것이 복숭아이고 어떤 것이 레몬인지 알고 있다. 하지만 잠재 구매자는 어떤 것이 좋은 차인지 구분하지 못한다. 어떤 사람이 다른 사람보다 알고 있는 정보가 많을 때 경제학자들은 '비대칭적 정보'의 상황이라고 말한다.[11] 딜러는 잠재 구매자에게 '레몬'이라는 사실을 말할 것인가, 말 것인가 결정해야 한다.

이것이 바로 '레몬 문제Lemon Problem'다.

밝혀진 바에 따르면 어떤 옵션을 선택하든 딜러는 손해를 보게 된다. 이유는 이렇다. 딜러는 구매자에게 결함이 있는 차라는 사실을 알려주기로 했다. 그러면 구매자는 엄청난 가격 할인을 제시하지 않는 한 다른 딜러에게 갈 것이다. 다른 딜러가 설령 자기가 보유한 차의 문제점을 밝히지 않는다고 해도 구매자는 그들과 거래하는 편이 낫다고 생각한다. 문제를 알고 있는 것보다 차라리 모르는 편이 낫기 때문이다. 따라서 입을 다물고 있는 것이 나은 전략으로 보인다.[12]

반대로 레몬이라는 것을 밝히지 않는다면 어떻게 될까? 구매자는 좋은 차와 나쁜 차를 구분할 능력이 없다. 그러다 보니 그 차가 레몬일 가능성이 있다는 전제하에 가격 협상을 한다. 이는 좋은 차라도 좋은 가격을 받지 못한다는 의미다. 그러므로 딜러는 차의 가치만큼 제대로 된 가격을 받지 못하게 된다.

이것으로 끝이 아니다. 사실 이것은 끔찍한 악순환의 시작에 불과하다. 좋은 차가 좋은 가격을 받지 못한다면 복숭아를 가진 사람들이 차를 팔 가능성이 줄어든다. 따라서 시장에는 좋은 차가 거의 나오지 않는다. 반면에 레몬을 가진 사람들은 차의 품질이 좋지 않으므로 낮은 가격에 차를 처분하고자 할 것이다. 따라서 시장에는 점차 레몬의 비율이 늘어난다. 레몬의 비율이 늘어남에 따라 레몬을 사게 될 리스크가 커지고 가격은 더 내려간다. 이런 악순환은 레몬이 복숭아를 완전히 시장에서 몰아낼 때까지 계속된다! 좋은 중고차가 분명히 있다는 것을 생각하면 이 상황은 정말 놀랍다.

그렇다면 새 차나 다름없는 중고차가 새 차에 비해 훨씬 싼 이유는 무엇일까? 가격 자체가 '차량이 레몬일 수 있는 리스크'를 반영하기 때문이다.[13] 애컬로프를 비롯한 경제학자들은 거래되는 제품과 서비스의 품질에 대한 비대칭적 정보가 시장에 있는 제품의 '평균적인 품질 하락'으로 이어지는 이 현상을 '역선택'이라고 부른다.

레몬 문제에 대한 해법은 있을까? 물론이다. 애컬로프는 그의 논문에서 이 문제에 대한 시장의 대응 방법을 몇 가지 제안했다. 한 가지 해법은 대부분의 국가나 지역에서 제정해둔 '레몬법'이다. 캘리포니아에서는 보증 기간 중 차량에 과도한 불량이 발생하면 판매자가 환불해주도록 하고 있다. 하지만 법을 강제하는 데는 큰 비용이 든다. 변호사를 고용해야 하고 소송에 이긴다 해도 실제 돈을 받을 수 있을지는 보장되지 않는다. 더구나 어떤 상황이든 정부의 개입이 실제적인 도움이 되는 경우는 드물다(예를 들어 이베이만 해도 거래 규모가 엄청나다. 법원이 일일이 모든 거래에 대해 감독 책임을 져야 한다면 어떻게 될지 상상이 갈 것이다). 법적인 해결책이 가진 또 다른 문제는 지역이나 국가의 경계를 넘나드는 상거래를 규제할 적절한 기관을 찾기 힘들다는 것이다.

하지만 '레몬법'이 없더라도 궁극적으로 중고차 시장은 무너지지 않는다. 바로 '평판'이 해법을 제공하기 때문이다. 중고차 시장에서 평판이 어떤 기능을 하는지 파악하기 위해 마리나가 딜러를 통하지 않고 직접 자기 차를 팔아보기로 했다. 과연 어떤 일이 벌어졌을까? 마리나는 유명한 소셜 네트워크 사이트인 크레이그리스트Craig's List에 유독 새 차처럼 보이는 몇 장의 사진과 함께 칭찬 일색의 설명이 포함된 광고를 익명으로 게재했다. 가격을 책정하기 위해 마리나는 모델명, 연식, 운행 거리, 차 상태를 '켈리 블루 북Kelley Blue Book' 기준 목록에서 찾은 다음 사이트에 올라온 비슷한 차량의 가격대도 살펴봤다.

마리나의 차는 사람들에게 인기가 있는 도요타 캠리였기 때문에 비교가 쉬웠다. 마리나가 사는 동네에 있는 중고차 대리점도 크레이그리스트에 광고를 올려놓고 있었다. 그래서 마리나는 자기 차도 비슷한 가격에 판매할 수 있을 것으로 기대했다. 그동안 차를 잘 관리해왔다는 것을 그 누구보다 스스로 잘 알고 있었다. 최고가로 팔지 못할 이유가 없다고 생각했다. 그러나 불행히도 구매자들은 이 점을 알지 못한다. 지역 중고차 딜러들과 달리 마리나는 자동차 판매에 대한 평판이 없었다. 익명의 광고는 전혀 도움이 되지 못했다. 개인적인 평판조차 드러나지 않았기 때문이다. 익명으로 올렸다는 것이 평판을 숨기려는 의도로 읽혔을 수도 있다. 결국 마리나는 다른 개인 판매자들과 마찬가지로 대리점보다 몇백 달러 낮은 가격을 제시해야 했다.

전 세계에 걸쳐 중고차 딜러들은 평판이 그리 좋지 못하다. 하지만 도요타 공인 판매점의 경우는 다르다. 그들은 품질 좋은 차를 정직하게 거래한다는 평판을 얻고 있다. 최소한 고객들은 차에 문제가 생기면 환불할 수 있다는 것을 알고 있다. 중고차 판매 경력이 오래된 딜러들 역시 개인 판매자보다는 더 좋은 값을 받을 수 있다.[14] 평판을 쌓는 비용과 구매자가 떠안게 되는 리스크를 고려하지 않는다면 이런 가격에 대한 프리미엄이 공정하지 않은 것처럼 보일 수도 있다.[15] 평판은 판매자와 자동차에 대해서 더 많은 정보를 얻을 수 있게 함으로써 구매자와 판매자 사이의 비대칭적 정보를 줄일 수 있게 한다. 평판을 위해서 부가적인 대가를 지급하는 것이 조금은 비효율적으로 느껴질 수도 있다.

하지만 평판이나 거래에 필요한 정보가 별로 없는 경우 거래가 이루어지지 않을 가능성이 커지는 것을 고려하면 훨씬 효율적이라고 할 수 있다. 여기서 얻을 수 있는 교훈은 '평판의 가치', 즉 우리가 스스로를 널리 알리는 것의 영향력을 인정해야 한다는 것이다. 어린이들과 달리 성인들은 '내가 알고 있는 것을 다른 사람은 모를 수 있다.'라는 점을 이해해야 한다. 그런데 불행히도 우리는 종종 어린이처럼 행동한다.

인간은 다른 사람의 처지에서 생각하고 판단하는 능력이 부족하다. 다른 사람들에 대해서는 쉽게 의심하면서도 다른 사람들이 나를 의심할 거라고는 거의 생각하지 않는다. 이 같은 실수를 '지식의 저주Curse of Knowledge'라고 한다.[16] 우리는 정보가 많은 사람이 우월적 지위에 올라간다고 생각한다. 하지만 내가 알고 있다는 것이 '다른 사람은 모를 수도 있다.'라는 사실을 간과하게 해 궁극적으로는 지식이 손실로 이어질 수도 있다. 그래서 지식이 저주가 된다.

예를 들어 내가 제공하는 서비스와 제품이 시장에서 최고라면 고객도 그것을 당연히 알고 있을 거라고 간주한다. 그래서 고객에게 이 제품이 얼마나 훌륭한지 이야기하기만 하면 쉽게 알아들을 수 있을 것으로 생각한다. 하지만 말만으로는 부족하다. 보다 믿음이 가는 방식으로 다른 제품과 차별화된다는 것을 보여주어야 한다. 품질이나 나의 선한 의도에 대해 평판을 쌓는 일은 그 방법의 하나다. 다른 여러 가지 방법에 대해서는 2부 「3장 신뢰」에서 다루고자 한다.


## 과거가 미래를 예언해주지 못한다

누구나 평판이 무엇인지는 알고 있다. 하지만 이미 이야기했듯이 평판은 대부분의 사람들이 생각하는 것보다 더 다루기가 어렵다. 평판을 연구한 학자들조차 그 개념을 각기 다른 방식으로 정의하고 있다. 이 책에서 정의하는 평판이란 '개인이나 집단에 대해 그들의 트랙 레코드track record에 근거해 갖게 되는 판단이나 의견'이다.

예를 들어 애플은 열광적인 팬들에게 거의 경외의 대상이다. 하지만 마이크로소프트MS 팬들은 그만큼 애플을 인정하지 않는다. 마이크로소프트의 평판 역시 그 대상이 누구냐에 따라 더 크게 달라진다. 주주들에게는 뛰어난 재무적 성과 때문에 사랑을 받는다. 하지만 최신 기술에 밝은 사용자들은 버그가 득실대는 소프트웨어를 교묘히 판매하고 독점에 가까운 시장 장악력으로 폭리를 취하기 때문에 적개심을 품고 있다.

홀푸드에 대한 견해 역시 극과 극을 달린다. 저널리스트인 닉 파움가르텐Nick Paumgarten의 표현처럼 "어떤 사람에게 홀푸드는 '전체 급여Whole Paycheck*', 즉 여피 미식가와 라벨까지 꼼꼼히 읽는 까다로운 고객을 위한 지나치게 비싼 사치품이거나 환경과 영양을 중시하는 경건주의가 상업적으로 구현된 '거룩한 음식Holy Food'이다."[17] 그러므로 개인이나 집단은 전반적인 평판과는 상관없이 '각기 다른' 평가를 한다는 점을 유념해야 한다.

사람들의 판단은 자신이 어떤 사람인가뿐만 아니라 평판의 '어떤 영역'을 보고 있느냐에 따라서도 달라진다. 예를 들어 애플의 고객이라면 스티브 잡스가 고객이 원하는 제품이 무엇인지 알아내는 데 천재적인 재능을 가졌다고 생각할 것이다. 애플의 직원이라면 그가 고집불통에다 독재 스타일의 상사라는 생각을 할지도 모른다. 애플은 제품 매뉴얼에 대해서는 사용이 쉽다는 좋은 평판을 갖고 있고 가격 면에서는 가격이 싸더라도 좋지 못한 평판을 갖고 있다. 그러므로 평판은 한 가지 척도로 바로 포착되는 것이 아니다. 평판은 '무엇을' '누가' 평가하는지 혹은 둘 다 관련된 문제이기 때문이다.

여기서 얻을 수 있는 한 가지 교훈은 한 분야에서 좋은 평판을 갖고 있다는 것이 곧 다른 분야에서도 그렇다는 뜻은 아니라는 점이다. 항상 그렇지는 않지만 대부분의 경우 반대가 더 많다. 예를 들어 회

---

* 전체 급여를 다 써야 할 정도로 비싸다는 의미

사가 고객의 비위를 맞추기 위해 노력하는 과정에서 직원들의 희생을 강요하는 경우도 있다. 사회에서는 기부왕으로 알려진 사람이 사업에서는 편법과 불법을 저지를 수 있다. 환경을 오염시키면서 환경보호를 위해 돈을 기부하는 정유회사를 생각해보라.[18]

한 가지는 분명하다. 평판에는 보통 사람들은 감지하지 못하지만 중요한 차이인 두 가지 '핵심 양상'이 있다. '품질이나 역량'에 대한 평판이 그 하나이고 '의도나 동기'에 대한 평판이 다른 하나다. '품질이나 역량'은 중고차가 레몬인지 복숭아인지, 진공청소기가 제조사에서 말하는 것처럼 내구성이 강한지, 식당의 음식이 정말 맛이 있는지, 변호사가 숙련된 협상가인지 등을 의미하는 것이다. 이런 유형의 평판은 '역선택'의 문제(레몬 문제)를 해결해준다. 물건을 사기 전이나 사람을 고용하기 전까지 품질이나 역량을 구분할 수 없을 때는 평판을 통해 그 대상의 트랙 레코드를 알 수 있다.

'도덕적 해이'를 방지하는 데도 평판이 중요한 역할을 한다. 도덕적 해이는 보험업계에서 나온 용어다. 일단 보험에 가입하고 나서 사고가 나면 보험사가 차 수리비, 치료비, 차량 복구비 등을 부담하기 때문에 운전자들이 주의를 기울일 이유가 적어져 부주의해진다는 것이다. 하지만 도덕적 해이는 다른 사람의 의도를 잘 알지 못하는 한쪽이 다른 사람의 행동에 따르는 비용을 부담하게 될 때라면 언제든 제기되는 문제다.

예를 들어 어떤 변호사는 훌륭한 협상가이지만(품질) 때로는 열심히 협상에 임하고 싶지 않을 때도 있다(의도). 하지만 열심히 협상에 임하지 않으면 변호사는 평판에 손상을 입게 된다. 좋지 못한 평판에는 대가가 따른다. 따라서 평판은 나쁜 의도로 행동할 인센티브를 억제해 도덕적 해이를 방지하는 역할을 한다. 제아무리 철저하게 이기적인 사람이나 기업이라 해도 속임수로 얻는 이익과 평판의 손실로 지급해야 할 비용을 비교해볼 것이다.[19]

하지만 '의도'에 근거한 평판은 훨씬 불안정하다. 이베이의 판매자가 24시간 내 제품을 배송하겠다는 약속을 이행할 것인지, 비즈니스 파트너가 계약에 명시된 신의와 성실을 충실히 지킬 것인지, 저명한 사람이 계속해서 이전처럼 좋은 이미지를 유지할 것인지 등등은 '의도와 동기'의 문제다. 그들은 이미 그 일을 이행할 능력을 갖추고 있다. 하지만 그들이 그렇게 하기를 '원하는가'는 또 다른 문제다.

이 차이에 왜 관심을 두어야 할까? 두 가지 유형의 평판에서 각기 다른 반응이 나오기 때문이다. '품질과 역량'에 대한 평판은 좀 더 안정적이고 변동성이 적다. 좋은 영화는 좋은 영화다. 내가 아는 많은 사람이 영화 「아바타」를 재미있게 봤고 그들의 판단을 신뢰한다면 당신도 그 영화를 재미있게 볼 가능성이 크다. 영화는 상영 때마다 스토리가 바뀌는 게 아니므로 실망하게 될 가능성이 작다. 과거에 좋은 성과를 냈다는 것이 미래를 예측하게 해주는 증거인 것이다.

그러나 '의도'는 그렇지 못하다. 품질이나 역량과는 달리 의도는 변하기가 쉽고 상황이나 인센티브에 따라 돌변할 수도 있다. 정직했던 자산 관리인이 고객의 돈을 가지고 도망치기도 하고 오랫동안 함께 일한 파트너가 경쟁사로 이직하기도 한다. 또 한때 열심히 일하던 직원이 빈둥거리기 시작하기도 한다. 과거가 미래를 예언해주지 못하는 것이다.

왜 이런 갑작스러운 변화가 생기는 것일까? 자산 관리인은 심각한 재정적 문제에 부딪혔을 수도 있다. 파트너는 경쟁사에서 거절할 수 없는 제안을 받았을 수도 있다. 직원은 매너리즘에 빠졌을 수도 있다. 그런 환경의 변화는 더 이상 정직한 거래에 대한 인센티브를 갖지 못하게 하며 평판이 좋은 사람들조차 속임수를 쓰게 만드는 원인이 될 수도 있다. 하지만 이런 변화가 좋은 제품이나 서비스를 공급하는 그들의 '역량' 자체를 바꾸는 것은 아니다.

우리의 초점은 과거의 '실적'에 있다는 것에 주목하라. 객관적인 것은 의견이 아니라 과거의 사건들이며 평판의 주된 동력이 되는 것도 거의 언제나 과거의 사실이다. 따라서 평판은 '미래'를 예측하고 그에 따라 결정을 내리는 데 사용되지만 그 힘은 '과거의 정보'에서 나온다. 마이크로소프트의 윈도7 런칭 시기에 방송된 애플의 광고가 그 점을 분명히 보여준다. 이 TV 광고에서 개인용 컴퓨터PC로 분한 존 호그만John Hodgman이 맥Mac으로 분한 저스틴 롱Justin Long에게 이렇게 말한다.

"이번엔 윈도7이야. 이번엔 지난번에 내가 갖고 있던 문제가 하나도 나타나지 않을 거야. 날 믿어."

이 말을 전에도 들어본 것 같다는 생각이 든 맥은 PC가 '최신 운영 체제에서는 앞에서의 문제들이 없을 것이다.'라고 말했던 1980년대부터 반복된 공약을 연속으로 떠올린다. 미래에 대한 약속만으로 신뢰를 만들 수는 없다는 뜻이다. 과거의 행동만이 미래의 행동에 대한 최고의 예언자다. 헨리 포드Henry Ford는 언젠가 이렇게 말했다.

"미래에 하겠다는 것으로 평판을 만들 수는 없다."

## 고객의 평판에 부응하되 단언하진 마라

　기민한 기업들은 고객의 '트랙 레코드'에 대한 정보를 수집하는 다양한 방법을 모색해왔다. 이런 노력을 다른 이름으로는 관계 마케팅Relationship Marketing, 고객 관계 관리CRM, Customer Relationship Management, 고객 가치 관리Customer Value Management라고 부른다. 고객의 행동을 기록하고 분석하는 이런 모든 방법은 '평판 추적reputation tracking'의 변형이다. 이런 정보를 잘 활용하면 일방적이고 단선적인 정책을 피할 수 있다. 고객들이 서로 달라서 단선적인 정책은 고객 감동이나 충성도를 만들어낼 수 없다. 결국 기업은 고객의 트랙 레코드를 추적함으로써 최상 혹은 최악의 고객에게 예외적인 서비스를 제공할 수 있다.

　우선 한쪽 극단을 살펴보자.

　기업들은 수익보다 비용이 많이 드는 고객만을 추린 '블랙리스트'를 만드는 것으로 알려져 있다. 예를 들어 페어몬트 호텔은 요금을 지급하지 않는 등 심각한 문제를 일으킨 고객이 예약 문의를 하면 특별 전담 직원에게 연결해 '문제에 대해 논의'하도록 만든다.[20] 기업은 VIP 고객에게 우선적인 대우를 하는 것만큼 최악의 고객을 다루는 일도 중요하게 생각한다. 반대로 훌륭한 고객이라면 좋은 평판을 얻고 그 평판 프리미엄을 누릴 권리가 있기를 바란다. 만약 기업이 그들의 훌륭한 실적을 무시하고 다른 사람과 똑같이 대우한다면 크게 노하게 될지도 모른다.

　알래스카 항공사는 고객의 탑승 실적을 인지하고 그에 따라 대우하는 기업의 좋은 사례다. 마일리지를 제공하는 일반적인 수준의 로열티 프로그램이 아니다. 그들의 실적 우대 프로그램은 이코노미클래스만 이용하는 고객이라도 그가 좋아하는 칵테일을 정확히 대령할 정도로 세심하게 구성돼 있다.[21]

고객을 '악마'나 '천사' 식으로 극단적으로 구분 지을 필요는 없다.[22] 아주 간단한 방법들도 있다. 미시간의 인기 있는 체육관 하이퍼핏 USA는 회원들이 얼마나 자주 체육관에 와서 운동하는지 주의 깊게 살핀다. 그리고 3주 동안 체육관에 나오지 않으면 고객에게 이메일을 보낸다.[23]

사람들은 '평판이 누군가의 미래 행동을 정확하게 예측할 것이다.' 혹은 '전혀 예측하지 못할 것이다.'라는 식의 극단적인 가정을 한다. 그런 흑백 논리에서 빠져나오기를 바란다. 현실은 늘 그렇게 명쾌하게 이분법적이지 않기 때문이다. 평판은 미래를 예측하는 약간의 힘을 가지고 있다. 하지만 예측이 얼마나 정확한가는 좋은 평판을 얻는 데 필요한 '비교 수익'과 '비교 손실'이 얼마인가에 달려 있다. 평판은 잘 이용될 수도 있고 악용될 수도 있다.


## 불공정하게 돈을 챙기면 보복당한다

판매자의 평판이 깎이게 되면 실제 어떤 일이 생겨날까? 휴렛팩커드에서 케이윳과 동료들은 일련의 평판 실험을 수행했다(이 실험에 관해서는 결론에 상세히 소개돼 있다).[24] 실험 참가자들은 가상의 온라인 시장에서 판매자와 구매자의 역할을 맡는다. 구매자는 판매자에게 물건을 주문한다. 구매자는 제품에 대한 대금을 지불하고 판매자는 제품을 배송한다.

하지만 각자 속임수를 쓸 기회와 그에 대한 단기적인 인센티브가 있다. 판매자는 제품을 보내지 않고 주문 대금만 가로챌 수 있고 구매자는 대금을 지급하지 않고 물건만 챙길 수 있다. 그리고 여기엔 법칙이 있었다. 상대가 정직하다면 단기적이지만 속임수를 써 수익을 챙길 수 있으며 쌍방이 속임수를 쓴다면 어느 쪽도 수익을 내지 못한다는 것이다. 각자 선택한 다음 구매자와 판매자는 컴퓨터 모니터로 결과를 본다. 속임수에 대한 인센티브가 단기적이라는 말은 결과가 공개되면 속임수를 쓴 판매자나 구매자와는 더 이상 거래를 하지 않기 때문이다.

물론 이 실험은 현실 세계를 극도로 단순화한 모델이다. 대금 지급과 제품 배송 여부 등의 조건에서 양자택일만 가능하다. 하지만 현실 세계는 더 복잡 미묘하다. 더 많은 사람이 관련돼 있고 시간과 돈을 절약하는 더 다양한 방법들이 있다. 그러나 부정하게 번 돈이 결국 그 사람의 평판을 갉아먹는 것은 마찬가지이다. 그런 거래는 현실에서도 종종 일어난다.

- 정직한 보도, 편집, 광고 영역 사이에 '만리장성' 같은 불가침 장벽이 놓여 있어 훌륭한 평판을 얻고 있는 유서 깊은 신문 『로스앤젤레스 타임스』는 주말판 테마 기사로 실린 스테이플스 센터Staples Center 스포츠 경기장과 비밀리에 수익 분배 계

약을 맺었다. 이 비윤리적인 사건이 알려지자 수백 명의 신문 기자와 편집자들은 "자사의 청렴성을 훼손했다."라며 대대적인 항의를 했다. 신문사는 1면에 사과문을 게재하고 자초지종과 함께 잘못을 사죄하는 상세 기사를 실었다.[25]

- 수익을 높이려고 영국 석유회사 브리티시 페트롤리엄 컴퍼니 BP는 유지보수와 안전에 드는 비용을 40퍼센트 이상 삭감했다. 비용 축소는 15명의 인명을 앗아간 대규모 정유소 폭발 사고를 불렀다. 이 참사는 전 세계 신문에 대서특필됐고 결국 CEO가 사임하기에 이르렀다.[26]

- 일리노이 대학교 로스쿨은 성적은 부진하지만 정치적인 연고를 가진 학생 한 명을 입학시키는 대신에 졸업생 다섯 명의 취업 자리를 알선받았다.[27] 높은 취업률은 로스쿨의 평가에 도움이 되기 때문에 이런 유형의 보상은 일시적으로 학교의 평판을 높여준다. 하지만 이는 뒤이은 스캔들로 역효과를 가져왔다. 결국 대학 전체의 평판을 지키기 위해 총장이 사퇴를 강요받았다.[28] 비단 그 사실이 외부에 알려지지 않더라도 입학 기준이나 회원 자격을 낮추는 조치는 해당 집단의 결속력을 낮춰 점진적으로 조직의 평판을 갉아먹게 된다.

그렇다면 실험에서는 어떤 일이 일어났을까? 당연히 실험자들이 속임수를 쓴 사람과의 거래를 끊었을 것으로 예상할 것이다. 물론 사람들은 그렇게 했다. 하지만 속임수에 대해 색다른 반응을 보인 참가자도 있었다. 그 반응은 '보복'이었다. 실험자들은 속임수를 쓴 사람을 배척하는 것에 그치지 않고 더 나아가 보복하기 위해 노력한 것이다.

왜 이런 일이 생기는 것일까? 속임수에 대한 보복은 정당한 분노에서 기인한 행동이고 상호주의를 다룬 장에서 보았듯이 자기 비용을 들여서라도 다른 사람을 응징하려는 긍정적인 정의감의 표현이었을 것이다.[29] 또한 속인 사람에게 보복을 가하는 것에 대해 죄책감도 덜 느꼈을 것이다. 속인 자를 속이기 위한 자신의 행동은 진짜로 속인 자의 나쁜 행동에 비하면 아무것도 아니라고 자기 합리화할 수 있었을 것이다. 이 실험은 심리학 연구를 위한 것은 아니었다. 그래서 참가자들이 어떻게 느끼고 행동했는지 정확히 파악할 수는 없다. 다만 참가자들의 행동을 미루어볼 때 안 좋은 평판을 가진 사람한테 더 많이 보복한다는 것이 명확히 드러난 셈이다.


## 어떻게 사기꾼은 평판을 교묘히 활용할까?

'평판에 대한 대가'가 어떤 식으로 나타나는지에 대해 많은 이야기를 나눴다. 불행히도 이런 대가에는 어두운 면도 있다. 이미 살펴보았던 휴렛팩커드 실험에서 좋은 평판을 쌓았던 많은 참가자가 마지막 거래에서는 돈만 챙겨서 달아나곤 했다. 그동안 사람들의 행동을 지탱해오던 평판이 일시에 사라지는 '마지막 거래 효과end-game effect'는 여러 상황에서 나타난다.

예를 들어 고등학교에는 소위 '상급생 슬럼프senior slump'라는 게 있다. 열심히 공부하던 학생들조차 대학 지원서를 보낸 후 맞는 마지막 학기에는 태만해진다. 지쳐 있을 뿐만 아니라 더는 성적이나 추천이 필요하지 않기 때문이다. 어떤 면에서는 그들의 선택이 옳다. 대학들은 마지막 학기의 점수로 합격 조치가 철회될 수 있다고 엄포를 놓는다. 하지만 학생들은 그런 일이 일어날 리 없다는 것을 알고 있다. 왜일까? 대학들이 그렇게 한 사례가 없기 때문이다. 고등학교 마지막 학기 점수가 어느 정도 떨어져야 대학이 합격 취소를 할 수 있는지 그 기준을 정하기 어렵다. 점수가 조금 떨어졌다고 합격을 취소한다면 평판이 훼손돼 미래 입학생들에게 신뢰를 잃게 될 것이기 때문이다.

굳이 '마지막 거래'가 아니더라도 빛나는 평판이 곧 미래의 성과를 보장하지 않는 경우도 있다. 최근 가장 극명한 사건의 주인공은 버나드 매도프Bernard Madoff다. 그는 나스닥 의장, 너그러운 자선사업가, 공동체의 중심인물 등 위장된 평판은 물론이고 지속적인 고수익 창출이라는 평판까지 이용했다. 고수익은 초기 투자자들에게만 돌아갔다. 경기가 하락하고 펀드 투자자들이 돈을 찾아가기 시작하자 거대한 사기의 실체가 드러났다(투자자의 투자금으로 앞선 투자자의 수익을 지급하는 형태였다).

매도프는 일명 폰지 사기라는 금융 다단계 사기Ponzi schemes를 치는 사기꾼들보다 한 수 위였다. 그는 자신을 믿는 사람들과 '평판 게임'을 벌이고 있었던 것으로 보인다. 그는 사기의 전형인 '50퍼센트 수익 보장' 같은 수치가 아니라 10퍼센트라는 상당히 설득력 있는 수익률을 제시했다.

더구나 투자를 원하는 사람을 모두 받아들여 더 많은 돈을 모을 수 있었는데도 "내가 원하는 것은 쉽게 돈을 버는 게 아니다."라고 강조하며 여러 투자 제안을 거절했다. 그는 천천히 평판을 쌓으면서 사람들이 돈을 오랫동안 맡겨두게끔 만들어 계획이 실패할 리스크를 줄였다. 즉 그는 평판을 통해 투자자를 유인했을 뿐만 아니라 오랫동안 계획이 무너지는 것을 막았던 것이다! 사실 경기 하락이라는 외적인 쇼크가 아니었다면 발각되지 않고 거의 영원히 계획이 지속될 수도 있었을 것이다.

물론 평판이 이렇게 대범한 방식으로만 악용되는 것은 아니다. 소규모 주문을 계속하면서 평판을 쌓은 다음 큰 주문으로 한탕하고 손을 떼는 이베이의 판매자도 평판을 이용하기는 마찬가지다. 장기간에 걸쳐 좋은 평판을 쌓은 판매자라면 몇 건의 속임수를 써도 전체적인 평판에 그리 큰 흠이 되지 않을 것으로 생각할 수도 있다.

경제학자 제니퍼 브라운Jennifer Brown과 존 모건John Morgan이 관찰한 바에 따르면 실제로 이베이 판매자들은 긍정적인 피드백을 모으기 위해 손실을 감수한다고 한다. 돈을 받고 '고객 피드백'을 사거나 파는 일은 이베이의 규칙에 위반된다. 따라서 거래자들은 물품을 파는 것처럼 위장해 이런 일을 한다. 예를 들어 판매자는 '긍정적인 피드백 e북'이라는 위장 제품을 게시해놓고 '무료 긍정 피드백'을 배송비 포함 1센트에 판다고 광고할 수 있다. 대금만 지급하면 상대의 제품에 긍정적인 피드백과 함께 별 다섯 개를 주겠다고 약속하는 더 노골적인 판매자도 꽤 있다. 물론 이베이에 내야 하는 수수료까지 고려하면 그렇게 모은 '긍정적인 고객 피드백'을 통해 확실히 수익을 낼 수 있는 비즈니스 모델이 없는 한 그저 돈을 낭비하는 수단

에 불과하다.[30]

이 연구가 등장한 후 이베이는 허점을 보완하기 위해 다양한 시도를 했다. 현재 이베이는 구매 품목의 최하 가격을 1달러로 규정하고 있다. 그러나 여전히 거래자들은 긍정적인 피드백을 사고팔 수 있다. 하지만 이제 그 비용은 더 커져서 1센트가 아닌 1달러 이상이 됐다.

핵심은 평판이 '미래를 약속하는 것'처럼 보인다는 점이다. 하지만 사실 평판은 과거에 대한 정보에 불과하다. 실적이 좋을수록 평판을 악용할 가능성 역시 더 커진다. 적절한 보상만 주어진다면 뛰어난 평판을 얻던 사람조차 유혹에 흔들릴 수 있다.

2008년 미국 집값이 붕괴하자 이전에는 연체가 전혀 없던 대출자 중에서도 '전략적 채무 불이행'이 많이 나타났다. 자신의 신용등급이 하락할 걸 알면서도 갑작스레 융자금 상환을 중지한 것이다. 캘리포니아에서만 2008년 전략적 채무 불이행 비율이 2005년에 비해 68배 올라갔고 플로리다는 46배를 기록했다. 그들은 부동산 파동의 주범인 비우량 주택담보대출subprime mortgage 대출자가 아니었다. 반대로 실적도 좋고 여유 있는 사람들이었다. 그들은 '경제가 어려워지면 자기가 애초에 융자를 받아 집을 샀을 때보다 집값이 내려갈 테니 그 손실을 줄여야 한다.'라고 계산했던 것이다. 그들은 채무 불이행으로 신용등급은 떨어지더라도 결국 자기에게 이득이 될 것으로 생각했다.[31]

## 목욕물 버리려다 아기까지 버리려서는 안 된다

평판의 악용이 언제나 그렇게 계산적으로 이루어지지는 않는다. 한 분야에서 뛰어난 평판을 쌓아온 기업이 다른 분야로 사업을 확장하는 도중에 생겨나는 경우도 있다. 그러므로 영역 확장 전략은 품질에 대해 상세히 모니터링하고 핵심 브랜드의 가치를 승계할 수 있는 제품군을 선택해 주도면밀하게 이루어져야만 한다. 차별화가 부족하다면 결국 브랜드 이미지가 약화되거나 손상될 수 있다.

피에르 가르뎅은 이런 '평판의 덫'을 보여주는 교과서적 사례다. 아방가르드 디자인으로 1950년대 고급 패션계를 풍미했던 피에르 가르뎅은 기성복 컬렉션을 런칭했고 자사 상표를 다른 제품군의 회사들에 라이선싱해 향수와 화장품 시장으로까지 영역을 확장했다. 이런 일은 업계에서 드물지 않다. 코코 샤넬과 크리스찬 디올도 이미 같은 일을 했다. 하지만 피에르 가르뎅의 야심은 좀 더 컸다. 그들은 라이선싱을 통해 재미를 보자 알람시계, 야구공, 자동차, 담배, 스쿠버 용품, 와인 등 자사의 생산품과 전혀 관련이 없는 많은 제품에 라벨을 빌려주었다. 이로써 피에르 가르뎅이라는 이름이 무려 800개 제품에 붙었다. 이브 생로랑과 크리스찬 디올이 각각 300개 이하이고 랄프 로렌과 캘빈 클라인 같은 신진 브랜드가 20개 이하인 것을 고려하면 엄청난 숫자다.

결국 피에르 가르뎅의 무차별적인 라이선싱은 브랜드 평판의 의미와 가치를 모두 까먹고 말았다.[32] 마리나는 네 개짜리 피에르 가르뎅 여행가방 세트가 100달러라는 파격 할인가에 팔리는 것도 보았다. 요즘 피에르 가르뎅의 이름과 함께 연상되는 좋지 않은 품질을 생각하면 특별히 싼 가격도 아닐 것이다.

피에르 가르뎅의 기업가치가 2021년 기준 10억 유로 이상을 기록하고 있기 때문에 고급 브랜드 매장에서 백화점 지하 특설매장으로 급전직하한 평판 따위는 행복한 고민이라고 생각하는 사람도 있을 것이다. 장래에 평판을 자본으로 삼을 것을 포기하고 현재의 이익에 만족한다면 수용 가능한 문제일 수도 있다. 평판은 현명하게만 사용한다면 원금이 복리로 불어나듯 시간이 흐를수록 성장한다. 하지만 평판을 남용하면 버는 족족 사치품을 사들이는 사람처럼 곧 아무것도 남지 않는 신세가 될 것이다.

나머지 업계가 계속 나아가는 동안 이미 얻은 평판에 만족하고 더는 노력하지 않는다면 어떤 일이 벌어질지도 생각해볼 필요가 있다. 1990년대 애플에 바로 이런 일이 일어났다. 비전을 가진 리더십이 실종되자 혁신이 거의 중단되기에 이른 것이다. 애플이 맥에 일편단심으로 충성하는 고객이 계속 제품을 사주긴 할 것이다. 하지만 전체 PC 시장에서 맥의 점유율은 16퍼센트에서 4퍼센트로 하락했다.[33]

## 각종 소문과 평판을 어디까지 믿을 것인가?

평판은 실제 세상일에 관한 이야기다. 하지만 본래 평판은 '현실'이 아니다. 내가 범죄 현장을 목격했고 그다음 TV 뉴스에 생생하게 보도되는 것을 보았다. 이렇게 수집한 정보는 단순히 보도로만 접하는 것보다 훨씬 신뢰도가 높다. 두 방법 모두(목격, 보도) 일어난 일에 관한 판단을 하는 데 도움이 된다. 하지만 최초에 획득한 주변에서의 정보가 실제와 훨씬 가깝다. 평판도 마찬가지다. 1차적인 경험, 막연한 소문, 인터넷상의 리뷰, 다른 거래자들의 평가 등의 여러 정보는 모두 차이가 있다. 그렇지만 평판은 이 모든 정보의 조합을 통해 형성된다. 그런데 평판은 복잡한 정보를 지나치게 단순화한다.

예를 들어 레스토랑 평가는 '식사 경험'에 대한 수많은 의견과 다양한 정보를 '별 몇 개'라는 단 하나의 척도로 압축한다. 평판을 구성하는 모든 정보는 완벽함과는 거리가 먼 사람들의 단순한 '사고회로'를 통해 형성된다. 사람들의 사고회로는 엄청난 양의 자료를 이해하는 데 어려움을 느낀다. 간단히 말해서 평판은 현실을 제대로 반영하지 못한다. 평판과 현실 사이의 상관관계는 생각처럼 견고하지 못하다.

어떤 대상을 제대로 파악하기 위해서는 확보할 수 있는 모든 통계와 관련된 정보와 에피소드까지 다 검토해야 한다. 인터넷상에는 대기업에 대해 안 좋은 이야기들이나 극찬이 홍수를 이룬다. 그러나 단편적인 일화를 넘어서는 내용을 발견하기는 어렵다. 뭘 찾느냐에 따라 『컨슈머 리포트』 같은 정보지에 의존하든가, 통계 자료를 찾아봐야 하는 경우도 있다. 하지만 대개 상세한 사례를 관찰함으로써 더 나은 효과를 얻을 수 있다.

예를 들어 이베이에 대한 부정적인 리뷰가 있다면 그 내용에 대해 상세히 조사해볼 수 있다. 경쟁업체에 유능한 직원들이 많이 들어간다면 그곳의 직원들과 인터뷰해 장점을 알아본다. 조직문화는 끔찍

하지만 단순히 연봉을 많이 주기 때문일 수도 있다. 평판을 파악할 때는 추천서, 시험 점수, 학교 성적 등 다양한 정보를 균형 있게 살펴보는 대학 입학 사정관 같은 태도가 필요하다.


## 정보의 확산이 빠를 때는 정직이 무기가 된다

로스앤젤레스에 가본 사람은 식당 유리창에 '등급 카드'가 붙어 있는 것을 보았을 것이다. 이 카드는 로스앤젤레스 보건소에서 가장 최근에 실시한 위생 검사를 바탕으로 A, B, C등급을 표시한 것이다. 놀라운 것은 이 카드의 대부분이 'A'라는 점이다. 곧이곧대로 믿기가 어려운 상황이다.

냉소적인 고객이라면 깨끗함과는 거리가 먼 레스토랑들이 검사관에게 뇌물이라도 준 건 아닌지 궁금할 것이다. 의심이 드는 게 당연하다. 위생 등급 카드 프로그램이 처음 시행된 1998년에는 레스토랑의 58퍼센트만이 A등급을 받았다. 경제학자 진저 진Ginger Jin과 필립 레슬리Phillip Leslie의 연구를 보면 그 카드 제도가 실제로 위생 상태를 개선했다. 2003년 A등급을 받은 레스토랑의 비율이 83퍼센트로 증가했을 뿐만 아니라 음식과 관련된 질병으로 입원하는 비율은 20퍼센트 하락했다.[34]

즉 낮은 등급을 받는 데 대한 두려움은 레스토랑 경영자들이 식당의 위생 상태를 개선하게 하는 인센티브가 됐다. 평판이 주는 경제적 인센티브를 생각하면 쉽게 이해된다. 연구자들은 위생 카드 제도로 A등급 레스토랑의 매출이 5.7퍼센트 상승했고 C등급 레스토랑의 매출은 1퍼센트 하락했다는 것을 발견했다.

뉴욕시 역시 비슷한 프로그램을 시작했다. 많은 레스토랑 운영자들이 변화에 저항했지만 청결에 신경을 쓰고 있는 운영자들은 새로운 시스템을 반길 만한 이유가 있었다. 세 개의 고급 레스토랑을 운영하는 오너 셰프 마이클 화이트는 『뉴욕타임스』와의 인터뷰에서 이렇게 말했다.

"훌륭한 시스템이라고 생각합니다. 모두가 긴장을 늦추지 못하게 될 테니까요."[35]

케이윳과 동료들이 수행한 평판 실험에서도 같은 결과가 나타났다. 이들 연구자들은 두 가지 조건에서 나타나는 행동을 비교해보았다. 한 조건에서 참가자들은 모든 거래의 결과를 알 수 있다. 다른 조건에서는 자기가 거래한 결과에 대해서만 알게 된다. 즉 누가 자신에게 속임수를 썼는지만 알게 되는 것이다. 이 조건이 거래에 미치는 효과는 놀랄 만한 것이었다. 자신이 속였다는 사실을 단 한 명만 알게 되는 조건에서 거래 비율은 30~70퍼센트 사이였다. 하지만 모든 참가자에게 평판이 알려지는 조건에서는 거래 비율이 75~95퍼센트로 상승했다.[36]

## 단 한 명이 조직의 평판을 망칠 수 있다

좋은 평판이 인센티브를 주는 여러 가지 방식을 살펴보았다.

한 가지 특징은 평판이 '확산 효과'를 일으킨다는 점이다. '넓게 펴 다rub off'라는 말로 표현할 수 있다. 마치 잉크 한 방울이 번져나가듯 이 어떤 것에 대한 평판이 그와 관련된 다른 것들의 평판에 영향을 준다는 뜻이다. 구성원들의 평판이 모여 조직의 평판이 만들어지고 또한 구성원들은 자신이 속한 조직을 통해 평판을 얻는다. 기업의 평판이 브랜드 평판을 끌어올리고 브랜드는 다시 기업의 평판을 떠받친다.

존슨앤드존슨은 미국에서 가장 존경받는 기업 중 하나다. 그런데 사람들이 이 회사를 떠올리면 유아용품을 연상한다. 그러나 유아용 품은 존슨앤드존슨의 방대한 제품군 중 극히 일부에 불과하다. 소위 '베이비 헤일로baby halo'라고 불리는 후광 효과가 존슨앤드존슨 전 기업군에서 나타난다. 벤게이, 로게인, 슈다페드, 타이레놀 등의 브 랜드는 물론이고 10여 개의 잘 알려지지 않은 자회사들에까지 이런 효과가 나타난다.

존슨앤드존슨은 기업 평판에서 세계 최고 권위인 『월스트리트저 널』 '해리스Harris'에서 최상의 자리를 지켜왔다. 2007년에는 마이크 로소프트에 근소한 차이로 1위 자리를 내주었다. 많은 사람에게 마 이크로소프트와 동의어로 받아들여지는 빌 게이츠의 관대한 자선 사업 덕택이었던 것이 분명하다.[37]

평판은 확산 효과를 일으키다 보니 극단적인 경우에는 단 한 명 의 구성원이 전체 조직의 평판에 흠을 입힐 수도 있다. 엑손 발데즈 Exxon Valdez호의 주정뱅이 선장을 떠올리면 연상이 될 것이다. 그는 훌륭한 기업에 속해 있던 단 하나의 썩은 사과였는지도 모른다. 하지만 엑손은 석유 유출 사고로 인한 평판의 막대한 손실을 극복하지 못했다. 모빌과 합병해 엑손모빌로 사명을 바꾸었지만 소용없었다.

일리노이 대학교 총장과 브리티시 페트롤리엄BP CEO의 사임에서도 보았듯이 기업과 조직은 불쾌감을 주는 개인을 회사와 떼어놓기 위해 노력한다. 하지만 상황의 경중에 따라 한 사람의 해고만으로 충분치 않을 수도 있다. 좋은 평판은 잃는 것보다 얻는 것이 훨씬 어렵다. 따라서 조직은 이전의 성과뿐만 아니라 여러 측면에서 심사숙고해 구성원을 선발해야 한다. 흥미롭게도 채용의 노하우가 조직의 평판을 높이는 기능이기도 하다. 즉 좋은 평가를 받는 조직은 좋은 인재를 확보하기 위해 까다로운 절차를 갖고 있을 수 있다.[38]

평판이 확산 효과를 일으키고 또 평판에는 대가가 따른다. 이 두 가지 생각을 종합하면 기꺼이 평판을 사고팔려고 하는 이유가 쉽게 이해된다. 이베이에서 '긍정적인 고객 피드백'을 사고파는 것을 말하는 게 아니다. 개인이나 조직이 다른 사람이나 조직의 후광으로 인해 돋보일 수 있다는 의미다.

예를 들어 미국 연방예금보험공사는 좋지 못한 평판에도 불구하고 국민에게 최악의 경우에도 예금 인출이 가능할 것이라는 믿음을 줄 수 있었다. 하지만 이런 신뢰는 그 많은 부분이 자체의 평판(그러나 그들의 실적을 정말로 알고 있는 사람은 거의 없다)이 아니라 미국 정부의 보증에서 비롯됐다.[39] 2008년 금융위기가 도래하자 연방 정부는 평판의 상실을 우려했다. 그래서 금융 분야에서 좋은 평판을 갖고 있는 수지 오먼Suze Orman을 연방예금보험공사의 TV 홍보 모델로 기용했다. 수지는 자신이 쌓아온 신뢰를 이용해서 이렇게 약속했다.

"75년 동안 연방예금보험공사는 국민들이 예금한 돈을 보호해왔습니다. 역사 이래 예금자들이 단 1페니도 잃은 적이 없습니다."

수지는 자기 평판을 빌려줌으로써 연방예금보험공사의 평판을 강화한 것이다. 평판의 가치는 사용하면 사라지는 것이 아니다. 그러나 평판을 파는 데 비용이 들지 않는다고 단언할 수는 없다. 예를 들어 디즈니는 막대한 돈을 들여 디즈니 브랜드를 사용하는 사업자들을 모니터링하고 불법 사용을 막을 뿐만 아니라 라이선스를 받고자 하는 후보들을 심사하고 있다. 평판을 빌려주는 방법과 권한을 이양하는 대상 등을 충분히 신경쓰지 않으면 신뢰를 잃고 평판에 손실을 보게 된다.

A급 유명 인사들은 이런 '셀링 아웃selling out'의 문제점에 대해 이해하고 그것을 피하는 데 주의를 기울인다. 오프라 윈프리Oprah Gail Winfrey는 수년 동안 이름을 쓰게 해달라는 여러 제품의 제의를 거절해왔다. 물론 오프라는 상당히 자신의 평판에 신경써야 하는 위치에 있다.[40] 반면에 더 이상 올라갈 기회가 없다고 생각하는 명사들은 자기 이미지가 실추되더라도 남은 명성을 돈벌이에 이용하기도 한다.

평판을 사들이는 또 다른 방법은 프랜차이즈를 이용하는 것이다. 브랜드 없는 패스트푸드 레스토랑을 시작하는 대신 맥도날드 프랜차이즈에 가맹하는 것이다. 흥미롭게도 평판을 사는 방법 중 눈에 잘 띄지 않는 것은 '오랫동안 노력을 지속하는 것'이다. 사회생활을 대기업의 말단사원보다 급여가 낮더라도 경험을 많이 쌓을 수 있는 스타트업 같은 곳에서 일하는 것이다.

하지만 누군가에게 평판을 파는 경우 남용의 가능성이 커진다. 누군가가 좋은 평판의 레스토랑의 프랜차이즈를 시작한 후 제대로 운영하지 못해 평판을 엉망으로 만든다면 어떻게 될까? 평판을 구매한 사람은 그에 대한 대가를 회수하기 위해 평판을 무분별하게 사용할 수 있다. 그러면 결국 평판을 망치게 될 것이고 그때가 되면 기존에 확보했던 레스토랑의 평판을 활용하기가 어렵게 된다.[41]

프랜차이즈 사업에서는 장래 매출에 대한 전망이 향후 사업에 대한 모든 문제를 해결해주지 않는다. 개별 가맹점은 프랜차이즈 본사의 평판으로부터 자유로울 수 없기 때문이다. 별다른 관리나 감독이 없어도 개별 가맹점은 프랜차이즈 본사의 명성에 편승할 수 있다. 가맹점이 급증하면서 여러 가지 문제가 발생하고 결국 브랜드 이미지가 아주 나빠져서 프랜차이즈 본사의 명성을 회복할 수 없이 손상할 때까지 말이다.

평판에 무임승차할 수 있다. 평판을 가진 측이 누군가를 끌어들여 자신의 이름으로 활동하게 하는 것은 언제든지 가능하기 때문이다. 예를 들어 수십 년 전 시어스Sears의 일부 매장은 고객을 유인하기 위해 값싼 상품을 미끼로 사용했다가 마찰을 빚었다.[42] 사실상 이들은 만약 문제가 발생하면 결국 시어스가 모두 책임질 것으로 생각하고 평판을 이기적으로 악용했다. 너무나 많은 매장이 이런 종류의 유혹을 받았기 때문에 '공유지의 비극'이라는 결과가 일어나고 말았다. 이런 문제를 막기 위해서 모기업은 명확한 규칙과 적절한 인센티브를 마련하고 준수 여부를 모니터링해야 한다. 이렇게 효과적으로 관리하려면 비용이 들게 마련이다.

## 평판도 빈익빈 부익부의 양극화가 생긴다

평판은 그 자체로 자기 예언의 효과가 있다. 예를 들어 기업을 성공으로 이끈다는 좋은 평판을 가진 벤처캐피털은 좋은 거래를 할 수 있다. 그뿐만 아니라 스타트업의 성공에 도움이 되는 다양한 자원을 끌어들일 수 있어서 결국 더 큰 성공을 거둘 수 있다.[43] 이런 식으로 성공이 성공을 낳는다.

평판은 눈덩이처럼 커지기도 한다. 예를 들어 애플과 스티브 잡스는 자신의 평판을 이용해 아이폰 프로젝트를 실행에 옮길 수 있었다. 제품이 성공을 거두자 평판이 더욱 좋아지면서 애플은『포춘』이 선정한 '세계에서 가장 존경받는 기업' 1위에 오르기도 했다. 평판을 빌려준 경우도 마찬가지다. 평판을 빌려 간 사람이 최악의 상황이 될 때까지 남용하지 않는 한 완전히 사라지지 않는다. 주의 깊게 사용만 한다면 평판은 성장한다.

평판이 과장되는 경우도 있다. 종종 관찰되는 부익부 효과다. 예를 들어 컬럼비아 대학교가 음악의 인기도에 대해 실험한 바를 보면 처음 들은 음악(무작위로 선택한 것 중)이 '가장 인기를 얻을 만한 곡'으로 뽑히는 경향이 있었다.[44] 사람들은 무리를 따르는 경향이 있어서 다른 사람들의 선택에 무작정 동조하는 것이다. 따라서 좋은 평판은 아주 미세한 품질이나 역량 우위를 통해서도 얻을 수 있고 더 좋은 평판으로 성장해나갈 수도 있다.

그렇다면 기존의 평판 시스템을 강화해 더 나은 결과를 낼 방법은 무엇일까? 여기서도 이베이가 훌륭한 연구 사례를 제공한다. 평판 시스템이 있는 것은 구매자와 판매자 모두에게 유리하다. 구매자와 판매자가 만나는 '시장'의 경우도 마찬가지다. 일단 누군가가 이베이에서 평판을 쌓았다면 다른 시장으로 옮기는 것(자기만의 전자상거래 사이트를 만드는 것)은 비경제적이다. 처음부터 다시 평판을 쌓아야 하기 때문이다. 따라서 이베이는 가능한 한 좋은 평판 시스템을 만드는 것이 유리하다.

몇 년 전 이베이의 중역들은 골치 아픈 문제, 즉 평가 점수가 거래 행태를 정확하게 반영하지 못한다는 것을 해결해야 했다. 예를 들어 판매자의 점수가 90 중반에 있다면 사람들은 대부분 거래에 만족하고 있다고 판단할 것이다. 하지만 이 숫자는 제대로 현실을 반영하지 못했다. 그렇다 보니 피드백 시스템 자체가 '타당성이 떨어진다.'라는 평판을 받고 있었다. 기능을 제대로 하지 못하는 평판 시스템은 차라리 없는 게 낫다. 거래하려는 사람들이 그 시스템을 신뢰하지 않기 때문이다.

문제를 분석해보니 '점수를 박하게 주면 보복당할지 모른다.'라는 두려움 때문으로 밝혀졌다. 이 문제를 해결하기 위해 투입된 펜실베이니아 대학교의 경제학자 게리 볼튼Gary Bolton은 이 문제를 이렇게 요약했다.

"판매자들은 부정적인 피드백을 받으면 부정적인 피드백을 주는 경향이 있었다."[45]

예를 들어 구매자가 주문한 제품이 제시간에 도착하지 않았다는 이유로 판매자에게 나쁜 점수를 주면 판매자 역시 나쁜 점수를 주어 보복한다는 것이다. 그에 따르면 "이런 관행은 사이트 전체의 활력을 떨어뜨렸다." 사람들은 보복한다는 것을 알게 되면 부정적인 피드백을 주지 않음으로써 자신의 평판을 보전하려 한다. 그 결과 거래에 만족하면 높은 점수를 주지만 그렇지 못하면 그저 입을 다물게 돼 판매자의 점수가 왜곡됐다.

이들은 '이중 맹검double-blind' 피드백 시스템으로 이 문제를 해결했다. 새로운 시스템에서는 어떤 구매자가 어떤 피드백을 주었는지 판매자가 알 수 없도록 해 보복을 방지했다. 새로운 평판 시스템에서는 보복이라는 피드백이 사라졌을 뿐만 아니라 구매자들 역시 자유롭게 자신의 실제 경험을 있는 그대로 전할 수 있었다.

판매가와 거래량 모두 상승했다. 이베이에서는 이 시스템을 충분히 사용할 만했다.[46] 이베이가 정확히 밝히진 않았지만 긍정적인 효과를 확신할 만한 충분한 근거를 확보했다. 판매자는 좋은 평판을 얻지 못하면 거래 기회를 잃게 되기 때문에 자기 방식만을 고집할 수가 없었다. 그러자 구매자는 이베이 시스템을 신뢰하게 됐고 거래 가능성도 커졌다. 이베이는 기존 평판 시스템을 개선함으로써 효율성과 수익을 극적으로 높일 수 있었다. 평판의 가치를 잘 활용한 비즈니스 사례다.

새로운 평판 시스템을 도입했다 해도 이베이가 최고의 성공 사례라고는 할 수 없다. 사용자 후기를 잠깐만 살펴봐도 판매자에게 속은 구매자의 무시무시한 이야기는 물론이고 나쁜 피드백을 주지 않는 대가로 판매자에게 돈을 갈취하는 구매자 이야기가 가득한 것을 알 수 있다. 질이 좋지 않은 구매자들로부터 피해당한 판매자들은 새로운 시스템이 부당하다고 불평했다. 일부 판매자는 부정적 피드백을 고의적이라고 의심해 구매자를 고소하기까지 했다. 완벽한 평판 시스템은 없다. 하지만 엄청난 규모의 데이터와 전 세계를 상대로 한 비즈니스 상황을 고려하면 이베이 입장에서는 평판 시스템이 없는 경우보다 전자상거래 환경을 조성하는 데 훨씬 좋은 결과를 얻고 있다.

여기서 무엇을 배울 수 있을까?

첫째, 만약 전자상거래 사이트를 설계하는 입장에 있다면 평판의 가치, 보복 가능성, 익명성 등 다양한 역학을 고려하는 것이 좋다. 예를 들어 옐프Yelp의 설립자는 지인을 동원한 호의적인 평가의 가능성을 예상했다. 옐프는 그런 개입의 효과를 줄이기 위해 한두 개의 리뷰만을 쓴 사용자의 것은 중요도가 떨어지도록 시스템을 설계했다.[47]

둘째, 판매자나 구매자라면 평판 점수를 있는 그대로 받아들이지 않도록 한다. 이른바 '침묵의 소리sound of silence' 효과에 주목한 한 연구는 피드백을 남기지 않은 경우까지 포함하면 이베이에서 거래에 만족하는 구매자는 약 79퍼센트 정도이고 판매자는 86퍼센트 정도라고 보았다.[48] 이베이에 있는 대부분의 사용자 평판 점수는 95 이상이다. 그러므로 95점은 사실상 '형편없는' 점수다. 중요한 것은 절대적인 평판이 아니라 상대적인 평판이다.

'침묵의 소리' 효과는 전형적인 굴뚝 산업에도 등장한다. 이 책에는 일반적으로 모두가 알고 있는 기업들을 인용한다. 따라서 무슨 이야기를 하는지 누구나 알 수 있다. 하지만 사람들에게 잘 알려지지 않은 기업이 잘 알려진 기업보다 더 나은 평판을 얻기도 한다.

니콘이나 캐논은 누구나 알고 있다. 이들 제품은 좋은 평판을 얻고 있다. 반면에 핫셀블라드Hasselblad나 라이카Leica라는 이름이 친숙한 사람은 많지 않다. 하지만 이 회사들은 세계에서 가장 좋은 카메라를 만들며 전문가들 사이에서 최고의 평판을 얻고 있다.

(의도나 동기가 아니라) 품질이나 역량에 관해 판단할 때 중요한 것은 대중이 아니다. '직접적으로 이해관계가 있는 사람들'의 평가가 중요하다. 평판을 쌓는 데는 비용이 든다. 따라서 가능한 한 많은 사람에게 이름을 알리려고 노력하기보다는 핵심 타깃 사이에서 차별화하는 데 노력을 집중하는 것이 유리할 수도 있다.

## 평판은 양날의 검이니 조심히 다루어야 한다

이 장에서는 평판이 엄청난 가치를 가지고 있다는 점을 강조했다. 하지만 평판은 '양날의 검'이다. 그러므로 평판을 쌓아가는 동안에는 여러 가지 잠재적인 함정에 빠질 수 있다.

첫째, 평판이 좋아질수록 시장 변화의 영향을 더 크게 받는다. 경기가 나빠지면 평판이 좋은 기업일수록 주가가 더 많이 하락한다.[49] 반대로 시장이 전반적으로 활황일 때는 다른 기업과 비교해 더 좋은 성과를 낸다.

둘째, 유명인이나 평판 좋은 기업은 일반적으로 위기에 취약하다. 잃을 것이 더 많기 때문이다. 자동차 리콜에 관한 한 연구에서 좋은 평판을 가지고 있던 기업이 처음부터 평판이 좋지 못했던 기업에 비해 리콜 이후 더 큰 타격을 받는다는 것을 밝혔다.[50] 마찬가지로 기업의 평판이 CEO 한 개인으로 인해 만들어졌을 때 그 개인에게 변수가 생기면 전체 기업이 영향을 받게 된다. 애플은 스티브 잡스와 거의 동의어로 여겨진다. 애플의 추종자들은 2008년 잡스가 수척한 모습을 보였을 때 그의 건강뿐만 아니라 애플의 미래까지 걱정했다. 타이거 우즈Tiger Woods의 스캔들이 불거졌을 때 그와 밀접하게 관련된 액센추어의 평판이 가장 심각한 손상을 입었다.

셋째, 평판이 높은 개인이나 기업은 잃을 것이 많기 때문에 리스크를 감수하기 더 힘들다. 평판이 높은 기업일수록 혁신이 더 어렵다. 이들 기업은 (잃을 것이 거의 없는) 작은 스타트업이 맹렬히 추격해와도 평판에 의존하면서 수동적으로 대응한다. 스타트업이라면 취약한 평판을 오히려 기회로 인식하고 그 기반으로 도약해야 한다.

마지막으로 뛰어난 평판이 있다 하더라도 '무임승차' '타성' '마지막 거래 효과' '환경의 변화' 등 악용 가능성 때문에 미래를 예측하는 데는 한계가 있다. 따라서 평판은 만병통치약이 아니다.

# 3

# 신뢰

거래에서 계약과 강제를 뛰어넘는
신뢰를 활용하라

2007년 8월 11일 52세의 창 수훙Zhang Shuhong은 자신이 운영하
는 회사 창고 안에서 목을 맨 채 발견됐다. 중국 기업인 리더인더스
트리얼Lee Der Industrial은 세계 최대의 장난감 회사 마텔Mattel의 핵심
공급업체였다. 리더인더스트리얼은 절정기에 5,000명 이상의 직원
을 둔 잘나가던 회사다.

하지만 마텔에서 가장 사랑받는 캐릭터 장난감인 도라와 엘모 등
에 납이 든 페인트가 사용된 것이 알려진 후 모든 일이 틀어지기 시
작했다. 무려 83개 마텔 제품에서 문제가 발견됐다. 이미 100만 개
정도의 오염된 장난감이 시중에 풀려 있었다. 더욱이 그중 30만 개
는 이미 고객의 손에 있었다.

그 유명한 '마텔의 2007년 장난감 리콜'이 시작됐다. 이것은 마텔

에서 발생한 최초의 리콜도 마지막 리콜도 아니었다(다음 달에 두 번의 리콜이 더 있었다). 하지만 가장 큰 비용이 든 리콜임은 분명했다. 소비자제품안전위원회는 마텔에 230만 달러에 달하는 벌금형을 내렸다. 마텔의 평판은 곤두박질쳤다. 무엇보다 리콜 비용만 무려 3,000만 달러가 들었다.

이 모든 것은 마텔에 끔찍한 일이었다. 하지만 창에게는 철저한 재앙이었다. 마텔과의 관계가 파국에 이르렀을 뿐만 아니라 중국 정부마저 회사의 수출 면허를 취소했다. 국내 판매가 전무한 이 회사에는 사형 선고나 다름없는 일이었다.

오너의 죽음 후 직원들의 증언에 따르면 창은 최저임금보다 높은 보수를 주고 매주 하루의 휴일을 주는 등 직원들에게 관대했다. 마치 삶을 온통 회사에 바친 것같이 열심히 일하는 좋은 사장이었다고 한다. 리콜 소식이 처음 전해지기 9일 전 마텔의 CEO는 그곳이 어딘지는 밝히지 않았지만 해당 협력사와 무려 15년간 일했다고 말했다.

"처음 장난감을 공급한 회사가 아닙니다. 그들은 우리의 규정을 이해하고 있으며 우리의 프로그램을 이해하고 있습니다. 뭔가 잘못된 게 분명합니다."[1]

그렇다면 대체 무엇이 잘못된 것일까? 마텔이 가장 신뢰하던 공급자이자 15년이나 평판을 쌓아온 회사가 어떻게 유독성 페인트로 장난감을 만들 수 있단 말인가?

창은 친한 친구가 소유한 회사에서 페인트를 구매했던 것으로 밝혀졌다. 그리고 그 페인트 공급업자는 또 다른 공급업자에게 구매한 페인트 안료를 썼다. 문제의 근원은 이 안료 공급업자였다(마텔과는 세 다리나 건너 있다). 그는 페인트 가루를 납이 함유된 값싼 혼합물로 희석했다. 창은 하청업체의 비행에 대해 알지 못했다. 그리고 그가 알았더라면 용납하지 않았으리라고 판단할 만한 정황은 충분했다. 하지만 그는 납품업체의 문제점이나 결함을 의심하고 찾아내려는 노력을 기울이지 않았다. 그 대신에 창은 친구를 신뢰했고 마텔은 창을 신뢰했다.

'신뢰의 사슬'이 얼마나 강력하냐는 그중 가장 약한 연결고리가 대변한다. 이 공급망에는 하나 이상의 부러진 고리가 있었다. 마텔이 검수를 완벽하게 하지 않고 시장에 제품을 내보낸 것은 모든 부러진 고리의 마지막이었을 뿐이다. 물론 여러모로 엄청난 손해를 부른 실수였다. 검수를 통해 제조업체와 문제를 처리했으면 됐겠지만, 결국 대대적인 리콜을 시행할 수밖에 없었다. 이것은 마텔과 창 수홍의 평판을 해쳤을 뿐만 아니라 광범위한 '중국산' 브랜드의 평판까지 손상했다.[2]

물론 어긋난 신뢰에 관한 이야기가 이렇듯 모두 극단적으로 비극적인 끝을 맺는 것은 아니다. 하지만 신뢰가 어떤 작용을 하는지 제대로 이해하지 못한다면 우호적인 관계로 발전하기는커녕 실망만 하기 십상이다. 신뢰가 무엇인지를 본격적으로 설명하기 전에 이제는 고전이 된 경제 실험 하나를 소개한다.

## 신뢰는 이익을 견인하는 가장 강력한 장치다

몇 년 전 아이오와 대학교의 조이스 베르그Joyce Berg가 이끄는 세 명의 경제학자들이 '신뢰의 메커니즘'을 살펴보기 위해 한 가지 실험을 고안했다. 이 '신뢰 실험'이 개발된 이래 수백 개의 변형이 시도됐다. 여기서는 기본적인 신뢰 실험을 소개한다.[3]

'신뢰 실험'은 이렇다. 참가자에게는 투자자와 수탁자 중 하나의 역할을 준다. 어느 쪽이든 참가한 것만으로 10달러를 받게 된다. 하지만 그 돈을 불리려면 다른 사람의 도움이 필요하다. 불행히도 참가자들은 서로 이야기를 나눌 수가 없다. 1990년대 최초의 실험은 참가자들이 각자의 방에서 서로를 모른 채 진행됐다.

만약 투자자라면 10달러 중 얼마를 수탁자에게 보낼지 선택할 수 있다. 얼마를 보내든 그 돈은 3배가 돼 수탁자에게 도착한다. 하지만 그중 얼마를 다시 투자자에게 돌려줄지는 전적으로 수탁자에게 달려 있다. 기억할 것은 참가자들이 서로를 알지 못한다는 점이다. 따라서 상대가 얼마나 믿을 만한지 전혀 알 수 없다. 수탁자는 얼마를 돌려줄지 일방적으로 결정한다(독재자 실험과 유사하다). 실험은 단 한 번만 이루어진다. 결국 수탁자는 신뢰를 배반한 것 때문에 평판이 깎일까 염려할 필요가 없다.

투자자가 1달러를 위탁하면 수탁자는 3달러를 받는다. 수탁자는 다시 투자자에게 3달러, 2달러, 1달러를 줄 수도 있고 한 푼도 주지 않을 수도 있다. 투자자가 수탁자에게 얼마를 주느냐는 그 익명의 상대에 대한 신뢰를 측정하는 척도다. 그리고 수탁자가 얼마를 되돌려

주느냐는 수탁자가 얼마나 믿을 만한가를 알 수 있는 신뢰의 척도다.

투자자라면 어떻게 하겠는가? 그리고 실험 참가자들은 어떻게 했을 것 같은가? 이렇게 생각해보자. 투자자의 신뢰trust와 수탁자의 신뢰도trustworthy가 완벽하다면 두 사람의 배당금 합계는 20달러(각자 10달러)에서 40달러로 늘어난다(투자자의 10달러 투자가 3배로 늘어 30달러가 되고 수탁자의 원래 수익 10달러를 합한 총액을 공평하게 분배했다면 각자 20달러를 받게 된다). 하지만 신뢰가 부족하다면 투자자는 더 적은 액수를 보낼 것이다. 수탁자가 얼마를 돌려줄 것인가와 관계없이 완벽한 신뢰를 표현했을 때보다는 수익이 적어진다.

이 실험은 '신뢰가 커질수록 경제적 교환에서 더 많은 부가 생성된다.'라는 신뢰의 핵심 특징을 포착하기 위해 설계됐다. 최악의 상황은 투자자가 수탁자를 전혀 신뢰하지 못해서 돈을 전혀 보내지 않고 결국 아무것도 받지 못하게 되는 것이다. 처음 받은 10달러만 그대로 남게 된다. 이는 분명히 '성공의 비결'과는 거리가 멀다.

전통적인 경제학자들은 그렇게 예측한다. 완벽하게 이기적인 수탁자는 투자자가 보낸 금액 전체를 독차지할 것이다. 이를 예상한 투자자는 한 푼도 보내지 않는 '합리적인' 행동을 할 것이라고 본다. '공정성'에 대해 다루었던 장을 기억한다면 이런 추론이 익숙하게 들릴 것이다. 그러나 20세기 철학자 마틴 홀리스Martin Hollis는 "신뢰는 이론이 아니라 현실에서 작동한다."라는 명쾌한 말을 남겼다.[4]

최초의 신뢰 실험에는 총 32쌍의 '투자자-수탁자'가 참여했다. 32명 중 한 푼도 보내지 않은 투자자는 단 두 명이었다. '합리적' 예측과는 정반대에 가까운 결과다. 다섯 명은 10달러를 모두 보냈다.

다른 투자자들은 손실을 피하려고 일부 금액만 보냈다. 그들 중 절반가량이 4~7달러의 금액을 보냈다.

수탁자에게 '평판'의 문제, '처벌'의 위험, 기타 협력에 대한 외적 동기가 전혀 없다는 것을 고려하면 대단히 놀라운 결과다. 혹시 참가자들인 미네소타 대학교 대학원 학생들이 이미 신뢰를 형성하고 있었던 것은 아닌지 의심이 들 수도 있다. 하지만 신뢰 실험은 수십 가지 다른 배경을 가진 참가자들을 대상으로 수백 차례에 걸쳐 수행됐다. 결과는 조금씩 달랐지만 '투자자가 수탁자를 신뢰하는 경향이 있다.'라는 한 가지 현상은 여전했다. 그렇다면 이런 신뢰가 정당한가?

일부 그렇다. 최초의 신뢰 실험에서 수탁자의 50퍼센트가 투자자가 보낸 것보다 많은 액수를 돌려주었다. 일부 수탁자는 돈을 돌려주되 투자자가 보낸 것보다는 적은 금액을 보냈다. 그리고 몇 명의 수탁자는 모든 돈을 꿀꺽했다. 전반적으로 투자자가 받은 평균 금액은 5.16달러인 반면에 돌려보낸 금액은 4.66달러에 불과했다. 이 실험의 다른 버전에서는 수탁자에게 '다른 사람이 어떻게 실험에 임했는지' 말해주었다. 이 경우 전체적으로 수익이 증가했다. 하지만 여전히 돈을 받고 오리발을 내밀 기회가 주어졌다. 일부 수탁자는 투자자의 신뢰를 배신했다.

이 모든 것을 고려하면 의문이 하나 생길 수 있다. '왜 투자자들은 수탁자를 그토록 신뢰하는 것일까?' 즉 악용당할 수 있는데도 신뢰가 존재하는 이유는 무엇인가? 그 실마리를 얻기 위해 상호주의를 다루었던 장에서 논의한 바 있는 '죄수의 딜레마'와 같은 사회적 딜레마들에 대해 다시 생각해보자.[5] 이 딜레마 이론들은 '모든 개인이 합리적인 이기심에 따라 행동한다면 모두의 형편이 더 나빠진다.'라고 말한다. 죄수들은 서로를 밀고하고 모두 감옥에 들어간다. 판매자와 구매자는 서로를 신뢰하지 않고 거래는 파국을 맞는다. 숲이나 호수 등 공유 재원은 더는 아무것도 남지 않을 때까지 과도하게 남용된다. 아무도 먹을 수 없고 아무도 거래할 수 없다. 오래지 않아 모두가 죽는다.

이렇게 표현해보자. 이기적인 구성원들의 비율이 아주 높은 집단은 결국 생존할 수 없다. 하지만 비록 비합리적일지라도 이기적으로 행동하지 않는 사람들이 충분히 존재한다면 협력이 이어지고 경제활동이 번성한다. 그런데 모두는 유전적 혹은 사회문화적 진화 혹은 둘 다를 통해, 신뢰에 대한 다양한 접근을 통해, 얻고 잃는 오랜 과정을 겪어내면서도 살아남은 생존자들이다. 이유야 어떻든 간에 현존하는 모든 공동체에는 최소한의 신뢰가 존재한다. 평판, 보증, 계약, 법률 시스템, 그 외 여타의 인센티브가 없다 해도 다른 사람의 행동에 대한 모종의 긍정적인 기대가 존재하는 것이다. 결국 사람들의 그런 특성을 잘 활용하면 상호신뢰가 쌓이고 그 결과 경제적 이익으로 돌아올 것이다.

## 신뢰 수준을 높이면 성공과 번영이 가능하다

세계적인 규모로 '신뢰'와 '경제적 성장' 사이의 관계를 증명한 연구결과도 있다. 경제학자 폴 잭Paul Zak와 스티븐 낵Steven Knack은 신뢰가 곧 '국가의 부'를 예견하는 가장 강력한 지표라는 것을 발견했다.[6]

예를 들어 "대부분의 사람들이 신뢰할 만하다고 생각하십니까?"라는 질문을 했을 때 브라질, 우간다, 필리핀 사람 중 10퍼센트 미만이 "그렇다."라고 대답했다. 노르웨이, 덴마크 등 훨씬 부유한 나라 사람 중 60퍼센트 이상이 "그렇다."라고 대답한 것과 대조적인 결과다.

물론 이 질문은 상당히 모호하다. 무엇에 대해 '신뢰할 만하다.'라는 것인지, '대부분의 사람들'이 누구를 지칭하는지 구체적이지 않다. 하지만 전 세계 공통으로 이런 추상적인 질문이 주어졌다는 데 유의하자. 그리고 그 결과는 큰 차이를 보였다.

잭은 "신뢰도가 낮은 국가는 사람들이 일자리를 만들고 수입을 늘려줄 투자를 꺼리기 때문에 가난하다."라고 주장한다. 가난이 국민들 간의 불신을 키웠을 가능성도 있다. 만약 그것이 사실이라면 가난하고 신뢰도가 낮은 국가는 '낮은 신뢰도'가 가난을 부르고 '가난'이 다시 또 신뢰를 무너뜨리는 악순환에 빠지게 된다.

'신뢰가 국가 번영으로 이어진다.'라는 말이 사실이라 해도 '맹목적인 신뢰가 곧 번영을 부른다.'라고 할 수는 없다. 신뢰도가 높은 국가의 국민들이 '대부분의 사람들이 믿을 만하다.'라고 느꼈다는 것은 곧 그들이 이제까지 만난 대다수 사람들이 믿을 만했다는 증거일 것이다. 그리고 그런 믿을 만한 행동 중 일부는 규범, 제도, 사회시스템 등을 통해서 신뢰에 보상해주고 신뢰를 저버리는 행동은 처벌하는 문화에서 비롯됐을 가능성이 있다.

요약하면 신뢰도(누군가가 믿을 만하느냐)가 높으면 신뢰(상대를 믿느냐)로 이어지는 반면에 신뢰만으로는 신뢰도를 끌어 올리지 못한다는 것이다. 신뢰 실험에서 투자자가 10달러를 보냈는데도 수탁자가 20달러를 보내지 않거나 심지어 한 푼도 보내지 않은 경우를 떠올리면 설득력이 있다. 사람들이 반드시 신뢰에 대한 보답으로 신뢰도를 보여주지는 않는다. 신뢰 실험의 결과를 검증하기 위한 '믿음 실험Faith Game'이 그 근거를 제시한다.

믿음 실험은 신뢰 실험과 대단히 유사하다. 하지만 한 가지 결정적인 차이가 있다. 믿음 실험에서 수탁자는 투자자가 자신을 신뢰하고 돈을 보낸다는 것을 모른다. 대신 수탁자는 독재자 게임과 같이 투자자가 일방적으로 얼마를 나누어주겠다고 통보하는 독재자라고 통지받는다. 반대로 투자자는 실험 조건을 제대로 알고 있으며 수탁자의 반응을 예측해 돈을 얼마나 보낼지 결정해야 한다.

연구진은 미묘한 실험의 결과를 신뢰 실험과 비교함으로써 수탁자의 '실제' 신뢰도가 자신들이 신뢰를 받고 있다는 '믿음'과 관계가 있는지를 알고자 했다. 만약 그 둘 사이에 유의할 만한 연관성이 있다면, 즉 신뢰가 신뢰도를 초래하는 것이라면 믿음 실험보다는 신뢰 실험의 신뢰도가 더 높아야 마땅하다.

하지만 놀랍게도 두 실험의 결과는 같았다. 누군가의 신뢰가 신뢰할 만한 행동을 유발하는 것이 아니라는 추가적인 증거인 셈이다.[7] 연구실의 실험, 마텔의 엄청난 실수, 매도프의 스캔들 등 수없이 많은 배신에서 보듯 신뢰는 얼마든지 악용될 수 있다. '상대가 나의 신뢰를 악용할지 모른다.'라는 강박 때문에 전도유망한 거래를 피하고 겁에 질려 수익까지 까먹을 정도로 남을 믿지 못하는 처지가 되고 싶지는 않을 것이다.

신뢰는 '거래'라는 바퀴에 기름을 칠해 원활하게 움직이게 함으로써 비용을 줄인다. 상세하게 신원 조사를 하고, 장문의 정교한 계약서를 작성하고, 거래의 모든 과정을 모니터링하는 데 들이는 비용이 줄어드는 것이다. 충분한 신뢰가 없다면 사업하는 데 너무나 큰 비용을 치러야 할 것이다.

신뢰가 지나친 것도, 또 신뢰가 너무 부족한 것도 문제가 된다. 그렇다면 어디까지가 '최적의 신뢰 수준'일까? 물론 가능한 모든 변수를 통합한 공식도 없고 비즈니스의 모든 사항을 입력해 정확한 답을 도출하는 소프트웨어도 없다. 하지만 이 책은 의사결정을 도와줄 최소한의 일반적인 원칙을 알려줄 것이다.


## 상대를 의심하면 거래가 이루어지지 않는다

신뢰의 영역을 '상대가 나를 속일까?'라는 한 가지 주제로 국한한다 해도 최적의 신뢰 수준을 계산한다는 것은 매우 어려운 일이다. 게다가 신뢰를 측정하는 것은 주어진 상황에서 상대의 '역량'과 '의도' 등 여러 요소를 동시에 고려해야 하는 문제다. 이전 장에서 '평판'으로 상대방의 품질과 역량과 의도와 동기를 파악할 수 있다는 것을 알았다. 신뢰 또한 '역량'과 '의도' 모두에 광범위하게 영향을 미친다.

그런데 흥미롭게도 사람들은 신뢰에 대해 생각할 때 상대의 '의도'에 대해서만 지나치게 집중하는 경향이 있다. 사람들은 자문한다. '저 회사는 정직하고 속임수를 쓰지 않는 거래처일까?' '이 사람은 게으름 피우지 않고 열심히 일할까?' '이 중개업자는 내 입장에서 최대의 이익이 나도록 노력해줄까?' 간단히 말해서 '아군일까 적군일까friend or foe?'라는 질문을 던지는 것이다. 좋은 의도는 물론 중요하다. 그러나 신뢰를 형성하는 요소에는 그것만 있는 것이 아니다. 의도한 대로 할 수 있는 '능력'이 없다면 의도 자체는 아무런 소용이 없다.

예를 들어 '이기적으로 행동하지 않고 옳은 일을 하려는 사람'과 신뢰 실험을 하고 있다고 가정해보자. 하지만 상대가 실험 규칙을 잘못 알고 있거나 계산을 잘못했다면 수탁자가 이미 갖고 있던 10달러에다 3배수가 된 투자금을 더한 40달러를 분배하는 게 아니라 투자자로부터 받은 30달러만 나누면 된다고 생각할 수도 있다. 그 결과 투자자가 기대했던 20달러가 아니라 15달러만 줄 수도 있다. 물론 그 경우도 투자자는 이익이다. 하지만 부당하다고 느낀다. 이것이 바로 '정직한 실수'다. 하지만 결과는 속임수를 쓴 것과 동일하게 받아들여질 수 있다.

'타인들은 모두 악의적인 의도를 가지고 있다.'라고 가정하는 것, 스탠퍼드 대학교 MBA의 로더릭 크레이머Roderick Kramer가 '비열한 속성의 오류Sinister Attribution Error'라고 명명한 성향은 우리 모두에게 있다. 이것이 오류인 까닭은 나쁜 행동 자체가 개인의 의도가 아니라 환경적인 요인에 의한 것일 가능성이 있기 때문이다. 때로 나쁜 행동은 그 어떤 악의도 아닌, 단지 무능력의 결과일 수도 있다.

중요한 이메일에 답장하지 않는 사람이 있다. 그 이유를 모른다. 따라서 자연스러운 설명을 만들어내려고 노력한다. 설명은 얼마든지 만들어낼 수 있다. 그가 휴가 중이거나 그저 자동 응답 기능을 설정하는 것을 잊었을 수도 있다. 심지어 이메일에 답할 수 없는 위기 상황일 수도 있다. 보낸 이메일이 회사의 스팸 차단 필터에 걸려 상대에게 전달되지 않았을 수도 있다. 그러나 사람들은 이런 다양한 가능성보다는 상대가 고의로 무시한다고 가정한다. '비열한 속성의 오류'가 작동된 것이다. 하지만 그렇게 가정하는 것은 자신에게도 전혀 도움이 안 된다. 아니, 관계만 망가뜨릴 뿐이다. 이럴 경우 '의심'이라는 기제를 발휘한다면 관계가 악화되는 것을 막을 수 있다.

반대의 경우도 성립한다. 상대가 좋은 의도를 내비쳤다고 해서 그가 그 좋은 의도를 계속 이어갈 거라 기대해선 안 된다. 특히 가족 기업은 이런 문제에 취약하다. 가족이라는 울타리 안에서 부富를 지키고 싶고 다른 사람들에 대해 의심이 많은 경영자는 자식에게 경영권을 물려준다. 자기 자식이니 그 유지를 받들어 사업을 잘 지켜나갈 것으로 기대한다. 하지만 2세가 선대 경영자의 좋은 의도를 그대로 이어갈 수 있을까? 때때로 그 대답은 '아니오'다.[8] 이 문제는 비단 가족 경영에만 한정된 것은 아니다. 사람들은 상대의 '의도'를 판단한 기준으로 상대의 '역량'까지 평가하는 경우가 많다. 많은 사람이 단지 '우리 교회 신자' '내 아이와 같은 학교에 다니는 아이의 부모' 등의 이유로 상대가 호의적으로 행동할 것이라고 기대한다.

물론 아주 터무니없는 가정은 아니다. 공동체에 살고 있는 사람이라면 '평판'에 대해 신경을 쓰게 마련이다. 하지만 호의적으로 행동할 의도를 가졌다고 그것이 곧 호의적인 행동으로 이어질 것으로 가정하는 것은 명백한 실수다. 회계사가 아무리 좋은 의도로 행동한다고 해도 그가 무능하다면 세금 처리를 엉망으로 해놓을 수도 있다. 상사가 시킨 일을 기한 내에 하기 위해서 야근과 휴일 근무도 마다하지 않던 부지런한 직원도 결정적인 순간에 마감을 넘기거나 좋지 못한 결과를 내놓을 수 있다.

## 신뢰는 '짐작'이 아니라 '확률'로 계산해야 한다

정확성이 떨어지긴 하지만 신뢰도를 '확률'이라는 관점에서 예측하는 것도 좋은 방법이다. 예를 들어 누군가의 신뢰도를 예측할 때 의도에 대해서는 70만큼이고 능력에 대해서는 90만큼의 확신을 하고 있을 수 있다(원하는 결과가 나올 확률은 63퍼센트). 또는 다른 누군가의 신뢰도를 예측할 때 의도는 95만큼이나 능력은 60만큼의 확신을 하고 있을 수 있다(이 경우 원하는 결과가 나올 확률은 57퍼센트). 이 역시 정교한 방법은 아니지만 '저 사람이 믿을 만할까?' 하고 막연히 묻는 것보다는 훨씬 유용한 방법이다.

신뢰도를 구성하는 두 가지 요인에 대해 100퍼센트 확신을 하는 경우가 아니라면 좋은 결과가 나올 확률은 '능력' 혹은 '의도' 하나만 평가한 것보다 낮아진다. 이것이 바로 '확률의 기본Probability 101'이며 더 많은 요인이 연관될수록 좋은 결과가 나올 확률이 줄어드는 이유를 명확히 설명한다. 프로젝트에 관여한 사람들이 많아질수록 공급망에 더 많은 연결고리가 생기고(마텔의 경우를 떠올려보라) 각자의 의도와 역량이 최적의 결과를 도출할 가능성 역시 줄어든다.

'우연'이라는 요소도 잊어선 안 된다. 상대가 '역량'과 '의도' 모두 높은 수준을 갖고 있다 해도 그 유능하고 믿을 만한 상대가 그 의도를 계속 이어갈지 100퍼센트 확신할 수는 없다. 병에 걸릴 수도 있고 배달 트럭이 고장 날 수도 있으며 컴퓨터가 망가지는 일은 비일비재하다. 가능성은 적을지언정 그런 그런 그고 작은 사건들이 계획을 실패로 몰아갈 수도 있다. 따라서 일이 계획대로 진행되지 않을 때라도 성급하게 상대의 무능이나 나쁜 의도 때문이라고 속단해선 안 된다.

누가 알겠는가? 그런 결과가 정말 '우연'에 의한 것이라면 신뢰와 평판을 중시하는 상대가 자신의 실수를 보상하기 위해 배전의 노력을 다할 수도 있다. '좋은 의도를 가진 온화한 사람은 능력이 뛰어나거나 영민할 리 없다.'라고 가정하는 것 역시 많은 사람의 오해다. 우리는 이상하게 들릴지도 모르지만 심리학 연구에 따르면 때로 '의도'와 '능력'이 반비례한다고 생각하는 경향이 있다.

특정 집단을 떠올릴 때 더욱 그렇다. 예를 들어 한 연구는 '전문직 여성이 아이를 낳으면 동료들은 이전보다 더 온화해졌다고 하는 대신에 능력은 전보다 떨어질 것으로 판단한다.'라는 것을 발견했다.[9] 같은 맥락에서 이루어진 다른 실험들에서는 사람들은 '영리 법인은 유능하다.'라고 인식하지만 '비영리 법인은 온화하지만 유능하지는 않다.'라고 인식한다는 것을 발견했다.[10]

그렇다면 신뢰를 구성하는 이 요소들 사이에는 모종의 연관관계가 있을까? 단언컨대 전혀 없다. '의도'는 '역량'이나 '선악'과는 전혀 관계가 없다. 능력과 의도는 별개다. 그러니 신뢰도를 제대로 판단하려면 이 두 가지를 냉정하게 분리해서 생각해야 한다. '맥락context'이라는 요소 역시 중요한 문제다. 여기서는 편의상 '의도'와 '역량'이라는 일반적인 요소를 설명하고 있다. 하지만 상대의 의도와 역량을 측정해 신뢰할 만하다고 생각해도 그 예측이 적용되는 것은 회계, 영업, 기한 내 프로젝트 완수 등 특정 맥락에서만 유효하다.

한 분야에서 뛰어난 역량과 좋은 의도를 가진 사람이라 해도 다른 분야에서는 능력도 의지도 부족할 수 있다. 누군가가 기꺼이 일을 맡길 만할지 판단하려면 신뢰를 구성하는 세 가지 요소, 즉 '의도' '역량' '맥락' 모두를 유념해야 한다.


## 인센티브를 활용해 신뢰도와 충성도를 높여라

'역량'과 '의도'가 신뢰도에 영향을 준다면 주어진 맥락이 역량이나 의도에 영향을 미친다는 것은 맥락이 신뢰도에도 영향을 끼친다는 것이다.

인센티브는 특히 강력한 동력이 된다. 하지만 인센티브가 영향을 미치는 것도 어디까지나 '역량' 범위 안이다. 한 손으로 1톤짜리 돌을 들어 올리면 100만 달러를 준다고 해도 그 일을 '할 수 있도록' 할 수는 없다.[11] 하지만 '의도'의 경우는 다르다. 실제로 인센티브는 좋은 쪽이든 나쁜 쪽이든 의도를 움직이는 데 아주 유용하다.

마텔의 사례를 보자. 가격 하락의 압력 때문에 공급망 전체의 마진이 낮았고 그 때문에 유혹이 컸다. 안료 공급업자는 그런 유혹에 넘어가 납이 함유된 값싼 안료를 썼다. 제조사 사장의 친구였던 페인트 제조업자는 그렇게까지 어처구니없는 짓을 하지는 않았다. 하지만 그 안료를 사용해 페인트를 만들기 전에 테스트하지는 않았다. 마찬가지로 장난감 공장은 페인트를 바르기 전에 원료를 테스트하지 않았다. 그리고 마텔은 창고에서 그리고 최종 제품 출하 전에도 테스트하지 않았다.

비록 같은 사람이라 해도 보다 나은 인센티브가 있었다면 그런 비극적 결말로 이어지지 않게 했을 수도 있다. 인센티브가 없었더라도 마텔이나 제조업자가 '속임수에 따른 인센티브'가 얼마나 강력한지 예측했더라면 거래처를 의심하고 테스트를 더 자주 해서 엄청난 손해를 막을 수도 있었을 것이다.

인센티브는 훨씬 더 강력하게 작동할 수 있다.

케이윳과 댈러스 대학교의 OR 경영과학 전문가 외잘프 외저Özalp Özer가 수행한 실험을 살펴보자. 연구자들은 참가자들에게 질문을 던졌다. '당신이 제공하는 정보는 얼마나 신뢰할 만한가?' 그리고 '상대는 당신을 얼마나 신뢰할 것인가?'

그들이 제시한 비즈니스 환경은 이렇다.

제조업체에서 구매한 제품을 판매하는 매장이 있다. 제조업체는 향후 3개월간 소비자가 얼마나 많은 제품을 구매할지 알아야 한다. 그래야만 제조 수량을 예측할 수 있다. 특히 제조를 위해 부품을 주문해야 하는 경우라면 더욱더 그렇다. 판매자는 제조업체보다는 소비자와 더 밀착돼 있어서 미래의 수요를 예측하는 데 더 수월하다. 따라서 제조업자는 판매자에게 수요 예측을 요청한다. 판매자는 어떤 대답을 할 것인가?

수량을 높게 얘기하면 제조업자는 비용이 많이 든다. 하지만 돈이 드는 건 판매자가 아니다(판매자가 이 시점에 하는 일은 주문이 아니라 예측이라는 점에 주목하자). 사실 수량을 높이는 편이 판매자에게 유리하다. 그 후에 주문할 때 제품이 품절되는 일이 없기 때문이다. 물론 판매자는 수요를 잘못 예측해 과도하게 알려주었다는 평판을 얻고 싶지는 않을 것이다. 하지만 이 실험은 일회성이기 때문에 거짓 정보를 알려준다 해도 부정적인 인센티브를 얻을 일은 없다.

경제학자들은 이런 상황을 일컬어 '빈말cheap talk' 조건이라고 부른다. 알려주는 정보가 얼마나 깊이 있으며 솔직하냐에 대한 대가가 전혀 없기 때문이다. 수요를 부풀리는 쪽만 유리한 '빈말' 조건에서는 '최대한 많은 제품이 필요하다.'라고 말하는 게 최선의 전략이다. 하지만 영리한 제조업자는 판매자에게 수요를 과장하고자 하는 강력한 인센티브가 있다는 것을 안다. 따라서 판매자를 믿지 않는다. 이것이 전통적인 경제학자들의 예측이다.

경제학자들은 여기에 '옹알이 평형the babbling equilibrium'이라는 귀여운 이름을 붙였다. '빈말 조건에서 소통되는 모든 정보는 전혀 신뢰할 수 없다.'라는 의미다. 마치 어린아이가 옹알이하는 것과 같다. 당사자 간에 신뢰는 존재하지 않고 정보의 교류 역시 전혀 이루어지지 않는다.[12]

그러나 현실 세계는 거의 그렇게 움직이지 않는다. 사람들은 이론가들이 '그래서는 안 된다.'라고 경고하는 경우에도 종종 서로를 믿는다. 사람들은 상대가 진실을 말하고 있다고 가정하고 받은 정보를 신뢰한다.[13] 그 결과 확신할 수 없는 거래를 하게 되고 근거 없는 위협에도 겁을 먹는다.[14]

흥미롭게도 '진실 편향', 즉 설령 빈말이라 해도 믿으려 하는 경향은 어느 정도 의미가 있다. 사람들은 실제로 대부분의 경우 진실을 이야기한다. 어느 정도 '거짓말 회피 성향'이 있기 때문이다.[15]

중고차 딜러는 자동차의 모든 단점을 대놓고 말하지는 않는다. 그런 정보의 누락이 죄악이라고 생각하지는 않기 때문이다. 하지만 '수리가 필요하냐?'라는 직접적인 질문을 받으면 딱 잘라 거짓말을 하지는 못한다. 실제 상황에서 진행했던 자동차 판매 실험은 '직접적인 질문'이 '누락'이라는 형태의 거짓말로 가려져 있던 정보를 끌어내는 데 좋은 효과가 있다는 것을 발견했다.[16]

뻔뻔한 거짓말을 회피하는 현상에서 더 나아가 거짓말을 하지 않기 위해 어느 정도 금전적 수익을 기꺼이 포기하기도 한다. 비록 법적 효력이 없다고 해도 '비공식적인 약속도 효과가 있다.'라는 것을 의미한다. 분명히 해가 될 건 없다. 이 때문에 법적 구속력이 없는 '의향서letters of intent'가 그토록 널리 쓰이는 것이다.

사람들은 거짓말하는 것을 싫어한다. 특히 '글'로 하는 건 더욱 그렇다. 그러므로 법적 효력이 없는 서류(시말서나 각서 등)라도 상당한 의미를 지닌다. 공식적인 계약이나 공증 같은 구속력은 없지만 빠르고 비용이 적게 드는 방법이다. 그런 원리로 빈말 역시 깨어진 신뢰를 회복하는 데 도움을 줄 수 있다. 한 실험은 반복적인 '죄수의 딜레마' 실험에서 배신 행동을 한 뒤에 신뢰를 회복하려면 어떤 방법이 제일 유용한지 조사했다. 죄수의 딜레마에서는 배신하는 편이 유리하다. 하지만 두 사람 모두 배신하면 다 안 좋은 결과가 주어진다. 연구진은 어떤 유형의 사과가 가장 효과적인지 관찰하고 싶었다. 그 결과 '구체적이고 실질적인' 사과가 가장 효과적이라는 것을 발견했다. 놀라운 일은 아니다.

그저 말로만 '죄송합니다. 다시 협력 관계로 돌아가야 한다고 생각합니다.'라고 하는 것보다는 다음 실험에서 '행동'으로 보여주는 편이 더 효과가 좋았다. 하지만 '이번에는 당신이 그런 선택을 할 것 같아서 저도 그렇게 선택했습니다.' 등 자신의 의도를 표현하는 구체적인 문장이 포함돼 있으면 실제 행동 없이 사과만으로도 효과가 나타났다.[17] 특정 상황에서는 자신의 잘못을 말로 설명하는 것만으로도 신뢰를 회복할 수 있다. 실제로는 빈말이라 할지라도 효과가 있었다.

하지만 '거짓말 회피'와 '진실 편향'에는 한계가 있다. 거짓말에 대한 인센티브가 충분히 높으면 거짓말 회피 성향에도 불구하고 거짓말을 할 가능성이 커진다. 그러므로 거짓말에 대한 인센티브가 높다는 것을 알고 있다면 다른 사람들의 말을 좀 더 의심하는 편이 좋다. 언제나 그렇듯이 '맥락'이 중요하다. 앞서 소개한 수요 예측 실험의 결과를 살펴보자. 판매자가 수치를 과장하긴 했지만 대부분의 정보는 제조업체에 유용했다. 따라서 제조업체는 어느 정도 판매자를 신뢰한다. 여기까지는 신뢰 실험 결과와 일치하는 것으로 놀라울 게 없다.

하지만 일이 흥미진진해지는 부분은 지금부터다. 이 실험은 '신뢰'와 '신뢰도' 모두 (역량이나 의도가 아니라) 의외의 요소, 즉 '판매자가 미래의 수요에 대한 지식을 얼마나 쉽게 확보할 수 있느냐' 여부에 좌우된다는 것을 보여주었다. 쌍방 모두 수요가 일정하다는 것을 아는 경우, 제조업체는 판매자를 더 신뢰한다. 예를 들어 쌀은 게임기보다 수요 변동이 적은 품목이다. 쌀에 대한 수요가 비교적 안정적이기 때문에 미래의 쌀 수요에 대한 판매자의 예측은 좀 더 정확하다. 결과적으로 판매자가 과장할 확률이 낮다. 그러므로 신형 게임기 같은 제품보다 쌀 같은 상품을 판매할 때 판매자의 예측에 대한 신뢰도가 높아진다. 결과적으로 제조업체는 수요가 안정적일 때 판매자를 더 신뢰한다.

모든 것이 이치에 들어맞는다. 판매자가 수요가 100~150 사이로 안정돼 있다는 것을 안다면 굳이 제조업체에게 600 같은 과장된 수치를 알려줄 이유가 없다. 결국 판매자는 제조업체에게 손해를 끼치는 일을 피하고 싶어한다. 판매자는 그저 안전지대에 있기를 바랄 뿐이다. 그래서 자신을 보호하는 데 필요한 만큼만 예측치를 과장한다.

제조업체 역시 이것을 알고 있다. 계속해서 수요가 일정했다는 것을 아는 제조업체는 수요의 변동폭이 큰 경우보다 판매자를 더 신뢰한다. 이 상황에서 도움이 되는 요인은 양자의 이해관계가 완벽하게 어긋나지 않는다는 것이다. 부풀린 예측으로 제조업체가 지급해야 할 비용은 판매자보다 크다. 하지만 제조업체 역시 판매자처럼 고객의 수요를 충분히 충족할 만큼 공급하기를 바란다. 이렇게 부분적으로 일치되는 이해관계로 인해 두 사람은 서로를 신뢰할 만한 인센티브를 가지게 된다.

그밖에 다른 요인은 무엇이 있을까? 예측 정보를 제공할 더 나은 상대가 없다면 제조업체는 판매자가 제시하는 정보에 의존하는 편이 낫다.[18]


## 신뢰는 '사람'의 문제이자 '맥락'의 문제이다

그렇다면 정확하다고 믿는 정보를 공유하는 일은 언제나 호의적일까? 물론 그렇지 않다. 얻을 게 없기 때문에 다른 사람을 해치지 않는 것뿐이다. 한 번에 한 개의 변수만 관찰하는 이 실험에서는 수요의 변동폭이 적으면 예상치를 과장하고자 하는 인센티브 역시 적어지며 예측의 신뢰도도 향상되는 것으로 나타났다.

하지만 다른 인센티브가 영향을 줄 수 있다. 실제 세계에서는 다양한 요인들이 존재하기 마련이다. 예를 들어 서로 경쟁자일 수도 있고 쌍방이 오랫동안 상생하는 관계를 형성해왔기 때문에 평판을 유지하겠다는 강력한 인센티브를 갖고 있을 수도 있다. 공식적인 계약과 같은 인센티브도 있을 수 있다. 상대를 신뢰해야 할지 말지는 이런 인센티브를 모두 고려해야 한다. 그리고 이 사례가 보여주듯이 신뢰도에 주어지는 인센티브가 반드시 명확할 필요는 없다. 인센티브는 포착하기 어려운 것이거나 금전적인 것이 아닐 수도 있다.

이 실험에서 다른 흥미로운 사실을 발견했다. 신뢰의 수준에는 '비용'이 커다란 영향을 미치는 것으로 밝혀졌다. 특히 양측이 수량 추가에 드는 비용이 낮다면, 즉 과도한 예측에 따르는 손실이 적다면 제조업체는 판매자를 더 신뢰한다. 이 모든 이야기의 요점은 사람들이 상대를 믿거나 믿을 만한 행동을 하게 만드는 데는 '순수하게 이기적인 경제적 이해관계'와 '옳은 일을 하고자 하는 욕구' 이렇게 두 가지 힘이 작용한다는 점이다.

인간은 완벽한 성인聖人도 아니고 그렇다고 철저하게 피도 눈물도 없는 이기주의자도 아니다. 사람들은 인센티브의 작은 변화나 맥락의 미묘한 차이만으로도 이전과는 다르게 행동한다. 즉 상대의 의도에 변함이 없다면 능력을 정확하게 측정할 수 있느냐의 여부가 신뢰도의 수준을 변하게 만든다. 능력에 변함이 없다면 금전적인 인센티브의 차이가 행동의 변화를 이끈다.

그러니 누구를 믿어야 하고 어디까지 믿어야 할지 결정을 해야 할 때 그것은 '사람'에 관한 문제인 동시에 상황에 따른 '맥락'의 문제라는 점을 명심해야 한다. 상대가 신뢰할 만한 사람이라면 적절한 환경과 인센티브를 제공함으로써 그 신뢰 수준을 높일 수 있다. 반대로 환경이나 인센티브를 바꿀 수 없는 상황이라면 그런 요소들이 신뢰에 얼마나 영향을 미치는지 생각해봐야 한다.

## 국가별로 신뢰도에는 어떤 차이가 있을까?

전 세계가 '신뢰 실험'을 한다면 어떤 결과가 나올까? 놀랍게도 중국, 일본, 한국, 미국 등 어느 나라냐에 따른 차이는 아주 작은 것으로 나타났다.[19] 경제학자 레이첼 크로슨Rachel Groson과 낸시 버컨Nancy Buchan의 연구를 보면 4개국 모두에서 최초의 신뢰 실험 결과와 비슷한 패턴을 발견할 수 있었다고 한다.

믿기 힘든 일이다. 앞에서 소개했던 "대부분의 사람들은 신뢰할 만하다고 생각하십니까?"라는 폴 잭의 설문에서 국가마다 각기 다른 대답이 나왔다는 점을 떠올리면 더욱 그렇다. 잭이 발견한바, 그리고 우리의 상식적인 직관과 다른 신뢰 실험의 결과를 어떻게 받아들여야 할까?

신뢰 실험은 (사회 규범, 사회 구조, 법 제도, 평판의 위력 등) 문화적 차이를 반영하지 않는 것으로 보인다. 그렇다면 이 모든 것을 배제하고 남은 것이 바로 인간의 본성인 걸까? 하지만 '인간의 본성'이라고 해서 전 세계 모든 사람이 동일한 상황에서 동일하게 행동한다는 뜻은 아니다. 다만 어떤 경향이 일치할 뿐이다.

이미 살펴봤듯이 신뢰 실험 참가자들의 성향은 각기 조금씩 다르다. 어떤 사람은 1달러를 보내고, 어떤 사람은 10달러를 전부 보내고, 어떤 사람은 받은 것의 절반을 되돌려주고, 어떤 사람은 모든 것을 꿀꺽한다. 남성과 여성 사이에도 차이가 나타났다. 전반적인 신뢰의 성향에는 큰 차이가 없었다. 하지만 전 세계 곳곳의 여성 수탁자들이 자신에게 위임된 돈을 되돌려준 비율(37.4퍼센트)은 남성 수

탁자에 비해(28.6퍼센트) 눈에 띄게 높았다.[20]

## 피해 공포에 사로잡힌 사람은 사기당하기 쉽다

여러 실험에서 반복되는 현상이 있다. 바로 누군가가 믿어준다는 것이 곧 신뢰할 만한 행동을 촉발하지는 못했다는 점이다. 하지만 상대가 나를 '불신'할 때는 곧바로 보복하는 경향이 나타났다. 이에 대한 의문을 연구했다.

한 실험에서 투자자들이 돈을 전부 혹은 대부분을 보냈을 때만 수탁자 역시 투자자가 수익을 낼 수 있는 금액을 되돌려 보냈다.[21] 예를 들어 투자자 입장에서는 10달러 중 2달러를 보내는 것이 어느 정도 신뢰를 표현한 것으로 생각할 수 있다. 하지만 수탁자는 그런 비율을 불신의 표현으로 받아들이고 똑같이 응대하기 쉽다. 1부 「2장 상호주의 혹은 호혜주의」, 특히 정확히 똑같은 분배로 보여준 관용을 판단하는 데서 독재자와 상호주의자가 보여준 차이를 돌이켜 생각해보자. 그럼 왜 이런 일이 일어나는지 이해가 갈 것이다.

신경과학의 최신 연구는 또 다른 힌트를 제공한다. 폴 잭과 동료들의 신뢰 실험에서 남성 참가자들에게는 불신의 신호로서 DHT라는 공격성을 유발하는 남성 호르몬이 급증하는 반응을 보였다.[22] 자신이 불신당하고 있다는 인식에서 DHT가 증가되기 시작했고 그 결과 남성들은 투자자에게 적은 금액을 돌려줌으로써 보복을 가하는 것으로 보인다. 여성 역시 불신의 대상이 되는 것은 싫어했지만 남성만큼 본능적으로 반응하지는 않았다. 물론 투자자와 수탁자가 바라보는 상황 인식은 다르기 때문에 같은 행동도 다르게 인식했다. 투자자의 의도를 수탁자는 추측만 할 수 있을 뿐이다.

더구나 투자자의 수탁자에 대한 의존도가 수탁자의 투자자에 대한 의존도보다 높다. 투자자가 잃을 것이 더 많기 때문이다. 이 불균형 때문에 투자자는 피해를 보기 쉽고 그 결과 직관에 반하는 행동을 한다. 투자자 입장에서 수탁자와 신뢰를 형성하는 가장 합리적인 방식은 한 번에 조금씩 전진하는 것이다. 하지만 흥미롭게도 피해 공포에 사로잡힌 투자자는 때때로 비약을 택하기도 한다. 그 결과 역으로 수탁자의 신뢰도를 검증하지 않거나 눈에 띄는 위험 신호를 무시한다.[23]

예를 들어 매도프 사태에서 피해자들은 개인 투자자만이 아니었다. 페어필드 그린위치 그룹 같은 내로라하는 금융기관 역시 피해자 중 한 곳이었다. 한때는 페어필드 그린위치 그룹이 보유한 자산의 거의 절반(141억 달러 중 69억 달러)을 매도프의 회사에 투자해[24] 수백만 달러에 달하는 수익을 거둔 적도 있었다. 달콤한 독약이었던 셈이다. 의존도가 너무 높았던 것이다. 페어필드 그린위치 그룹은 매도프 회사의 실체를 파악할 능력도 있었지만 엄청난 수수료를 계속해서 받아왔기 때문에 그런 필요를 느끼지 않았다.

누군가를 믿고 그 믿음에 어긋나지 않게 행동하게 만드는 요인은 여러 가지가 있다. 단순한 신뢰 실험에서도 드러난다. 신뢰란 '미래 행동'에 대한 믿음이다. 내가 아니라 타인의 행동, 그것도 미래의 행동은 본질적으로 불확실할 수밖에 없다. 따라서 신뢰에는 언제나 리스크가 따른다.

예를 들어 신뢰 실험에서 수탁자의 신뢰도에 대한 정보가 전혀 없는 경우, 투자자들은 오락가락했다. 결국 투자자는 리스크를 피하기 위해서 주의를 기울이기도 하지만 본질적으로 상대를 얼마나 신뢰하느냐에 따라 행동한다. 그에 대한 한 가지 증거가 경제학자 아이리스 보넷Iris Bohnet이 주도한 실험을 통해 드러났다.

몇몇 국가에서 이루어진 실험에서 대다수 참가자들은 수탁자가 의사결정권을 가진 경우보다 그저 운에 따라 무작위로 반환 금액이 결정될 때 더 많은 돈을 맡겼다. 연구진은 이런 괴상한 행동의 원인을 '배신 회피betrayal aversion' 현상이라고 분석했다. 사람을 신뢰하는 것이나 운에 결과를 내맡기는 쪽 모두 위험하다. 하지만 사람에게 배신당하느니 차라리 운에 운명을 맡기겠다고 결정하는 것이다.[25]

누군가의 믿음을 저버리지 않는 행동 역시 여러 요소의 조합으로 설명할 수 있다. 그중 하나는 순수한 이타심이다. 독재자 실험에서 보았듯, 그럴 필요가 없는데도 상대에게 무조건적인 호의를 보이는 경우다. 또 다른 동기는 '상호주의'에서 찾을 수 있다.[26] 수탁자는 투자자가 보여준 신뢰의 수준에 맞춰 그에 응당한 비율로 돈을 되돌려준다.

현실에서 관계를 맺게 될 파트너들은 실험에서처럼 생면부지의 사람이 아니다. 따라서 상대가 믿을 만한가를 알아보기 위한 여러 방법이 있을 수 있다. 하지만 우선 그 방법론을 알아보기 전에 잠시 한 걸음 물러나 신뢰의 몇 가지 측면을 더 알아보자.

## 어떻게 믿을 만한 사람이고 거래처인지 알까?

우리는 모두 누구를 믿어야 할지 알고 싶어한다. 또한 상대가 나를 믿게 하는 것 역시 매우 중요하다. 신뢰도를 잃으면 그만큼 큰 비용이 든다.

미국, 일본, 한국 3개국에서 자동차 제조업체와 공급업체 간의 관계를 조사한 한 연구를 살펴보자.[27] 연구진은 신뢰도가 가장 낮은 제조업체는 신뢰도가 가장 높은 제조업체에 비해 거래 비용이 '5배' 높고 계약서의 세부 조항 때문에 공급업체와 직접 대면이 증가하여 훨씬 많은 시간을 허비한다는 것을 발견했다. 신뢰도가 높아지면 그에 따른 보상을 받는다.

그렇다면 신뢰도는 어떻게 증명할 수 있을까? 그리고 반대로 누구를 신뢰해야 할지 어떻게 결정할까? 이미 한 가지 방법, 즉 '평판'에 대해 다루었다. 신뢰도를 보여주는 다른 신호들처럼 평판 역시 '말만 하지 말고 보여줘!'라는 발상에 따라 정해진다. 누구나 정장을 빼입고 미소를 지을 수는 있다. 자기가 유능하다고 자랑을 늘어놓을 수도 있다. 하지만 모두가 자신의 이야기를 확신시켜줄 자료나 근거를 보유하고 있는 것은 아니다. 그래서 상대가 믿을 만한가를 판단하려면 '빈말'의 이면을 보아야 한다. 반대도 성립한다. 믿을 만한 사람이라는 것을 보여주려면 말뿐만이 아니라 행동을 보여줘야 한다. 그 두 가지를 어떻게 하는 것이 효과적일까?

어스그레인EarthGrains은 다양한 빵을 판매하는 미국 최대의 제과업체다. 그들은 자신들이 얼마나 환경을 사랑하는지 보여주기 위해 슬로건을 내세웠다.

"우리는 지구에 관심이 많습니다. 오죽하면 회사 이름에까지 썼을까요?"

이 메시지가 회사를 믿을 만하게 하는가? 물론 누구도 기꺼이 '지구Earth'라는 이름을 회사에 사용하지는 않을 것이다. 하지만 이 메시지는 어디까지나 빈말의 한 예일 뿐이다. 이보다 더 의미 있는 메시지는 '이듬해 자연보호 활동을 위해 10만 달러를 쾌척하겠다.'라는 약속이었다.

조금만 주의를 기울이면 우리 주변에는 빈말들이 널려 있다. 그리고 그런 빈말을 믿지 않는 편이 현명하다는 것도 알 수 있다. 사람들은 금전 보상 없는 '성과에 대한 칭찬'을 신뢰하지 않는다. 그 칭찬이 비록 진심에서 우러나온 것이라 해도, 혹시 그런 칭찬으로 나를 교묘하게 이용하려는 건 아닌지 의심하는 편이 합리적이다.

마찬가지로 '고객이 왕이다.'라는 기업의 립서비스를 신뢰하지 않는다. 짜증스러운 서비스 대기시간과는 모순되는 말이기 때문이다. 기업이 정말 고객을 중요하게 여긴다는 것을 보여주려면 콜센터 직원을 충원해 대기시간을 줄여야 마땅하다. 물론 상투적인 멘트를 녹음해서 끊임없이 재생하는 것보다 콜센터 직원을 늘리는 편이 훨씬 비용이 많이 든다. 하지만 이 비용을 들임으로써 기업은 신뢰를 얻고 빈말만 늘어놓는 경쟁사와 차별이 된다.

그 결과 대기시간이 짧아지면 또 다른 방식으로 신뢰가 높아진다. 고객은 대기시간이 짧아진 것이 고객 서비스가 좋아져서라고 생각하기도 하고 품질이 좋아서 서비스를 받고자 하는 사람들이 적다고 받아들일 수도 있다. 둘 다일 수도 있다.


## 말이 아닌 값비싼 신호로 커뮤니케이션할 수 있다


보증을 비롯해 신뢰도를 높이는 여러 금전적 인센티브는 말이 아니라 행동을 통해 신뢰를 형성할 수 있게 한다. 아울러 그 과정에서 실질적인 가치를 제공하기도 한다. 콜센터가 더 나은 고객 서비스를 제공하고 보증은 제품의 우수성을 확실하게 보장한다. 더 흥미로운 것은 이런 직접적인 방법 말고도 시간이나 돈을 들여 신뢰도를 높일 방법이 있다는 것이다. 그리고 이 방법은 개인 혹은 기업을 경쟁자와 확실하게 차별화한다.

'값비싼 신호costly signal'라는 미지의 세계에 온 것을 환영한다.

전형적인 사례가 고등교육이다. 조지 애컬로프와 함께 2001년 노벨상을 수상한 마이클 스펜스Michael Spence가 이것을 처음 발견했다. 스펜스는 애컬로프가 그랬듯 '정보 불균형이 존재하는 시장'에 관심을 두었다. 애컬로프는 구매자보다 차의 품질에 대해 많은 정보를 보유한 중고차 딜러의 사례를 관찰했다. 그리고 스펜스는 실력이 뛰어난 구직자들이 자기보다 역량이 떨어지는 후보자들과 자신을 어떻게 차별화하는지 연구했다. 업무와 직접적으로 연관된 명문대 학위, 예를 들어 존스홉킨스 대학교의 의학 박사학위나 MIT 공학 박사학위는 후보자를 차별화할 것이다. 하지만 이런 학위는 높은 수준의 뛰어난 실력을 보증하기 때문에 단순한 값비싼 신호만은 아니다.

비즈니스 세계에서는 특별히 유용하지 않은 학위도 받는다. 철학이나 서양사 같은 학위들이 그 예다. 하지만 그 역시 구직 시장에서 도움이 된다. 스펜스는 '학위'가 근로자의 생산성을 보증하는 신호가 되는 까닭은 학교에서 배운 내용뿐만 아니라 대학이 이미 그 학생이 생산성이 있음을 증명했기 때문이라는 점을 발견했다. 생산성이 없는 학생이라면 학위를 따느라 돈과 시간을 허비하지는 않을 것이다. 그러므로 우수한 대학의 학위는 지원자의 능력에 대한 고용주의 신뢰를 높이는 값비싼 신호다.[28]

비즈니스에는 여타의 값비싼 신호들이 여럿 등장한다. 경제학자들은 부동산 중개인이 고급 승용차를 타고, 변호사들이 멋진 집무실을 꾸미고, 대기업이 수백만 달러에 달하는 슈퍼볼 광고를 하는 이유에 주목했다. 그런 종류의 사치는 고객에게 직접적으로 가치를 제공하기는커녕 거꾸로 가격을 올리는 역할만 할 뿐이다. 돈을 태워 없애는 것이나 다름없다.

하지만 공급자의 입장에서는 고객, 거래처, 경쟁사에 '우리는 믿을 만하다.'라는 확신을 심는 데 성공할 수만 있다면 의미 있는 투자다. 그런 사치가 신뢰를 구축하는 이유는 '500만 달러짜리 광고(혹은 승용차, 집무실)'를 할 능력이 있으니, 이들의 제품과 서비스를 뒷받침할 만한 충분한 재력이 있다고 생각하게 만들기 때문이다.

이런 사치의 용도가 오로지 신호를 보내는 것뿐이라고 단언하는 것은 아니다. 예를 들어 슈퍼볼 광고는 입소문을 만들고 제품에 대한 고객의 감정적 애착을 높여준다. 하지만 눈에 보이는 효과와 비교해 비용이 지나치게 비싸다면 그중 일부는 신호를 위한 것임이 확실하다.

그런 신호를 보내는 데 돈을 쓰는 것이 무모하게 느껴질 수도 있다. 그러나 경쟁자가 하고 있다면 나 역시 불필요한 경쟁 대열에 끌려들어 갈 수 있다. 코카콜라가 TV 광고에 500만 달러를 쓰면 펩시는 그에 상응하는 뭔가 극적인 조치를 해야 한다. 이런 경쟁의 결과 시작했던 처음 그 위치로 돌아오게 된다. 이것이 바로 값비싼 신호가 가지는 커다란 문제점이다.

하지만 경쟁자가 값비싼 신호를 보낼 능력이 없거나 그럴 가치가 없다고 치부한다면 '다른 신호'를 통해 스스로를 차별화할 수 있다. 예를 들어 대기업들은 모두 깔끔한 웹사이트와 전문가가 만든 CICorporation Identity를 갖는 게 당연하다. 하지만 대다수의 중소기업들은 이런 요소를 중요하게 여기지 않는다. 그들은 웹사이트나 명함이란 그저 사실을 전달하고 접근을 쉽게 하는 도구에 불과하다고 생각한다. 그러니 그에 상응하는 비용 이상을 쓰는 것을 가치 있다고 보지 않는다. 그들은 장기간에 걸쳐 좋은 의도를 유지하는 것, 그리고 품격 있는 기준으로 신뢰를 구축하는 것이 얼마나 중요한지 무시한다.[29]

물론 많은 지출이 언제나 신뢰도를 증명하기 위한 것은 아니다. 과시적인 소비는 종종 지위를 나타내는 신호다. '나는 영향력 있는 전문직에다 돈이 많다.'라고 말하기는 쉽다. 하지만 그런 지위를 직접적으로 보여주기는 훨씬 어렵다. 정말로 돈이 많지 않다면 흔히 지위의 선물이라 불리는 값비싼 자동차인 람보르기니 따위를 몰 수 없다.

마찬가지로 사치품은 종종 조금은 경박하지만 비용이 많이 드는 방식으로 제품의 품질에 대한 신호를 보낸다. 값비싼 핸드백에 장식된 작은 다이아몬드들을 생각해보라. 그 회사가 액세서리에도 그렇게 많은 돈을 기꺼이 쓴다면 높은 품질을 위한 기술력 확보에도 돈을 아끼지 않을 것이라고 추론하게 된다.

가격 역시 품질을 알리는 신호가 될 수 있다. 사람들은 다른 모든 요소가 동일할 때 비싼 제품이 값싼 제품보다 좋을 것으로 생각한다. 그렇게 생각할 만한 이유가 있다. 고객들은 기업이 저급한 제품을 비싼 값에 판다면 가격이 정당치 않다고 여길 것이다. 그럼 곧 그 기업은 사업을 계속 영위할 수 없게 된다. 그러므로 장기간 비싼 값으로 제품을 팔 수 있는 기업이라면 그 가격만 한 가치가 있는 제품을 파는 것으로 보아도 무방하다. 일반적으로 신호는 말로 하지 않는 커뮤니케이션이다.[30]


## 어떻게 범죄자의 문신은 값비싼 신뢰의 신호가 될까?

'값비싼 신호'의 의미를 이해하면 친목 클럽들의 유난스러운 신고식이나 독특한 종교의식에서부터 범죄자들의 문신에 이르기까지 특이한 행동이나 관행을 이해할 수 있게 된다. 신고식의 괴상함과 위험성은 집단에 대한 소속감과 신뢰감을 보여주는 믿을 만한 신호가 된다. 의식이 혹독할수록 집단에 대한 진정성과 헌신성이 떨어지는 사람(스파이나 무임승차자 등)이 유입될 가능성이 줄어든다.

담배 연기가 자욱한 식당이나 가라오케에서 매일같이 밤을 지새우며 회식을 하는 동양의 비즈니스 관행도 그와 같다고 말할 수 있다. 일만 잘하면 된다고 생각하는 서구인의 관점에서 이런 관행은 괴상하다. 하지만 큰 비용을 치러야 하는 신호라는 점에 비추어보면 이런 관행도 의미가 있다.[31] 많은 종교 단체들 역시 구성원들이 충성심과 신뢰도를 표출할 값비싼 신호를 끌어낸다.

그 전형적인 사례가 초정통파 유대교인이다. 그들은 '하레디 haredi'라 불리는데 사시사철 어떤 날씨에나 검은색 코트와 바지를 입고 모자를 쓴다. 외부 사람들에게 이런 복장은 마치 아미쉬 교도들의 구식 의복처럼 다른 시대와 장소로의 퇴보로만 비친다. 게다가 하레디의 복장은 유대교의 전통과도 관계가 없어 보인다. 하지만 코네티컷 대학교의 인류학자이자 신호 이론 전문가인 리처드 소시스 Richard Sosis는 그 복장의 기묘함 자체가 중요한 목적에 기여한다고 보았다.

초정통파 유대교도들은 몇 겹의 옷을 입고 한낮의 태양 아래 서 있는 것 자체만으로 타인들에게 신호를 보낸다.

"이봐! 나는 유대교 하레디야. 나를 믿어도 좋아. 그렇지 않다면 내가 굳이 왜 이런 옷을 입겠나? 초정통파 유대주의의 가르침을 믿고 그 이상과 목적에 진정으로 헌신하지 않는 한, 그렇게 할 이유가 없지."[32]

종교적 이상에 얼마나 헌신하는지 알기는 어려운 일이다. 누구나 자기가 그렇다고 주장할 수 있다. 그러므로 대가가 따르는 '행동'을 보여주는 것이 한 가지 해법이 된다. 물론 그 해법이 꼭 이상한 복장일 필요는 없다. 일반 사람들에게는 지루하기만 한 긴 종교 의식에 참석하는 것 역시 자신의 의도에 대한 신호를 보내는 또 다른 방법이다.

이렇게 극단적인 예가 아니더라도 '다윗의 별' 같은 유대교 심벌을 목에 거는 것은 또 어떤가? 반유대주의 정서가 강한 사회에서는 그런 종류의 신호를 보내는 데 값비싼 대가가 따를 수 있다. 하지만 요즘처럼 유대인 인구가 많아지고 적대감이 적어진 시대에 그런 신호는 오히려 명예의 배지가 될 수도 있다. 작은 장신구 따위를 거는 데 치러야 하는 대가는 그리 크지 않다. 십자가 목걸이가 유행이 되듯, 그 역시 아무 의미 없이 받아들여질 수도 있다. 따라서 코트와 모자를 고집하는 것이다.

그렇다면 이 모든 것이 비즈니스와 무슨 관계가 있는가?

신뢰는 거래에 따르는 비용을 낮춘다. 값비싼 신호를 공유하며 긴밀하게 결합된 종교 집단 내부의 신뢰 수준은 매우 높고 따라서 거래 비용도 낮아진다. 소시스가 목도한 사실도 바로 그것이었다. 하레디 다이아몬드 상인들은 그저 악수 한 번만으로도 수백만 달러짜리 보석을 선뜻 건넬 정도로 신뢰 수준이 대단히 높다.

긴밀하게 결합된 공동체 안에서 형성된 신뢰의 동기는 평판이 아니라 신호를 보내는 데 따르는 대가에 있다. 물론 평판도 얼마간 역할을 한다. 현실 세계에서 신뢰에 영향을 미치는 다양한 요인들이 존재한다. 하지만 값비싼 신호가 아무런 역할을 하지 않는다면 같은 공동체 내에서 기꺼이 신호를 보내는 사람과 신호를 보내지 않는 사람들이 같은 수준의 신뢰도를 갖게 돼야 마땅하다. 소시스는 경제학자 브래들리 러플Bradley Ruffle과 함께 신호와 신뢰도의 상관관계를 실험한 바 있다.

연구자들은 이스라엘 키부츠 거주민들을 대상으로 '죄수의 딜레마'와 유사한 실험을 하게 했다. 서로 신뢰하면 둘 다 보상을 받지만, 둘 다 상대를 속이고자 하는 인센티브가 있다. 실험자들은 종교 기반의 키부츠와 종교 기반이 없는 키부츠를 대상으로 동일한 실험을 했다. 종교 기반이 있는 키부츠는 신뢰와 협조가 더 많이 일어난다는 것을 발견했다. 더욱이 종교 기반의 키부츠에서는 여성보다 남성이 더 많이 상대를 신뢰하고 협조하는 모습을 보였다. 연구자들은 그 이유가 유대교 전통에 따라 남성만이 종교 행사에 참여할 수 있으므로 여성보다 더 '값비싼 신호'에 젖어 있기 때문이라고 결론지었다.[33]

값비싼 신호는 고상한 이상 따위에는 관심도 없는 집단에서도 횡행한다. 사회학자 디에고 감베타Diego Gambetta는 '값비싼 신호' 이론이 바로 '왜 범죄자들이 온몸을 문신으로 뒤덮는가?'를 설명해준다고 주장한다. 왜 비용 면에서도 그렇고 사회생활의 불편함 차원에서도 도가 지나친 문신을 하는 걸까? 그건 그들이 범죄자 집단 밖에서는 합법적인 일자리를 얻지 못하게 하는 것으로 자신들이 범죄자라는 신호를 보내는 것이다.[34]

경제학자 피터 리슨Peter Leeson 역시 해적선 시대의 신호를 두고 비슷한 주장을 한다. 진정한 해적들만 배에 '해골 깃발Jolly Roger'을 내건다. 해골과 교차된 두 개의 뼈가 그려진 이 깃발은 다른 배들을 위협해 즉시 항복하게 하려는 목적이 있다. 하지만 해적 행위는 불법이기에 당국은 이 깃발을 게양한 배에 즉시 사격을 가하거나 선원들을 즉결 처분할 수 있었다. 하지만 어차피 깃발이 있든 없든 해적은 잡히면 교수형에 처한다. 따라서 진짜 해적이라면 해골 깃발을 내거는 편의 비용이 훨씬 저렴하다. 결과적으로 해골 깃발은 그들이 진정한 해적이라는 것을 증명하는 도구가 된다.[35] 흥미로운 해석이다. 하지만 해골 깃발이 진짜로 증명하는 것은 무엇일까?

희대의 사기꾼 버나드 매도프 역시 자선단체에 수백만 달러를 기부하는 값비싼 신호를 사용하고 여러 비영리 단체에서 활동했다. 특히 그는 예시바 대학교와 유대인 자선단체인 유대인연합에 통 크게 기부함으로써 유대인 공동체에서 신뢰를 얻었다. 그는 다이아몬드 상인 같은 초정통파는 아니었다. 하지만 유대인으로서의 가치와 자긍심, 헌신을 신호로 나타냈다.

실제로 매도프의 사기피해자 중 상당수는 엘리 비젤, 스티븐 스필버그, 하닷사Hadassah를 비롯한 유대인들이었다.[36] 따라서 매도프는 적어도 세 가지 방식을 사용해서 신뢰를 만들었다. 우리가 이미 이야기했듯이 '평판을 최대한 활용해서' '특정 인종 집단의 구성원이라는 이목을 끌어냄으로써' '값비싼 신호를 드러냄으로써' 신뢰를 쌓았다. 그렇다면 왜 이 모든 방법이 그의 신뢰도에 대한 믿을 만한 신호가 아니었을까?

해답은 '손익'의 균형에 있다. 높은 비용(거액의 기부금과 투자한 시간)도 그가 받은 보상에 비교하면 적었다. 자선단체에 보여준 선행들조차 사업을 하는 데 필요한 또 하나의 비용에 불과했다. 그의 선행이 피해자들에게는 신뢰도를 증명하는 신호였지만 지나고 보니 그렇지 않았다. 대가가 충분하다면 평판이나 집단의 일원이 되기 위한 값비싼 신호 역시 악용될 수 있다.

우리가 '값비싼 신호' 이론에서 얻을 수 있는 교훈은 시간이나 돈의 형태를 띤 비용이 누군가의 의도를 내보이는 데 유용하다는 점이다. 예를 들어 많은 사람이 길드나 종교 집단에 소속됨으로써 자신의 네트워크를 확장한다. 대부분의 구성원들은 회보를 받아보는 이상의 특별한 정보를 얻을 수 없다. 좀 더 적극적인 회원들은 집단의 이익을 위해 자발적으로 자신의 시간과 비용을 투자하고 그보다 훨씬 많은 것을 얻는다. 그런 활동을 통해 인맥을 구축할 뿐만 아니라 헌신적인 구성원이라는 신뢰의 신호도 보낸다.


## 한 번 신뢰했다고 영원히 신뢰하는 것은 아니다

사람들은 변하는 인센티브에 따라 행동도 변한다.

예를 들어 장난감 제조업체 사장의 친구는 친구의 이익을 염두에 두었다. 하지만 인센티브가 변하자 그의 의도와 행동도 바뀌고 말았다. 불행히도 사람들은 '한 번 믿을 만한 사람은 영원히 믿을 만하다.'라는 암묵적 룰이 있기라도 한 것처럼 행동한다. 마텔의 CEO가 오랫동안 관계를 이어온 제조업체가 납 성분이 들어간 페인트로 장난감을 칠했다는 것을 알고 당혹감을 표현한 것이 그 적절한 예다. 물론 신뢰에 대한 배반은 실망스러운 일이고 오랜 신뢰를 저버린 배신은 충격이다.

하지만 가능성은 언제나 잠복해 있다. 시대가 변하면서 배신에 대한 유혹도 변화하고 있다. 예를 들어 정부의 기밀문서 취급 허가도 영원히 지속되지 않는다. 높은 수준의 기밀 취급 허가를 가지고 있다고 해도 연방 정부는 주기적으로 그 허가를 갱신할 것인지 재심사한다. 마찬가지로 어떤 사람이 신뢰를 받을 만한 사람이라고 판단한 후에도 약간의 경계는 여전히 필요하다는 것을 명심하라.

이 장에서 우리는 신뢰를 둘러싼 인간의 행동을 살펴보고 신뢰와 신뢰도를 정립하는 몇 가지 방법을 배웠다. 더불어 높은 수준의 신뢰가 있을 때라도 인센티브가 신뢰를 왜곡하지 않도록 보상과 벌칙을 비롯한 시스템을 마련해야 한다는 것도 알게 됐다. 어떤 시스템이 만들어지든 그것을 악용하려는 사람들이 많다. 다음 3부에서는 시스템을 악용하는 여러 방법을 살펴보고 그런 함정에 빠지지 않기 위해서는 어떻게 해야 하는가를 알아볼 것이다.

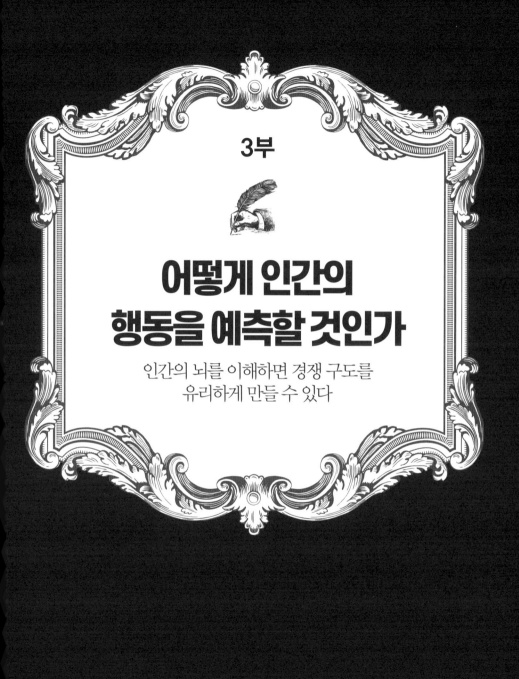

3부

# 어떻게 인간의
# 행동을 예측할 것인가

인간의 뇌를 이해하면 경쟁 구도를
유리하게 만들 수 있다

# 1

# 게임의 법칙

시스템을 유리하게 활용하고
상대가 악용하지 못하게 하라

몇 년 전 35세의 토목기사 데이비드 필립스David Phillips는 무척이나 기다리던 소포를 받았다. 항공사 마일리지 증명서가 든 박스였다. 몇 개월 전 필립스는 헬시초이스가 마련한 특별한 판촉 이벤트에 참여했다. 제품의 바코드를 보내면 항공 마일리지로 교환해주는 행사였다. 그는 마라톤 쇼핑을 하고 수천 장의 바코드를 떼어내는 한바탕 소동을 벌인 끝에 무려 125만 마일이 넘는 마일리지를 받았다. 125만 마일은 지구에서 달까지 거리의 다섯 배에 이른다.

꾸며낸 이야기 같겠지만 사실 이 이야기는 애덤 샌들러Adam Sandler가 주인공으로 나온 영화 「펀치 드렁크 러브Punch Drunk Love」의 모티프가 됐다. 『월스트리트 저널』 등에도 보도된 실제 이야기이기도 하다.[1]

사건의 전말은 이렇다.

1999년 5월 초 두 아이의 아빠인 데이비드는 우연히 냉동식품 포장지에 있는 판촉 광고를 발견했다. 그 판촉 광고는 '그해 말까지 헬시초이스의 바코드를 보내주면 10개당 500마일을 제공한다.'라는 내용이었다.

그런데 5월 31일까지 바코드를 보내면 10개당 1,000마일을 준다는 내용도 포함돼 있었다. 왜 헬시초이스 브랜드를 보유한 거대 냉동식품 업체 콘아그라ConAgra가 바코드를 빨리 보낸 고객에게 이런 특전을 마련했는지는 확실치 않다. 고객을 빨리 자극하고 싶었을 수도 있고 그저 단순히 이벤트 참가자들을 두 그룹으로 나누고 싶었는지도 모른다.

아무튼 데이비드에게는 1차 마감에 주어지는 두 배의 보상이 효력을 발휘했다. 광적인 구매가 시작됐던 것이다. 처음에는 수프나 시리얼 같은 식료품을 사들였다. 하지만 얼마 지나지 않아 그는 횡재를 만났다. 한 할인매장에서 헬시초이스의 컵 푸딩을 단돈 25센트에 판매했던 것이다. 컵 하나에 바코드가 하나씩 있었고 모두 판촉 대상이었다. 컵 푸딩에 2.5달러만 투자하면 1,000마일을 얻을 수 있었다. 굳이 수학자가 아니더라도 이런 투자가 얼마나 높은 수익인지는 짐작할 수 있다. 2만 5,000마일이면 웬만한 미국 국내선을 무료로 탈 수 있고 5만 마일이면 국제선도 탈 수 있다. 즉 단돈 125달러면 세계 대부분의 도시를 다녀올 수 있게 되는 셈이다.

이 정도라면 눈이 뒤집힐 만하지 않은가?

사재기의 이유는 충분했다. 데이비드는 자기 집 반경 300킬로미터 내에 있는 모든 식료품 할인매장을 싹쓸이했다. 데이비드와 그와 함께 팔을 걷어붙인 장모는 할인매장의 푸딩 선반을 완전히 비우고 여러 차례 매장들을 방문한 끝에 마침내 1만 2,500개의 컵 푸딩을 사들였다. 이것만으로 그는 125만 마일을 얻었다. 총지출 비용 3,140달러와 80시간을 투자한 결과였다.

헬시초이스는 데이비드의 잦은 미디어 출연으로 크게 주목을 끌었다. 하지만 그들의 의도와는 전혀 다른 양상으로 흘러갔다고 평가할 수 있을 것이다. 마케터들은 쇼핑객의 열의를 완전히 과소평가했다. 그들은 제품이 아주 싸게 판매되고 있을 가능성도 고려하지 못했다. 할인매장에서 팔리는 컵 푸딩을 판촉 대상에서 예외로 하거나 마일리지로 교환해줄 바코드 수량의 상한선을 두는 등 별도의 규정이 없었다. 회사가 기획했던 의도와는 관계없이 데이비드는 글자 그대로 규칙을 준수했다. 평상시 환경 허가를 잘 준수하는지 감시하는 일을 하던 데이비드는 그런 세부 항목을 분석하는 일에 능숙했다.

게임을 자신에게 유리하게 활용한 그의 능력은 거기서 끝나지 않았다. 5월 31일 마감이 임박하자 푸딩 바코드 라벨을 벗기는 데 일손이 필요했다. 가족만으로는 감당이 안 됐다. 데이비드는 구세군에 찾아가 바코드 라벨을 벗겨 돌려주는 조건으로 푸딩을 전부 기부했다. 그 덕에 데이비드는 세금 공제까지 받아 2,325달러를 돌려받았다. 그는 시스템을 정확하게 이해하고 있었다. 그는 우선 참가에 드는 비용과 수익을 계산했다. 그다음에는 분쟁의 경우를 대비해 바코드를 일일이 복사하고 구매 과정을 비디오로 녹화해 기록을 남겼다. 실제 나중에 회사와 분쟁이 생겼을 때 이 자료들은 아주 유용하게 쓰였다.

물론 모든 사람이 데이비드처럼 빈틈없고 조직적이지는 않다. 하지만 우리 모두에게는 그런 모습이 있다. 충분한 인센티브만 주어진다면 게임의 허점을 찾아내고 자기에게 유리하도록 규칙을 뒤집을 수 있다. 비단 이익을 위해서만이 아니라 시스템을 조롱하는 단순한 재미를 위해서 그럴 수 있다.


## 규정을 만들 때는 악용될 수도 있음을 명심하라

문서로 된 것이든 관행이든 각종 규정 제도 세법이나 기업 정책에는 이런 일이 일어난다. 다음의 사례 역시 그 양상을 보여준다.

- 고객 서비스에 들어가는 비용을 절약하고자 하는 기업들은 FAQ 목록을 제시하거나 해당 부서로 연결하는 자동응답 시스템을 사용한다. 하지만 고객들은 녹음된 메시지를 듣고 복잡한 메뉴를 통과하는 일을 싫어한다. 그러다 보니 고객들은 시스템을 건너뛰는 다양한 방법을 찾아낸다. 그리고 그런 손쉬운 방법을 알려주는 다이얼에이휴먼닷컴dialahuman.com이나 겟휴먼닷컴gethuman.com과 같은 회사도 존재한다.
- 성과급 시스템은 탁월한 성과에 대해 보상을 하는 것이 목적이다. 보험회사들은 환자들의 진료 결과를 통해 의사들의 성과를 파악한다. 미국의 학습 부진아 정책No Child Left Behind은 주州에

서 제시한 기준에 충족되면 그 학교에 포상한다. 그 때문에 학교는 성적을 부풀리기 위해 성적이 좋지 않은 학생들을 중퇴시키고 의사는 중증 환자를 받지 않는다.[2]

- 화석 연료 사용의 단계적 폐지를 희망하는 의회는 에탄올이나 바이오 연료 같은 '대체 연료'를 재래식 연료에 혼합해서 사용하면 세금 공제 혜택을 준다. 제지업체들은 수십 년간 나무를 펄프로 가공하는 과정에서 나오는 폐기물인 블랙 리큐어black liquor를 사용해왔다. 이제 이들 기업들은 블랙 리큐어를 재래식 연료에 혼합해 수천만 달러의 세금 공제 혜택을 받는다. 반면에 블랙 리큐어가 나오지 않는 재생용지 제조회사는 세금 공제 혜택을 받지 못한다.[3]

규정의 아주 작은 변화조차 '시스템을 악용하려는' 사람들에게는 큰 기회가 될 수 있다. 규정을 따르되 규정을 만든 사람들이 전혀 의도하지 않았던 결과를 만드는 것이다. 사실 때로는 규정을 악용한 결과 애초 의도했던 것과 '정반대'의 결과가 나오기도 한다. 규정을 악용하는 방법에는 끝이 없다. 많은 비즈니스 상황에서 흔한 한 가지를 꼽자면 타이밍 룰timing rule이 있다. 즉 무슨 일이 일어난 시점과 관련된 규정이다. 모든 종류의 '마감시한'은 타이밍 룰이다.

2000년 7월 애리조나주에서는 공해 방지 프로그램을 시행했다.

연료 소비가 많은 대형차에 대체 연료 탱크를 부착하는 운전자에게 상당한 세금공제 혜택을 주는 이 프로그램에 예상보다 많은 사람이 신청했다. 이유는 공제 혜택이 신차 구매에만 적용된다는 것을 명기하지 않았고, 또한 보조 탱크의 실제 사용 여부를 확인하지 않았기 때문이다. 그 결과 이미 SUV를 소유한 사람들은 보조 탱크에 7,000달러도 안 되는 돈을 들여서 세금 공제로 1만 8,000달러를 일시금으로 돌려받을 수 있었다. 실제로 애리조나의 스모그를 없애는 데 전혀 도움이 안 됐다.

그해 9월, 애리조나 주지사는 주 재정에서 지출해야 할 비용이 6억 달러, 즉 애리조나주 한 해 예산의 무려 10퍼센트에 달한다는 것을 알게 됐다. 주지사는 규정을 바꾸어서 세금 환급을 5년에 걸쳐 분산했다. 하지만 여기에 타이밍의 문제가 있었다. 이 새 규정은 2주 후에 발효될 예정이었다. 그러자 사람들은 새로운 규정이 시작되기 전에 일시에 몰려들었다. 10월 1일부터 단 9일 동안 신청자 수는 3,920명으로 급증했다. 9월의 같은 기간 대비 10배 이상 증가한 수치였다.[4]

## 왜 마지막까지 시간을 끌다가 막판에 합의를 할까?

이런 이야기는 수도 없이 들었을 것이다. 며칠, 몇 주, 심지어 몇 달간의 협상 끝에 노동조합과 경영진이 마감 시한 직전에 합의에 도달해 겨우 파업을 모면했다. 이런 막판 합의는 다른 유형의 협상에서도 흔한 일이다.

예를 들어 배심원 선정이 끝난 후에야 변호사가 조정을 성립시켜 리스크가 큰 재판을 피하는 경우가 종종 있다. 메이저리그의 신인 드래프트에는 지명 선수와의 계약에 엄격한 체결시한을 두고 있다.

그러나 이 경우에도 마감 시한 전날까지 대부분의 계약이 체결되지 않다가 최종 시한인 오전 12시 01분에 일대 소동이 벌어지는 게 보통이다.[5]

왜 이런 일이 일어날까?

합의에 이르기 위해서는 그만큼의 시간이 필요한 것일까? 마감 시한을 더 늦추면 막판에 임박해 합의하는 관행이 없어질까? 아니면 마감 시한 자체가 교섭 행동에 영향을 주는 것일까? 물론 마감 시한만이 협상 강제력을 갖는다고 보기는 어렵다. 마감 시한이 합의에 아무런 영향력을 미치지 못하는 경우도 있다. 실패한 평화 회담의 역사만 훑어봐도 그 사실을 확인할 수 있다. 그러나 강제력이 있는 마감 시한은 교섭자들이 파업, 재판, 거래 실패를 피하기 위해 마지막 순간에 극적인 타결에 이르게 한다. 왜 그럴까?

경제학자 J. 키스 머니건J. Keith Murnighan과 프랑수아 슈마커Francoise Schoumaker는 이 질문에 대한 답을 구하기 위해 실제 협상을 모방한 여러 실험을 했다.[6] 한 예로 '복권 100장을 어떻게 분배할 것인가.' 하는 협상 실험이 있었다. 당첨될 복권 1장과 상금 20달러다. 확률로 계산하면 복권 한 장당 1퍼센트의 당첨 확률인 셈이다. 60장을 받는다면 당첨 확률은 60퍼센트다. 당첨되지 않은 사람에게는 더 적은 금액이 주어진다. 그러므로 좀 더 큰돈을 받고 싶다면 다른 참가자들과 복권 분배 협상에서 원만한 합의를 이끌어야 한다. 합의하지 못하면 둘 다 적은 금액만 받아야 한다. 이런 규칙 때문에 참가자는 협조하고자 하는 인센티브와 경쟁하고자 하는 인센티브를 모두 갖게 된다.

실험은 참가자에게 돌아갈 상금 액수와 참가자가 규칙을 사전에 알게 되느냐 등 다양한 조건에서 이루어졌다. 한 조건에서는 상금이 각각 36달러와 4달러였고 다른 조건에서는 20달러와 5달러였다. 한 조건에서는 최저 상금 액수만 알고 다른 조건에서는 최고 상금 액수까지 알고 있다. 한 조건에서는 양쪽이 모두 최저와 최고 상금 액수를 알고 있다는 것을 알고 있고 다른 조건에서는 한 사람만 그 정보를 알고 다른 사람들은 상대만 알고 있다는 것을 들었다.

예상대로 여러 변수가 협상 결과에 영향을 주었다. 예를 들어 두 사람이 모두 최저 금액만 아는 경우에는 거의 언제나 복권을 공평하게 나누었다. 반면에 쌍방이 최저와 최고 금액을 모두 아는 경우에는 복권을 어떻게 분배하느냐를 결정할 때 민감한 요인이 됐다. 이렇듯 실험 변수를 미세하게 조정하는 데 따라 합의 내용이 영향을 받았다. 하지만 어떤 변수에서도 일정하게 유지되는 요인이 하나 있었다. 바로 '마감 시한' 효과였다.

연구자들은 정해진 시간(예를 들어 12분)을 주고 합의하도록 했다. 충분한 시간이다. 어떤 참가자들은 단 1~2분 만에 합의를 끌어냈다. 그렇지만 대다수는 막판까지 합의하지 못했다. 한 실험에서는 전체 합의의 30퍼센트 이상이 최후 30초 사이에 이루어졌다. 마감 시한을 9분으로 하든 12분으로 하든 상당수는 마감 시한 직전에야 합의가 이루어졌다.[7]

매년 6월 신인 선수에 대한 지명 독점권을 갖는 메이저리그 신인 드래프트의 예에서도 보듯 마감 시한을 미룬다고 해서 그 효과가 없어지는 것은 아니다. 2007년까지의 규칙은 당해 연도에 지명한 신인과의 계약이 이듬해 드래프트 마감 시한 일주일 전까지만 성사되면 됐다.

경제적으로나 정치적으로나 스타 선수와 계약이 성사되지 않을 때 손해가 큰 쪽은 선수보다는 구단이다. 결과적으로 이전 규칙에서는 몸값이 비싼 신인은 마감 시한인 6월까지 기다려야 계약을 체결할 수 있었다.

이렇게 시즌 내내 계약이 보류되는 상황을 막기 위해 위원회는 계약 마감 시한을 8월 중순, 즉 지명 후 몇 개월 내로 바꾸었다. 그러나 새 제도는 구단 입장에서 유리할 게 전혀 없었다. 새로운 마감 시한을 도입한 첫해에는 선수들이 이전보다 더 빨리 계약할 수 있었다. 하지만 마감 시한은 곧 그 마력을 발휘했다. 일부 선수들의 계약은 여전히 마지막 순간에야 이루어졌다. 더욱이 마감 시한이 바뀐 이듬해에는 더 많은 선수의 계약이 막판까지 보류됐다. 선수들은 지난해에 막판까지 기다린 선수들이 제일 좋은 조건으로 계약했다는 것을 알고 있었기 때문이다.

2009년 드래프트에서는 거물 에이전트 스콧 보라스Scott Boras가 신인 투수 스티븐 스트라스버그Stephen Strasburg의 계약 협상을 맡았다. 스티븐은 신인으로서는 최고 액수인 4년간 1,510만 달러에 계약을 체결했다. 계약이 체결된 시점은 마감 시한 77초 전이었다.[8] 스콧 보라스는 클라이언트에게 유리하도록 메이저리그의 규칙을 활용하는 데 귀신같은 재능을 발휘했다. 심지어 구단주나 팬들의 분노까지 샀다. 그는 수많은 스타플레이어들을 거느리고 있다. 하지만 야구팬들은 스포츠 정신을 훼손한다며 비난한다. 클라이언트에게 거액을 벌게 해주는 그의 재주는 전도유망한 선수가 돈 많은 구단에 들어가는 것을 의미하기 때문이다. 약체팀을 우대하는 드래프트 규칙에 의해 거물 선수에 대해 우선 지명권을 갖더라도 가난한 구단은 거액을 주고 계약할 만한 여력이 없다 보니 최고 선수들을 선택하지 못한다. 우선권을 갖더라도 재정이 열악한 구단이라면 최고 선수보다는 예산 범위에 맞는 선수를 고를 수밖에 없다. 결국 팀 간의 격차는 좁혀지지 않고 스포츠의 묘미는 줄어든다.

스콧 보라스에게는 샤크(상어) 또는 적그리스도 같은 혹독한 별칭이 뒤따른다. 하지만 그는 게임의 룰을 잘 활용하고 있을 뿐이다. 그가 아니라도 시스템을 자신에게 유리하게 활용하는 사람들은 얼마든지 많다. 그렇기 때문에 마감 시한이 있는 비즈니스를 설계할 때는 주의를 기울여야 한다. 마감 시한은 반드시 사람들의 행동에 강력한 영향을 미치기 때문이다. 게다가 항상 원하지 않는 방향으로 가게 된다.

영업사원들을 관리하고 있다고 가정해보자. 실적을 독려하기 위해 누진형 보너스 제도를 고안했다. 분기 내 실적을 기준으로 보너스 요율을 차등 적용하는 것이다. 예를 들어 1만 달러까지는 보너스가 없고, 1~2만 달러는 매출의 3퍼센트이고 2~3만 달러는 4퍼센트인 식으로 요율이 올라간다. 대다수의 성과 보상 시스템이 이런 식으로 설계된다. 하지만 경제학자 이언 라킨Ian Larkin이 발견했듯 이런 종류의 보상 시스템은 '회사의 희생'만을 초래한다.[9] 라킨은 이런 종류의 보상 제도를 적용했던 대기업 회계 소프트웨어 자료를 광범위하게 조사했다.

라킨은 통계기법을 이용해 대다수 영업사원이 '매출 등록 시점'을 조작했다는 것을 발견했다. 세무사들이 소득과 지출의 타이밍을 조작하는 것과 흡사한 방법이다. 세무사가 그렇듯 그들 역시 불법을 저지른 것은 아니었다. 하지만 결과적으로 경영자는 응당 지급해야 할 비용보다 더 많은 액수를 지급해야 했다.

영업사원들은 할인율에 대한 어느 정도의 재량권을 가지고 있다. 라킨은 규칙을 악용한 거래 건과 규칙을 악용하지 않은 거래 건을 비교해 규칙의 악용 때문에 기업이 총수익의 6~8퍼센트를 희생해야 했다는 것을 발견했다. 영업사원들은 오로지 고객이 주문하는 '타이밍'을 조절하기 위해 할인해주었다. 결과적으로 회사가 얻어야 할 수익을 자신의 보너스 액수를 올리는 데 악용한 것이다.


## 왜 이베이 시스템은 아마존보다 수익이 더 낮을까?


이베이에서 물건을 구매해본 사람이라면 대다수 거래가 경매 종료 시각이 임박해서 이루어진다는 것을 알 것이다. 이베이 전체 거래의 절반 이상이 종료를 10분 남기고 이루어지며 10퍼센트 이상이 마지막 10초 안에 이루어진다. 대다수 입찰 참가자들은 경매 기간 내내 조금씩 가격을 올리며 입찰을 계속하지만 영리한 입찰자는 경매가 끝나기 직전에 끼어들어 그 품목을 낚아챈다.

일명 '비드 스나이핑bid sniping(마지막 순간까지 기다렸다가 최고가를 부르는 것)'을 위해서 굳이 밤을 새우며 컴퓨터 앞을 지킬 필요도 없다. 옥션스나이퍼AuctionSniper, 비드내퍼BidNapper 등 수많은 스나이핑 사이트들이 이 일을 대신해준다. 따라서 이베이에서 여러 차례 입찰해본 사람이라면 굳이 일찍부터 경매에 참여하는 수고를 하지 않는다. 마찬가지로 경매 시스템을 운영하는 아마존은 막판 거래가 아주 적다. 거래의 11퍼센트만이 예정된 종료시각 10분 전에 이루어진다. 이베이 비율의 5분의 1에 불과하다.

왜 이런 차이가 나는 것일까? 그 대답은 경매 종료 방법에 대한 '규칙'에 있다. 이베이는 '하드 클로즈hard close', 즉 미리 공표된 확실한 종료 시각을 고수한다. 하지만 아마존은 입찰자에게 경쟁에 대응할 기회를 주기 위해 고안된 연장 규칙을 가지고 있다. 아마존의 규칙은 실제 경매에서 "더 없습니까, 없습니까? ……팔렸습니다."라는 경매인의 외침과 동일한 효과를 발휘한다. 아마존도 거래 종료 시각이 정해져 있다. 하지만 종료 시각에 임박해 입찰이 있을 때 경매를 자동으로 10분 더 연장한다. 대항 입찰을 할 충분한 시간을 주기 위해서다.

이 규칙은 단 몇 단어로 설명이 가능하다. 해도 쉽게 지나칠 정도로 단순하다. 하지만 이 규칙 하나가 대단히 중요한 의미를 지닌다. 규칙, 그리고 그 규칙이 미치는 영향을 잘 알게 된다면 비즈니스에서 더 큰 이익을 얻을 수 있다. 연장 규칙이 어떻게 스나이핑을 줄이는 것일까? 오히려 마감 시한이 정해졌을 때 더 빨리 입찰을 유도할 거라 예상하기 쉽다. 마감 시한을 놓쳐 구매하지 못하는 일을 원치 않기 때문이다. 각 경매 유형에 대한 경험이 입찰에 어떤 영향을 줄까?

앨빈 로스보다 이 문제를 더 깊이 연구한 사람은 없었다. 그는 댄 애리얼리와 악셀 오켄펠스Axel Ockenfels와 함께 여러 경매 종료 규칙이 미치는 영향을 실험했다. 실제 이베이나 아마존 자료를 통해 추론을 끌어낼 수도 있었을 것이다. 하지만 그런 추론은 과학적 근거가 부족했다. 경매 종료 규칙 외에도 많은 다른 요소들이 영향을 미칠 수 있기 때문이다. 엄격한 통제를 위해서는 연구실 실험이 필요했다.[10] 연구자들은 이베이와 아마존의 경매 종료 규칙을 간소화한 버전을 만들었다. 한 조건에서는 종료시각이 단 10초 남은 상황(이베이)을 만들었고 다른 조건에서는 아마존과 똑같이 막판 입찰이 있을 때마다 경매 시간이 연장됐다.

실험 환경이 실제 사이트와 유사하게 작동되게 하려고 연구진은 다른 장치도 만들었다. 인터넷 거래가 100퍼센트 성사되는 것은 아니다. 따라서 마지막 10초 내 이베이 입찰 건이 성사되지 않는 경우도 있다. 그런 현실을 반영하기 위해서 연구진은 무작위로 20퍼센트를 선택해서 거래 실패로 만들었다. 이 실험은 실제 입찰에서 벌어지는 현상을 매우 유사하게 모사했다. 우선 이베이 타입보다 아마존 타입에서 마지막 순간에 더 많은 입찰이 이루어진다는 점이 발견됐다. 그 이유는 곧 설명할 것이다. 또한 이베이 타입에서 경험을 많이 할수록 마지막까지 기다리는 경향이 강해진다는 것도 발견됐다. 경험이 전혀 없던 참가자들은 40퍼센트가 마지막 라운드에 입찰했다. 반복적으로 경험을 한 참가자들은 무려 80퍼센트가 마지막 라운드에 몰렸다. 아마존 타입의 경우 정반대의 결과가 나타났다. 경험을 반복할수록 마지막 라운드에 참여하는 사람들의 비율은 40퍼센트에서 10퍼센트 미만으로 급감했다.

연구자들은 이 눈에 띄는 차이가 생겨난 이유를 밝혀냈다. 이베이에서는 입찰자가 자신의 최고 입찰가를 숨길 수 있도록 했다. 하지만 사이트가 자동으로 최고가 이상으로 입찰하도록 설정돼 있다. 따라서 입찰자에게 이런 기능은 효과가 없다. 그러므로 참가자들은 조금씩 최고가보다 올려 입찰하는 식으로 대응한다. 그렇게 조금씩 액수를 올려 입찰하는 방식은 최종 순간에 스나이핑을 당할 여지를 키우며 기존의 입찰자가 미처 대응할 기회를 얻지 못하게 한다. 결국 기회를 노리다 스나이핑을 하는 입찰자는 미세한 차이로 낙찰받게 되고 거래 가격은 그리 높아지지 않는다.[11] 결과적으로 아마존 타입에서 더 높은(약 3퍼센트) 판매가를 받을 수 있었다. 매출액 면에서는 이 차이가 경미해 보인다. 하지만 이익 면에서는 클 수 있다. 6퍼센트 마진의 제품을 판매하고 있다면 3퍼센트라는 매출액 증가는 이익이 50퍼센트나 늘어나는 셈이다.

그렇다면 이베이가 바보라서 스나이핑을 막지 않는 것일까? 자동화된 스나이핑을 걸러내기 위해서 캡차CAPTCHA 같은 프로그램을 사용하면 간단히 해결할 수 있다. 그런 해결책으로 막판 스나이핑을 막을 수 있을지는 모른다. 하지만 전체적으로 입찰자들이 최종까지 기다리고 싶어하는 심리를 막을 수는 없다. 현재의 종료 규칙을 유지하는 한, 대다수 입찰자는 마감이 임박해 입찰할 것이다. 그러면 경매 시스템 자체가 구현하려 했던 최고가 거래가 성사되기 어렵다.

그렇다면 왜 이베이는 아마존처럼 경매 종료 규칙을 바꾸지 않는 것일까? 아마도 규칙을 바꾸게 되면 사이트 내 혼란이 생기고 사이트 개편에 큰 비용을 써야 하기 때문이 아닐까 추측해본다.[12] 이미 정한 규칙을 바꾼다는 것은 쉽지 않다. 따라서 규칙을 시행하기 전에 충분히 숙고하는 편이 낫다. 물론 규칙을 바꾸는 게 매번 그렇게 어려운 일은 아니다. 규칙 전체가 아니라 한두 가지만 바꿔도 커다란 효과를 얻을 수 있다. 그래서 기존에 효과가 있던 규칙이라도 미세하게 조정해 더 큰 이익을 얻게 되는 경우가 많다. 어떤 규칙이든 개선의 여지가 있다. 구글과 야후는 자동화된 키워드 경매 시스템을 활용해 어떤 규칙이 더 돈을 벌게 해주는지를 찾는 치밀한 실험을 거듭하고 있다.[13]

## 타이밍 룰을 잘 활용하면 비즈니스에서 성공할 수 있다

이 책의 저자인 케이윳은 '타이밍' 룰을 잘 활용해 휴렛팩커드에서 큰 성공을 거둘 수 있었다. 만약 완성품을 판매하는 업계에 종사하고 있다면 충분히 적용이 가능한 전략이다. 구두든 컴퓨터든 문구용 펜이든 제품을 취급하는 유통업체 간에 경쟁이 치열하다. 치열한 경쟁 덕에 고객은 자신이 사고 싶은 제품을 낮은 가격에 구매할 수 있다. 가격 비교 사이트를 통해 언제든 정보를 얻을 수 있고 검색에 드는 비용은 거의 0에 가깝다.

하지만 많은 경우 유통업체들은 제품의 판매가를 어느 정도 정해두기 때문에 실제 고객이 흥정해서 가격을 더 깎을 수 있는 경우는 거의 드물다. 그러나 업체 간의 가격 전쟁 탓에 이미 판매가는 거의 원가에 가깝게 내려가 있다. 그리고 거물급 유통회사나 인터넷 쇼핑몰은 당장 이익보다는 시장 점유율에 촉각을 세우고 일시적으로 판매가를 원가 이하로 떨어뜨리기도 한다.

제조업체가 유통업체에 제품을 팔고 나면 고객에게 얼마에 팔든 관심이 없을 것으로 생각하는 사람이 있을지 모르겠다. 하지만 그것은 오산이다. 제조업체 역시 판매가에 민감하다. 판매가가 너무 내려가 유통업체들이 그 제품을 팔아도 재미를 볼 수 없다면 취급하지 않으려 할 것이다. 이는 제조업체가 피하고 싶은 재앙이다. 이런 사태를 막기 위해 제조업체는 모든 유통업체가 지켜야 할 최저 판매가를 설정한다. 하지만 한 가지 장애가 있다. 공공연한 가격담합(이 경우는 수직적 가격 고정vertical price-fixing)은 법에 저촉된다.

업계가 취하는 흔한 수단은 최소 판촉 가격Minimum Advertised Price을 설정하는 것이다. 해당 제조업체와 거래를 지속하려면 제품을 정해진 판매가 이하로 팔지 않겠다고 합의하는 것이다. 제조업체는 유통업체의 편의를 위해 추가 판촉을 위한 비용(지원금)을 지급하는 것이 관례다. 미국에서는 최소 판촉 가격 합의가 합법적이다. 실제 판매가가 아니라 최저가만을 규정하는 것이기 때문이다.[14]

이론적으로는 유통업체가 최소 판촉 가격 합의 자체를 거부할 수 있다. 하지만 실제로는 그렇게 할 수 없다. 경쟁업체가 챙기게 될 지원금을 받지 못해서가 아니라 제조업체와의 관계를 망치게 될 위험이 있기 때문이다.[15] 제조업체로서도 최소 판촉 가격은 한 가지 문제를 내포하고 있다. 유통업체들은 경쟁자들이 가격을 내리는 것은 싫어하지만 자신에게는 그렇게 할 수 있는 자유가 주어지는 편을 선호한다. 보기에 따라서 최소 판촉 가격 자체가 판매가를 낮추고 싶은 마음을 갖게 한다. 교묘히 감시를 피할 수만 있다면 경쟁업체와 가격 전쟁을 하지 않더라도 판매가를 내리는 일이 가능하기 때문이다.

경쟁자들이 최소 판촉 가격을 준수하고 있다고 해보자. 그럼 유통업체는 경쟁자들이 뒤따라 판매가를 내릴 것에 대한 걱정 없이 합의를 위반할 수 있다. 그 때문에 최소 판촉 가격 이하로 판매가를 내리고 싶은 유혹이 커진다. 그러므로 제조업체는 시스템을 악용하는 유통업체를 처벌하는 페널티 제도를 마련해두고 있다. 위반의 유혹에 넘어가지 않도록 하는 것이다. 다른 많은 기업처럼 휴렛팩커드 역시 오랫동안 최소 판촉 가격 위반에 대한 페널티 시스템을 고안해왔다. 하지만 그다지 효과가 없었다. 페널티라고 해봐야 해당 제품을 공급하지 않는 것이다.

이 정도가 가장 강도 높은 조치이자 실질적인 억제력도 갖고 있다. 하지만 의외의 부작용이 있었다. 대형 유통업체에 제일 잘 팔리는 제품을 공급하지 않음으로써 휴렛팩커드는 자기 발등을 찍고 있었다. 하지만 그만큼 확실한 벌칙은 없다. 그렇다면 더 나은 대안은 없을까? 이 질문이 케이옷을 괴롭힌 화두였다. 케이옷은 실험경제학자인 게리 차네스와 함께 몇 가지 페널티 시스템을 테스트했다.[16] 실험 참가자들은 대형 할인점과 인터넷 쇼핑몰을 비롯해 휴렛팩커드가 거래 중인 여러 유형의 유통업체 역할을 했다. 이들 유통업체들은 비즈니스 모델이 조금씩 다르지만 제조업체에 제품을 주문하고 판촉 예산을 배정하고 판매가를 정해야 한다는 점에서는 동일하다.

실험은 현실 세계의 특징을 담기 위해 정교하게 설계됐다. 일부 기존 제품을 빼고 새 모델로 대체했으며 유통업체들은 향후에 단계별로 이루어질 철수 제품에 대해 미리 통보를 받았다. 최소 판촉 가격 합의를 위반한 유통업체에는 지원금이 철회됐다. 예를 들어 앞서 최소 판촉 가격 이하로 제품을 팔아 시장 점유율을 올리려다 적발된 유통업체는 그다음 4회 동안 지원금을 박탈당하게 된다. 이 벌칙은 제품을 완전히 철수하는 것만큼 가혹하지는 않았어도 시스템은 전체적으로 무난하게 작동했다.

하지만 시간이 지나자 심각한 결함이 드러났다. 제품 수명주기가 끝나갈수록, 즉 해당 제품의 철수 통보를 받은 후부터 최소 판촉 가격 위반에 대한 벌칙 효과가 급격히 줄어들었다. 그 결과 제품이 철수되기 직전에는 최소 판촉 가격 위반이 점점 많아졌다. 예를 들어 제품 수명주기가 끝나기 3회 전에 평균 최소 판촉 가격 위반 건수가 8이던 것이 다음 기간에는 14, 그다음엔 18이 됐다. 더 이상 지원금이 걸려 있지 않은 마지막 기간에는 평균 24까지 상승했다. 3회 이전에 비해 세 배나 늘어난 수치였다.

휴렛팩커드의 관리자나 실험을 설계한 게리와 케이웃을 비롯해, 이 페널티 시스템을 고안하는 데 참여한 누구도 이런 효과를 예상하지 못했다. 하지만 실제 돈을 걸고 실험을 하는 과정에서 참가자들은 시스템을 악용해 더 많은 돈을 벌고자 하였고 기꺼이 기회를 포착했다. 이 실험 덕분에 위반 이후의 거래에 대해서만 벌칙이 주어지는 시스템이 얼마나 결함이 있는지 명확하게 드러났다. 그렇다면 어떻게 바로잡을 수 있을까? 불행히도 제품 수명주기가 끝나는 시점을 유통업자가 인식하지 못 하게 하는 방법은 옵션이 될 수 없다.

짧은 제품 수명주기는 첨단 산업의 현실이기 때문이다. 게리와 케이웃은 다른 방법으로 문제를 해결했다. 이중 페널티two-side penalty 시스템을 도입한 것이다.

첫 번째 페널티는 이전 거래를 모두 소급해 최소 판촉 가격 위반 '전'의 주문량을 기준으로 유통업체를 처벌하는 것이다. 최소 판촉 가격 위반 전에 주문량이 많을수록 페널티는 가혹해진다. 두 번째 페널티는 위반 '직후' 판매량에 근거해 페널티를 가하는 새로운 유형이었다. 최소 판촉 가격 위반, 즉 가격 인하는 판매를 촉진하기 때문에 당연히 판매량이 늘어난다. 그러므로 유통업체는 최소 판촉 가격을 위반해서 판매량을 늘리려는 유혹을 느끼다가도 혹독한 페널티로 이어질 수 있다는 것을 안다면 재고하게 될 것이다.

이후의 연구소 테스트를 통해 이중 페널티 시스템이 제품 수명주기의 끝이 가까워져도 위반 비율이 높아지지 않도록 유도한다는 것을 확인했다. 오히려 해당 기간의 위반 비율이 줄어들었다. 휴렛팩커드가 월마트나 베스트바이 같은 대규모 유통업체들과 새로이 계약을 체결할 때 이 시스템이 기본 조항이 됐다. 비즈니스를 하는 사람이라면 누구라도 새로운 제도나 규정을 실시해 사업을 일대 혼란에 빠뜨리기 전에 자신이 원하는 결과가 정말 도출되는지 실험하고 시뮬레이션하는 과정을 거치는 게 이상적이다. 실험실이 아니라도 머릿속으로도 얼마든지 실험해볼 수 있다.

공급업체, 유통업체, 직원들은 모두 얼마든지 공급계약, 보상제도, 고용계약의 규정을 악용해 이익을 빼앗아갈 수 있다. 그러니 지금이라도 관심 있게 지켜보기를 바란다.

# 2

# 예측 불가의 현실

남들이 예측할 수 없는 것을 예측한다면
미지의 보물섬은 당신 것이다!

이제 2009년 2월 22일 열린 제81회 아카데미상 시상식은 기억에서 잊힌 지 오래됐다. 행사 이틀 전까지만 해도 수십만의 미국인들이 수상자를 점치는 재미에 푹 빠져 있었다. 오스카닷컴Oscar.com 게시판은 야단법석이었다. 여우주연상을 둘러싼 논쟁이 대부분이었다. 유력 후보는 「다우트Doubt」의 메릴 스트리프Meryl Streep와 「더 리더The Reader」의 케이트 윈즐릿이었다.

연기력에 대한 주관적인 판단은 물론 모든 종류의 사실과 의견들이 제시됐다. 한 영화 팬은 '올해는 윈즐릿의 해'라고 선언했다.

"윈즐릿은 이미 그 역할로 골든 글로브를 수상했고 이전에도 오스카에 5~6회 노미네이트만 돼왔다. 메릴 스트리프는 이미 두 번이나 타지 않았느냐."

이것이 그의 주장이었다. 다른 네티즌은 반대 근거를 들이댔다.

"솔직히 케이트 윈즐럿의 연기는 이번 영화보다 「레볼루셔너리 로드Revolutionary Road」 때가 더 나았다. 그때도 못 받았는데 이번이라고?"

제3자에게 상이 돌아갈 것으로 예측한 사람은 거의 없었다.

누구라도 종일 게시판에 올라오는 내용을 읽거나 업계 관계자들의 이야기에 귀를 기울이며 시간을 보낼 수 있다. 혹은 누구나 오스카 수상 결과, 박스 오피스, 배우나 감독의 미래가치에 베팅을 할 수 있는 할리우드 주식 거래소HSX.com를 둘러볼 수도 있다. 이곳은 할리우드 달러H$가 통용되는 할리우드판 나스닥이라고 할 수 있다.

할리우드 주식 거래소의 거래 방식은 모든 정보와 소문을 몇 개의 단순한 숫자로 정리하는 것이다. 예컨대 '케이트 윈즐럿-「더 리더」' 주식은 15.79할리우드 달러에 거래되고 '메릴 스트리프-「다우트」' 주식은 5.78할리우드 달러에 거래되는 식이다. 여우주연상 경쟁에서 5명의 후보 중 앤 해서웨이Anne Hathaway만이 남은 유력한 다크호스였다. '해서웨이-「레이첼 결혼하다」' 주식은 단돈 1할리우드 달러에 거래되고 있었다.

결국 케이트 윈즐럿이 수상하게 될 것이라는 사실을 확실히 아는 사람은 아무도 없었다. 하지만 할리우드 주식 거래소의 주식 가격은 윈즐럿의 수상 가능성을 가늠하는 하나의 지표 역할을 했다. 각 주식의 가격은 각 결과의 가능성으로 볼 수 있다. 여기에는 확률을 정하는 복권업자 따위는 없다. 시장은 자동으로 작동되며 또한 그 역할을 매우 잘해 내고 있었다. 그해 할리우드 주식 거래소는 8개의 주요 부문 중 7개 부문 수상자를 정확하게 예측했다.[1] 이는 대부분의 영화 비평가들의 적중률보다 나은 성적으로 과거의 확률과 비슷했다.

비단 오스카 수상자에 국한된 이야기가 아니다. 사용자들은 아직 제작 중인 영화의 박스 오피스 성과에 대해서도 베팅을 한다. 그 정확도는 놀라울 정도다. 하버드 대학교 비즈니스 스쿨 아니타 엘버스Anita Elberse의 연구에 따르면 할리우드 주식 거래소 주가와 실제 박스 오피스 수익금 사이의 상관관계는 무려 0.94로 나타났다.[2] 예측이 불가능한 것으로 악명이 높은 이 업계의 관행으로 보아 이 정확도는 실로 놀라운 정도다.

「내일을 향해 쏴라」 등 히트작과 「핫 락 앤드 채플린」 같은 졸작을 내놓았던 시나리오 작가 윌리엄 골드먼William Goldman은 할리우드에 대한 회고록 『아무도 모른다』를 집필했다. 감독, 영화사 대표, 평론가 그 누구도 과연 어떤 영화가 돈이 될지 알지 못한다. 막대한 예산을 들였지만 결과는 대참패로 끝난 영화들이 그 현실을 드러낸다. 하지만 골드먼이 언급한바 "아무도, 아무도, 지금도, 그리고 앞으로도 영원히 무엇이 박스 오피스에서 성공을 거둘지 모른다."[3]라는 표현은 조금 지나쳤는지도 모른다. 사실은 (할리우드 밖의 문외한을 포함해) 모두 조금은 알고 있다.[4] 할리우드 주식 거래소가 지향하고자 하는 바는 바로 이런 작은 정보들을 한데 모아서 하나의 정확한 예측으로 만드는 것이다.

할리우드 주식 거래소의 주식 거래는 실제 돈이 오가지는 않는다. 사용자들은 가입과 동시에 수백만 할리우드 달러를 받는다. 하지만 이 돈은 일종의 게임머니일 뿐이다. 그렇지만 할리우드 주식 거래소는 영리사업이다. 9·11 테러로 많은 사망자를 냈던 월가의 기업 캔터 피츠제럴드Cantor Fitzgerald가 소유한 할리우드 주식 거래소는 영화 제작자, 투자자, 업계 사람들에게 정보를 판매하는 것으로 수익을 올린다.

그렇다면 그들은 왜 할리우드 주식 거래소에서 정보를 구매하는 것일까? 오스카 시상식은 일회성 행사일 뿐이다. 오스카 관련 주식은 다음날이면 상장 폐지된다. 하지만 할리우드 주식 거래소에서는 여전히 수천 명의 사용자가 배우, 감독, 제작 중인 영화에 대해 주식을 거래한다. 영화 하나에 수백만 달러를 투자해야 하는 할리우드의 의사결정자들은 자금을 어디에 써야 할지 지혜로운 결정을 해야 한다.

지난 몇 년간 주목을 받지 못했던 줄리아 로버츠Julia Roberts의 몸값이 여전히 1,000만 달러인 것은 상식적인 일일까? 로버츠의 시장 가치는 떨어지고 있는가? 할리우드 의사결정권자들은 할리우드 주식 거래소를 통한 집단지성을 활용해 이 질문에 답을 구하고 예측이 불가능한 미래에 대한 힌트를 얻는다.

할리우드 주식 거래소는 예측 시장이다. 예측 시장은 바로 비즈니스에서 가장 중요한 질문 중 하나인 미래를 예측하는 문제를 해결하는 영역이다.

## 신상품의 수요를 정확하게 예측하는 방법이 있을까?

미래를 알고 싶어하는 사람들은 비단 할리우드 중역들만이 아니다. 어느 업계나 경영자들은 다음 분기에 제품이 얼마나 팔릴지, 한 해 뒤의 원자재 가격이 어떻게 될지 알고 싶어 한다.

정확한 예측은 효율적으로 예산을 짜고 현실적인 인력 계획을 세우며 적정 재고의 수준을 정하는 데 도움을 준다. 하지만 정확한 예측을 하기란 정말 어렵다. 따라서 경영자들은 자신들이 얻을 수 있는 정도에서 안주하고 만다. 불행히도 예측이 빗나가면 엄청난 손실로 이어진다.

컴퓨터 업체가 지나치게 낙관적인 판매 예측을 하면 제품 수명주기 내 팔 수 있는 것보다 더 많은 제품을 만들게 된다. 지나치게 보수적인 태도도 안전하지 않기는 마찬가지다. 수요를 감당하지 못하면 주문이 밀릴 뿐만 아니라 실망한 고객이 경쟁사로 옮겨가게 된다.

위Wii의 이야기를 예로 들어보자.

닌텐도의 경영진은 오랫동안 기대를 모아온 게임기 '위'가 큰 성공을 거둘 것으로 생각했다. 하지만 2006년 11월 제품 출시 전까지 반응이 어느 정도일지 모르고 있었다. 결국 장기간 품절 사태로 수백만의 팬들이 실망감을 느꼈다. 이들은 기다림을 참지 못하고 소니의 플레이스테이션이나 마이크로소프트의 X박스로 옮겨갔다. 닌텐도가 수요를 잘못 예측한 바람에 수익의 일부가 경쟁 업체의 주머니로 들어간 셈이다.

'위'의 품귀 현상이 1년 이상 계속됐다는 사실은 많은 의혹을 낳았다. 닌텐도가 노이즈 마케팅의 일환으로 고의로 품절 사태를 지속한 것은 아닐까? 이런 생각은 앞서 언급한 대로 '비열한 속성의 오류'일 뿐이다. 제조업체의 수요 예측 실패와 공급망 관리의 무능력보다는 의도적인 마케팅 전략으로 비난의 화살을 돌리면서 빚어진 오류다. 당연히 닌텐도는 그런 의혹에 대해 부인했다. 닌텐도 아메리카의 사장은 강하게 부정했다.

"품절 사태는 우리에게 전혀 이익이 되지 않습니다."

닌텐도는 판매에서 손실(2007년 크리스마스 시즌에만 13억 달러)을 보았을 뿐만 아니라,[5] 품절 사태로 인한 가격 폭등 때문에 암시장 상인들만 한몫 챙겼다.[6] 하지만 시장에서 나빠진 이미지 때문에 닌텐도는 큰 곤욕을 치렀다. 이런 손실이 과연 제품력에 대한 긍정적인 입소문으로 상쇄될 것인가는 그 누구도 알 수 없다. 다만 우리가 아는 것은 품절 사태 탓에 비용이 들었다는 것이다. 만약 게임기 같은 제품군이 아니라 세탁세제의 품절이거나 혹은 제품이 아니라 기술적 문제로 인한 지연 같은 것이었다면 그리 큰 이슈가 되지 않았을 수도 있었다.


## 블링크와 슈퍼 크런처를 넘어 머니랩으로 예측하라

예측에서 실수는 아주 심각한 문제를 일으킬 수 있다. 전형적인 비즈니스 예측이 어떻게 이루어지는지 알아보도록 하자.

가장 간단하지만 조잡한 방법이 '휴리스틱'이다. 휴리스틱은 느낌이나 직감으로 예상을 하는 것이다. 휴리스틱보다 세련된 방법은 '수치 분석'이다. 이 방법은 히스토리 데이터를 다양한 통계적 분석 기법을 활용해 예측하는 것이다. 때로는 단순한 한 가지 분석 방법

| 예측 방법 | 대중화된 방식 | 장단점 |
|---|---|---|
| 휴리스틱<br>(어림짐작) | 블링크Blink<br>어떤 상황에서는 철저한 분석보다 직관에 의한 판단이 더 좋은 답이 되기도 한다. 미술전문가는 수년의 경험 혹은 무의식적으로 체화된 지식을 바탕으로 거의 몇 초 만에 바로 조각품의 위작 여부를 간파한다. | • 쉽다. 하지만 전문가라도 그 예측이 부정확한 경우가 많다.<br>• 활용할 수 있는 기초 자료가 없고 결정을 빨리 내려야 할 때 선택할 수 있는 방법이다. |
| 수치 분석 | 슈퍼 크런처Super Crunchers<br>수치 분석가들은 엄청난 양의 히스토리 데이터를 분석해 어떤 줄거리가 영화 관객들의 관심을 끌 것인지, 어떤 빈티지가 가장 좋은 와인이 될 것인지 판단한다. | • 오랫동안 축적된 자료를 바탕으로 안정된 패턴이 보일 때 활용할 수 있는 방법이다. |
| 집단지성 | 대중의 지혜The Wisdom of Crowds | • 많은 참가자가 필요하다.<br>• 참가자의 인구통계학적 배경이 다양해야 하고 각자가 독립적인 정보원을 가지고 있어야 한다.<br>• 확실한 자료가 없고 정보가 많은 사람들 사이에 분산되어 있을 때 활용할 수 있는 방법이다. |
| 인센티브와 리스크 심리 활용 | 머니랩The Moneylab | • 예측하고자 하는 과제에 대해 약간의 지배력을 가진 다수의 참가자들이 문제를 해결한다. |

맥락이 바뀌면 방법도 바뀌어야 한다.

만으로 가능할 때도 있고 그 방법을 계속 사용해도 무방할 때도 있다. 예를 들어 자사 제품 중 가장 인기 있는 제품이 지난 몇 년 동안 2월보다 10월에 3배 더 팔렸다는 것을 분석했다. 올해 2월의 수치를 알고 있다면 10월의 판매를 예측하는 것은 아주 어렵지 않을 것이다.

하지만 회귀분석regression analysis이나 베이즈 추론Bayesian inference 같은 기법들은 물론이고 부트스트래핑bootstrapping, 일반 자기회귀 조건부 이분산성GARCH 모형, 효용가치 분석conjoint analysis 등 대다수의 정량적 방법론에 의존하는 수치 분석은 훨씬 더 복잡하다. 이 모든 방법의 기본 전제는 필요로 하는 모든 정보가 숫자이며 찾고자 하는 가치 있는 패턴이 수학이어야 한다는 것이다.

자료가 많고 정보의 가치가 크다면 정량적 방법이 유용한 것은 분명하다. 그리고 이 방법은 많은 경우에 적용된다. 수요가 꾸준한 소모품의 경우가 가장 좋은 예다. 여기에는 우유나 빵 같은 식품류는 물론이고 종이나 잉크 카트리지와 같이 사람들이 지속적으로 구매하는 제품군이 포함된다.

하지만 히스토리 데이터가 없거나 자료 자체가 예측 가능한 '패턴'을 담고 있지 않은 경우가 더 많다. 이런 상황의 좋은 예는 '신제품'이다. 새로운 장비든, 책이나 영화 같은 문화상품이든, 최첨단 산업에서 패션 산업에 이르기까지 많은 업계에서 꾸준히 발생하는 일이다. 신제품은 성장의 필수요소이며 많은 기업이 꾸준히 신제품을 기획하지 않는다면 쇠퇴하거나 소멸될 것이다. 하지만 신제품을 출시할 때의 문제는 수요 예측을 위해 참고할 만한 근거가 없다는 것이다.

그렇다면 경영자들은 신제품의 수요를 어떻게 예측할까? 물론 불완전할 수밖에 없다. 가장 흔한 방법은 제품에 대한 지식과 관련이 있는 사람들, 즉 제품 개발, 마케팅, 영업, 제조, 재무부서 등과 '회의'를 하는 것이다. 하지만 회의에 참석한 사람들조차 이 방법의 문제점을 잘 알고 있다.

와튼 스쿨 교수인 저스틴 울퍼Justin Wolfer는 이렇게 꼬집는다.

"회의란 결국 무엇인가? 몇 명의 뚱뚱하고 역겨운 사람들이 아무 것도 알지도 못하는 주제에 3분씩이나 일장 연설을 늘어놓는다. 한 편 구석에 앉아 한마디도 하지 않는 사람도 있다. 아마 그 사람은 자기 말이 전혀 먹히지 않는다고 생각할 것이다. 얼마 지나지 않아 부사장 자리를 노리는 아첨꾼은 사장이 듣고 싶어하는 말을 할 것 이다."

뚱뚱한 사람에게 반감이 있는 것은 아니니 죄송하게 생각한다. 하 지만 울퍼의 말은 아주 정확하다. 여러 이유로 회의에서 가장 비중 이 있는 의견은 가장 많은 정보를 가진 사람의 의견이 아닐 공산이 크다. 말을 조리 있게 잘하거나 자기주장이 강한 사람이 조용한 사 람에 비해 영향력이 크다. '얼마나 많이 아느냐'와는 무관하다. 사람 들은 대개 경영자, 영향력 있는 사람, 고위직 구성원의 의견에 동조 하는 경향이 있다.

조직에는 여러 역학이 존재한다. 따라서 어떤 의견의 경우는 유용 한 데도 아무도 관심을 두지 않거나 무시된다. 경제 용어로 정리하 자면 '많은 사람에게 기꺼이 목소리를 높여 주장하고자 할 때의 비 용이 그에 따르는 인센티브보다 더 크다.'라고 할 수 있다.

그렇다면 익명의 민주적 프로세스를 두는 건 어떨까? 이것은 집 단 의사결정의 사회심리학적 문제를 일부 해결할 수 있다. 하지만 많은 정보를 가진 사람들이 다른 사람들에게 적절한 영향력을 미치 게 하는 데는 아무런 효과가 없다. 실상 '누구나 한 표'라는 민주주의의 이상은 특정 이슈에 대해 많은 정보를 가진 마케터의 의견이 회계 담당자의 의견과 동일하게 받아들여진다는 의미다. 그 반대도 성립한다.

처리하기가 어려운 문제처럼 보이지만 여기에도 해법이 있다.


## 예측 시장은 이미 다양한 분야에서 활용되고 있다

그 해법은 집단지성을 활용하는 것이다. 이 장 초반에 할리우드 주식 거래소 사례에서 보았듯이 많은 사람이 모이면 개인이 혼자 있을 때보다 많은 것을 알 수 있다. '예측 시장'은 집단지성을 활용하는 가장 흔하고 간단한 방법이기는 하다. 하지만 정보를 모으는 여러 방법의 하나에 불과하다.

모든 방법은 같은 원리에 기반을 두고 있다. 사람들로 하여금 '말'이 아니라 '행동'으로 보여주게 만드는 것이다. 예를 들어 할리우드 예측 시장은 사람들의 '견해'를 수집하지 않는다. 주식 거래소에 참가하는 주식 거래자들은 자신감이 있을 때 더 많은 돈을 걸기 때문에 '가격'이라는 데이터가 결과에 대한 참가자들의 집단 믿음을 반영한다. 따라서 시스템은 사람들의 예측을 수치로 잘 통합할 수 있다.

예측 시장이 언제나 잘 작동하는 것은 아니다. 상황이 바뀌면 방법도 바뀌어야 한다. 예를 들어 참가자가 몇 명밖에 없다면 예측 시장은 별로 의미가 없다. 그 경우에는 다른 방법으로 정보를 모으는 것이 더 유용할 것이다.

예측 시장은 할리우드 같은 호사가들이 모여 있는 흥미로운 게임 정도로 보일 수도 있다. 아직 보편화되지는 않았지만 예측 시장은 다양한 영역에서 이미 활발히 활용되고 있다. 1988년부터 아이오와 일렉트로닉 마켓Iowa Electronic Markets은 선거 결과를 예측하는 데 사용됐다. 실제 선거 결과 예측의 정확도 면에서 여론조사보다 나은 결과를 냈다.

휴렛팩커드는 기업 예측 시장을 최초로 개척한 기업이다. 그러나 '대중의 지혜Wisdom of Crowds'라는 개념을 통해 예측 시장에 대한 폭발적인 관심이 생겨나면서 많은 기업이 예측 시장을 활용하게 됐다. 민간 예측 시장의 최대 공급자인 뉴스퓨처NewsFutures는 엘리일라이 릴리, 인터콘티넨탈 호텔, 존슨앤드존슨, 화이자, 랜드연구소, 르노, 지멘스, USA 투데이, 웰스파고 등 여러 기업을 고객으로 두고 있다. 또한 돼지독감 확산 같은 것을 예측하는 아이오와 일렉트로닉 헬스 마켓 역시 뉴스퓨처의 덕을 톡톡히 보고 있다.

예측 시장은 마치 마법에 의해 움직이는 것처럼 보인다. 하지만 그 뒤에는 견고한 과학적 원리가 자리하고 있다. 예측 시장을 움직이게 하는 몇 가지 주요 원칙, 즉 예측의 정확도를 높이기 위해 필수 불가결한 요건들을 살펴보도록 하자.

① 예측의 정확도를 높이기 위한 조건 1. 대수의 법칙

예측 시장의 위력을 가장 잘 설명해주는 기본 원칙은 '대수의 법칙'이다. 이 대수의 법칙은 어떻게 움직이는 것일까? 누구나 실수를 한다. 전문가나 아마추어 모두 마찬가지다. 하지만 아마추어들은 전

문가보다 실수의 크기가 더 크다.

예를 들어 아마추어와 전문가가 특정 제품의 판매 예측을 한다고 해보자. 실제 판매량이 100이라면 전문가들은 95~97 혹은 103~105 범주의 예측을 한다. 반면에 아마추어들은 88~90 혹은 108~110 범주로 예측한다. 둘의 예측 모두 빗나갔다. 아마추어들의 오차의 폭이 더 크다. 예측 실수의 편차가 더 크다는 의미다.

하지만 대수의 법칙을 적용하면 참가자가 많아질수록 그들이 내놓은 예측 수치의 평균이 정답에 더 근접하게 된다. 아마추어 개개인에게 수치를 내놓으라고 하면 그들의 예측은 앞서 보았듯 전문가가 내놓는 예측보다 부정확하다. 하지만 만약 세 명의 전문가와 1,000명의 아마추어에게 같은 질문을 한다면 어떻게 될까? 아마추어들의 평균이 전문가 세 명의 평균보다 정확해진다.

어떻게 이런 일이 가능한지 비유를 통해 알아보자. 예측에 필요한 정보는 지식의 바다에 흩어져 있다. 수백만 톤의 소금물 속에 관련 정보라는 작은 알갱이가 섞여 있다. 전문가와 아마추어 모두 이 바다에서 관련 정보를 캐내려고 애쓰고 있다. 전문가는 바닷물을 한 바가지 퍼낼 수 있는 반면에 아마추어는 한 컵 정도만 퍼낼 수 있다. 관련 정보의 알갱이는 무작위로 분포돼 있다. 아무도 그것이 어디에 있는지 모른다. 그들이 퍼내는 것 역시 완벽하게 무작위적이다. 그렇다면 관련 정보를 퍼낼 가능성은 누가 더 높을까? 말할 것도 없이 전문가다.

이제 바가지를 가진 전문가들 다섯 명과 컵을 가진 아마추어를 다섯 명을 더 부르자. 어떤 일이 일어날까? 전문가가 점점 유리해질 것이다. 하지만 아마추어들보다 훨씬 숫자가 적은 전문가들이 들고 있는 큰 바가지는 곧 바닥이 날 수밖에 없다. 이제 할 수 있는 일은 아마추어들을 계속 바다로 보내는 것뿐이다. 작은 컵을 가진 아마추어들이 바가지를 가진 다섯 명의 전문가들보다 더 나을 수 있을까? 결론부터 말하자면 그렇다. 한 컵, 두 컵, 얼마 지나지 않아 아마추어들이 전문가들보다 더 많은 바닷물을 퍼오게 될 것이다.

예측 시장에서도 이와 비슷한 일이 일어난다. 시장은 바닷물에서 적절한 정보를 걸러내는 일종의 '원심 분리기' 역할을 한다. 실제 세상에는 전문가들보다는 아마추어들의 수가 많다. 결국 수많은 전문가들을 동원하는 것은 불가능하거나 실행하기 어렵다. 전문가 풀이 충분하지 않을 수도 있고 활용하는 데 지나치게 큰 비용이 들 수도 있다. 하지만 아마추어들은 얼마든지 있고 비용도 비교적 싸다. 따라서 한 명의 전문가들보다 10명의 아마추어를 참가하게 하는 것이 훨씬 쉽다.[7]

물론 실제의 예측 시장은 이런 바닷물 비유와는 다르다. 예측 시장에서 정보 추출은 선형적으로 이루어지지 않는다. 그러므로 예측의 정확도가 참가자 수에 정비례해 늘어나지 않는다. 예를 들어 정확한 예측지점을 찾았다면 그 이후부터는 사람 수를 늘리는 것은 의미가 없다.

② 예측의 정확도를 높이기 위한 조건 2. 인센티브

회의는 정확한 정보를 가진 개인 의견에 비중을 두지 않는다. 또한 자신이 가진 정보를 드러내고자 하는 인센티브 역시 제공하지 못한다. 앞서 회의 무용론無用論에서도 언급했다. 하지만 훌륭한 예측 시장은 참가자들에게 적절한 인센티브를 제공한다. 물론 예측 시장은 지위나 권력 같은 보상을 주지는 않는다. 대신에 참가자가 주식 형태의 상품이나 정보를 익명으로 사고팔 수 있다. 참가자들은 실현 가능성이 적은 결과에 비싼 값을 치르고 싶어 하지 않기 때문에(또 누군가의 눈치를 볼 필요도 없으므로) 진심으로 자신이 가진 정보를 제공한다. 따라서 예측 시장에서 형성된 시장 가격은 참가자들의 진심이 그대로 반영된다.

이 조건에서는 금전이나 권력 같은 실질적인 인센티브가 없다. 그 때문에 참가자들이 기꺼이 거래하고 싶은 인센티브를 충분히 제공해야 한다는 문제가 있다. 실제 대부분의 예측 시장은 할리우드 주식 거래소에서 이용되는 할리우드 달러처럼 게임머니를 이용한다(대학이 운영하고 베팅 한도가 있는 아이오와 마켓은 정부로부터 특별한 허가를 받았다). 그렇다면 게임머니가 얼마나 잘 작용할까? 예측 시장의 전제는 사람들이 평소 자신이 생각하고 있던 그대로 행동하게 만드는 것이다. 그러므로 게임머니보다 실제 돈이 오가는 것이 더 효과적이고 더 정확한 예측을 하리라 생각하기 쉽다. 정말 그럴까?

이 질문에 답하기 위해서 한 연구팀이 2008년 미국 내셔널 풋볼 리그NFL 경기 결과 예측에서 실제 돈을 사용하는 시장과 게임머니가 통용되는 시장을 비교하는 실험을 했다.[8] 뉴스퓨처가 운영하는 스포츠익스체인지Sports Exchange와 아일랜드에 기반을 둔 트레이드스포츠닷컴TradeSports.com이 그것이다. 두 시장은 비슷하게 좋은 성과를 냈다. 트레이드스포츠는 135회(65.9퍼센트)에 걸쳐 우승팀을 정확히 예측했고 스포츠익스체인지는 139회(66.8퍼센트)에 걸쳐 우승팀을 짚어냈다.[9] 이 수치는 그다지 놀랄 게 없다. 하지만 개인 참가자와의 성과를 비교하기에는 대단히 좋다(거의 2,000명에 달하는 개인과의 경쟁에서 두 예측 시장은 6위와 8위를 기록했다).

게임머니를 사용하는 것 역시 실제 돈이 통용되는 시장과 거의 비슷한 결과를 도출한다는 것을 어떤 심리로 설명할 수 있을까? 연구진은 각각의 시장이 가진 장단점이 서로를 상쇄한다고 결론지었다.

"실제 돈이 통용되는 시장은 동기부여 면에서 더 강력하다. 반면에 게임머니가 통용되는 시장은 좀 더 효과적으로 정보가 모이는 것으로 평가된다."

게임머니에서는 현금이 아니라서 각자의 재정형편에 따라 적게 혹은 많이 투자할 이유가 없기 때문에 성과만이 의미가 있다. 하지만 실제 돈을 통용하려면 자신의 재산 중 얼마를 가지고 시작하느냐 등 여러 요인이 영향을 미친다. 얼마나 예측을 잘하느냐와는 관계가 없는 요소다.

미국 내셔널 풋볼 리그와 할리우드 주식 거래소는 미식축구나 영화에 대한 본래의 관심만으로 충분한 동기부여가 됐다. 특히 경쟁이라는 전율이 합쳐졌을 때는 더욱 그랬다. 하지만 흥미가 별로 없는 문제에 사람들의 참여를 유도하려면 실제 돈이 필요한 듯 보인다.

③ 예측의 정확도를 높이기 위한 조건 3. 가격이 측정 단위

실제 세계에서 정보는 아주 복잡하다. 예를 들어 트렌드와 특정 제품에 대한 전문가의 견해를 반영해 수요에 대한 단 하나의 예측

을 하는 것은 어려운 일이다. 하지만 주가와 같은 수치는 많은 트레이더들이 개별적으로 자신의 예측을 표현할 수 있는 한 가지 공통 수단이다. 더구나 예측 시장은 시장에서 통용되는 가격을 활용해 더 강력하고 정확한 의견에 대한 비중을 높이고 현재까지 시장에 참가하지 않은 좋은 정보를 보유한 사람들을 시장으로 불러들인다.

예를 들어 신제품 출시 첫 달에 얼마가 팔릴지 '예측 시장'을 구성했다고 가정해보자. 5만 개 이상이 판매될 것으로 예측하는 주식은 '고High'다. 반면에 '저Low'라는 주식은 1만 개 미만이 팔릴 것으로 예측하는 트레이더들이 구매한다. 만약 다수의 사람들이 5만 개 이상이 팔릴 거라는 믿을 만한 정보를 많이 갖고 있다면 '저'라는 주식보다는 '고'라는 주식에 기꺼이 더 많은 금액을 베팅할 것이다. 마찬가지로 '저'라는 주식이 더 가치 있다고 생각하는 사람들이 '고'라는 주식을 가치 있다고 생각하는 사람들보다 많다면 '저'의 주가는 그만큼 높아질 것이다. 이런 이유에서 예측 시장의 가격은 수요에 대한 가장 최신의 정보를 반영한다.

예측 시장이 어떻게 생겨났는지 궁금한 독자도 있을 것이다. 다른 금융 시장은 그 역사가 길다. 예를 들어 뉴욕증권거래소NYSE에서는 1792년부터 주식이 거래됐다. 이 거래소의 존재 목적은 기업들은 자본을 확충하고 개인 투자자들은 수익을 공유하는 것이다. 그 과정에서 자연스럽게 '정보'라는 부산물이 생겼다. 뉴욕증권거래소에서 거래되는 주식의 가치가 곧 기업의 가치를 대변한다. 주가에 주식수를 곱한 것이 기업의 시가 총액이기 때문이다.

그러므로 특정 순간의 주가는 신제품 출시, 매출액, 인수합병, 해고, 경영진 교체 등 다양한 정보들에서 추출한 복잡한 정보보다 더 확실하고 좋은 지표가 된다. 물론 거래 활동 자체로 모든 것을 예측할 수는 없다. 카리스마 넘치는 CEO가 새로운 사업을 추진하던 중에 갑작스러운 죽음을 맞을지 등은 아무도 알 수 없다. 주식 시황은 사람들이 회사의 전망에 대해 '알고 있는 것'과 '믿고 있는 것'을 반영한다.

지나고 나서 보면 모여진 정보의 부산물인 이런 유형의 시장이 정보를 수집하는 것만을 목적으로 하는 예측 시장으로 진전한 것은 짧은 기간에 이루어진 도약이다. 이런 분야의 전문가는 저명한 실험경제학자이자 캘리포니아 공과대학교 교수인 찰스 플로트다. 1980년대 플로트와 그의 동료 시암 순데르Shyam Sunder는 '예측 시장이 얼마나 잘 작동하는지' 증명하는 다양한 실험을 수행한 바 있다.[10]


## 기업의 의사결정도 예측 시장을 활용해 개선할 수 있다

예측 시장은 정보를 모아 미래를 예견한다. 하지만 결과물이 꼭 예측일 필요는 없다. 결과는 '의사결정'이 될 수도 있다. 미래에 대한 예측이 아니라 개인들에게 모은 정보를 기초로 한 집단 해법이다.

미국 정부가 자국에서 판매되는 모든 차에 대해 지켜야 할 최소 연료 효율을 규정한 제조사 평균 연료 효율CAF, Corporate Average Fuel Economy 법규가 발효된 후 자동차 제조사들은 한 가지 문제에 직면했다. 1990년 이후 출시된 모든 승용차에 적용되는 제조사 평균 연료 효율 기준은 갤런당 27.5마일이었다. 이는 단일 자동차업체에서 제조하는 전 모델의 평균 연료 효율이 27.5를 넘어야 한다는 의미다.[11] 일부 모델의 효율이 떨어지더라도 다른 모델의 효율로 만회해야 한다.

일견 합리적인 조치로 보인다. 하지만 커다란 문제가 있었다. 사회주의 계획경제 시스템이 아닌 이상 자동차 제조사가 모든 모델에 대해 동일한 기준을 충족하도록 조정하긴 어렵다. 각 회사의 모든 사업부는 각자 이익을 추구한다. 더군다나 포드처럼 업무가 세분화된 기업은 사업부마다 별도로 결산 관리를 한다. 포드는 찰스 플로트에게 도움을 요청했다. 그는 예측 시장에서의 노하우를 활용해 아주 단순하지만 효과적인 해법을 찾았다.

연료 효율을 거래하는 '사내 시장'을 만든 것이다. 평균 기준보다 효율이 높은 자동차를 만든 사업부는 효율이 떨어지는 자동차를 만든 사업부에 효율을 판매한다. 따라서 연료를 많이 잡아먹는 자동차를 생산하는 사업부의 비용은 더 커지고 승용차냐 트럭이냐 등 각 제품군에 따라 최적 수준이 도출된다.

의사결정 시장은 예측 시장과 유사점을 갖고 있다. 의사결정 시장 안에서 일종의 주식 거래 참가자가 되는 기업의 각 사업부는 각기 다른 정보를 가지고 있다. 예를 들어 한 사업부는 연료 효율을 1갤런당 1마일 낮추는 데 얼마의 비용이 드는지 더 많이 알고 있다. 다른 사업부는 특정한 연료 효율의 차를 만드는 데 드는 비용을 충당할 만한 판매가라면 몇 대 정도 팔 수 있을지 더 나은 정보를 갖고 있다.

하지만 만약 그들에게 정보를 거래할 시장이 없다면 다른 사업부와 공유하고자 하는 적절한 인센티브를 갖기 힘들다. 현대사회는 조직이 세분화돼 성과를 독점하고자 하는 부서 간 이기주의가 팽배해지기 때문이다. 설령 각 사업부가 인센티브를 갖고 있다 하더라도 회사 전체로서는 각 사업부가 가진 정보의 중요도를 판단할 방법이 없다.

하지만 의사결정 시장을 통해 각 사업부가 거래하게 되면 수익에 가장 도움이 되는 방안이 무엇인지 부각된다. 그런 시장을 창출한 결과 포드가 지속적인 경쟁력을 확보했는지는 불확실하다. 하지만 제조사 평균 연료 효율 기준을 이행하는 일에서는 최적의 해답을 찾은 것이 분명하다.

## 브레인 시스템은 빠르고 쉽게 정보와 지식을 취합한다

휴렛팩커드의 예측 시장 연구는 이제 정점에 도달했다. 사람들이 자신이 가진 정보를 거래할 수 있도록 시스템을 도입한 것이다. 더군다나 비즈니스에서는 복잡하고 어려운 문제들이 계속해서 나타나고 있다. 그래서 참가자가 많이 필요하지 않고 짧은 시간에 집단지성을 발휘할 방법을 찾아야 했다.

2000년 케이윳과 HP연구소는 많은 정보를 효과적으로 모을 새로운 방법을 고안했다. 그리고 그 방법을 브레인BRAIN이라고 명명했다. 예측 시장에서 참가자들이 서로 거래하는 대신에 (카지노에서 룰렛 게임을 하듯이) 브레인 실험 참가자들은 결과를 놓고 직접 '하우스

(실험 연구자)'와 베팅을 한다.

브레인의 원리는 이렇다. 하우스는 도출될 수 있는 결과(예측 가능한 선택지)를 결정한다. 예를 들어 '다음 분기에 판매 수량 10개' 같은 식이다. 참가자는 실현 가능성이 큰 결과에 베팅할 수 있는 100개의 코인을 받고 각 참가자는 100개의 코인을 모두 사용해야만 한다. 그리고 선택지마다 최소한 한 개의 코인은 반드시 베팅해야 한다. 시간이 지나 실제 결과가 나오면 참가자들은 자신이 베팅한 코인 개수에 따라 대가를 지급받는다.

이론적으로 본다면, 참가자에게 주어지는 대가는 리스크와 보상 사이의 완벽한 균형을 이루어 합리적인 개인들이 자신의 진정성을 드러낼 수 있게 했다. 하지만 1장에서 불확실성에 대해 살펴보았듯 사람들은 모두 합리적이지 못하다. 어떤 사람은 타고난 도박꾼이고 어떤 사람은 위험에 노출되는 것을 끔찍이도 싫어한다. 그러므로 동일한 정보를 가지고 있다 해도(예를 들어 90퍼센트 확실성) 사람들의 베팅 성향은 다르다. 위험 선호자는 위험 회피적인 사람들보다 공격적으로 베팅할 것이다. 이런 양극단 사이에 리스크 회피 수준은 여러 단계로 나뉜다. 이 때문에 여러 사람의 베팅을 해석하고 통합해서 하나의 예측을 끌어내는 것이 어렵다.

시장에 참가하는 사람이 충분하다면 대수의 법칙에 따라 결국에는 결과의 균형이 생겨난다. 하지만 기업이 브레인 같은 시스템에 동원할 수 있는 인원은 10~20명뿐이다. 이에 브레인은 각 개인의 리스크 태도에 대한 프로파일을 만드는 프로세스를 개발했다. 브레인은 프로파일과 함께 수학의 도움을 약간 빌려 각 베팅에서 정보를 추론할 수 있다. 브레인은 비슷비슷하게 보이는 것들을 비교하고 베팅을 모아서 단일한 예측으로 만들 수 있다.

휴렛팩커드는 수익 예측과 향후의 D램 가격 예측 등 다양한 분야에서 브레인을 성공적으로 활용했다. 휴렛팩커드의 몇몇 고객사들도 브레인을 활용했다. 이 시스템을 활용한 제약회사는 주어진 기간 동안 얼마나 많은 연구 프로젝트를 딸 수 있을 것인가를 예측했고 한 통신사는 신규 서비스 가입자당 마케팅 비용을 예측했다. 한 보험사는 부서별 비용을 예측했다.


## 예측은 매출과 유통의 통제와 제어에도 활용될 수 있다

양질의 정보를 모으려면 참가자들은 예측과 관련된 문제에 대해 정보를 가지고 있되 결과를 좌우할 힘은 없어야 한다. 그들이 결과에 영향을 줄 수 있다면 일대 혼란이 생겨날 수 있다. 매출 예측의 일반적인 사례를 하나 들어보자. 판매에 대해 가장 다양한 지식을 가진 사람은 당연히 영업사원들이다. 따라서 예측 프로세스에 그들을 포함시켜야 한다.

만약 정확한 매출 예측에 대해 A라는 영업사원에게 인센티브를 준다고 가정해보자. 당연히 좋은 결과가 생길 리 없다. A는 자신이 예측한 매출 액수를 맞추기 위해 회사에는 이익이 되지만 거래 성사 확률이 적은 고객을 회피할 수도 있고, 분기 마감에 예측 수치를 맞추기 위해 일부러 매출이 일어나지 않게 할 수도 있기 때문이다. 게다가 결국 자기가 할 수 있는 만큼만 예측하면 그만이다.

결국 예측의 정확도에 인센티브를 준다면 판매 실적은 낮아진다. 영업사원으로서 판매에 대한 지식을 가졌다는 점에서는 A가 최고의 정보 제공자로 보인다. 하지만 더 큰 그림으로 보면 바로 그 이유 때문에 최악의 정보 제공자가 되기도 한다. 그렇다면 영업 의욕을 꺾지 않으면서도 정확한 예측을 독려할 방법은 없을까?

소매업체나 유통업체와의 관계에서는 이 문제가 더 복잡해 보인다. 직접 영업하는 영업사원과는 달리 공급망 안에 있는 이들 중간상은 제조업체에 제품을 구매해서 다시 고객에게 판매한다. 휴렛팩커드 같은 기업은 월별로 유통업체가 제품을 얼마나 주문할지 알고 싶어한다. 하지만 유통업체에 그 수치를 예측하게 하기는 어렵다. 그들 역시 고객이 얼마나 될지 알지 못하기 때문이다. 기본 수요는 무작위적이고 변동폭이 커질 수도 있다.

이들 유통업체의 판매 의욕을 꺾지 않으면서도 정확한 예측을 독려할 방법이 있었다. 여기에는 문제의 완벽한 재구성이 필요하다. '예측'이라는 단어는 낡고 고리타분하다는 생각이 들게 한다. 그래서 왠지 '예측'이라는 단어를 떠올리면 아주 광범위하고 복잡한 수학 공식 외에 딱히 손쉬운 방법은 없는 것처럼 느껴진다. 하지만 '단어'를 다른 것으로 바꾸면 훨씬 발상이 쉬워진다.

이 책의 공저자 케이윳은 "예측의 정확도를 어떻게 높일까?" 하고 질문하는 대신에 "어떻게 하면 유통업체가 내가 생각한 대로 '움직이게' 만들 수 있을까?" 하고 질문했다. 그 결과 일종의 '약정 장치 commitment devise'를 고안해냈다. '선납'은 효과적인 약정 장치다. 고객이 선납하게 만들 수 있다면 예측의 정확도를 크게 향상할 수 있다. 100퍼센트도 가능하다.

수십 년 전에 프랭클린 민트Franklin Mint는 일류 기업이었다. 이 회사는 (수량이 아니라 날짜에 한정을 둔) 한정판 메달을 판매했다. 동전 수집가들은 이 메달의 광고를 보고 특정 날짜까지 주문했다. 그리고 회사는 제조가 끝난 후에 금형을 파괴했다. 마감 시한 이후에 주문이 들어오면 민트는 주문서와 수표를 고객에게 돌려보냈다. 그것을 받은 고객은 '다음번에는 서둘러야 한다.'라는 것을 배웠다. 하지만 한정판이 수량을 기준으로 한 것이 아니었기 때문에 회사의 예상매출에는 한도가 없었다.

이것이 교묘한 속임수처럼 보일지도 모른다. 하지만 프랭클린 민트의 창립자이자 여러 개의 기업을 세운 기업가인 조셉 세겔Joseph Segel은 '한정판'이라는 콘셉트를 고안한 것이 전적으로 관리 비용 때문이었다고 고백한다. 모든 메달은 주문이 모두 들어온 후에야 만들어지기 때문에 회사는 얼마나 만들어야 하는지를 정확히 알 수 있었고 재고 걱정도 없었다.

"당시 생산한 거의 모든 시리즈는 이익이 보장됐다."

세겔은 회상한다. 세겔은 제조 전에 정확한 주문 수량을 알았기 때문에 어떤 부담이나 왜곡 없이 정확하게 판매를 '예측'할 수 있었다.

케이윳이 고안한 약정 장치는 '계약금'이었다. 부동산 계약금은 계약 이행을 강제한다. 잔금을 내지 않으면 계약금을 날리게 된다. 휴렛팩커드 역시 그와 유사한 약정 장치를 활용해서 예측의 정확도를 높였다. 유통업체가 특정 기한까지 주문하기로 약속한 수량에 대해 계약금을 내게 한 것이다. 약속했던 수량보다 부족한 수량에 해당하는 계약금은 날리게 돼 있다.

하지만 유통업체가 수량을 얼마만큼 약속해야 할지 사전에 알 수 있는지는 달라지지 않는다. 여전히 판매를 예측할 수가 없고 판촉 노력을 하겠지만 그렇다고 반드시 판매되는 건 아니다. 유통업체가 통제할 수 없는 많은 요인이 판매량에 영향을 미친다. 경제가 불황에 빠지거나 유력한 경쟁자가 등장한다면 유능한 유통업체라 해도 어쩔 도리가 없다.

하지만 유통업체가 확실히 통제할 수 있는 것이 하나 있다. 재고 관리다. 판매가 저조하면 유통업체는 좀 더 많은 재고를 보유하게 된다. 그리고 그 재고 부담의 최고치가 얼마인지 안다면 유통업체는 어느 정도 주문량을 예측할 수 있다. 이런 예측은 계약금이 있고 없고가 관계가 없다. 하지만 계약금을 내게 함으로써 강제성을 부여하는 것이다. 물론 계약금만으로는 충분하지 않았다. 계약금은 약속을 강제하게 할 순 있지만 추가 구매를 유도하지는 못한다. 따라서 휴렛팩커드는 약속을 이행하는 데 따르는 보상 조항을 추가했다. 유통업체가 약속한 수량을 실제로 주문하면 할인을 적용하는 것이다.

실제 인센티브 방식은 다음과 같았다. 유통업체가 40달러에 제품을 사서 고객에게 50달러에 판다고 가정하자. 어떤 종류의 인센티브도 없다면 유통업체의 수익은 개당 10달러다. 하지만 인센티브 조건에서는 개당 1달러를 계약금으로 지급하고 실제 제품을 주문하면 개당 2달러의 추가 할인을 받는다. 제품이 100개 팔릴 것으로 예측해서 100달러를 계약금으로 보낸 경우, 실제 주문 수량에 따른 유

| 실제 주문 | 80개 | 100개 | 120개 |
|---|---|---|---|
| 약속(선주문) | 100개 | 100개 | 100개 |
| 계약금(개당 1달러) | 100달러 | 100달러 | 100달러 |
| 할인(약속한 주문량까지 개당 2달러) | 160달러 | 200달러 | 200달러 |
| 계약금 손실 | 20달러 | 0달러 | 0달러 |
| 순 인센티브(할인 – 계약금) | 140달러 | 200달러 | 200달러 |
| 개당 순 인센티브 | 1.75달러 | 2달러 | 1.67달러 |
| 개당 이익(10달러+순 인센티브) | 11.75달러 | 12달러 | 11.67달러 |
| 총이익(개당 수익 주문해서 판 개수) | 940달러 | 1,200달러 | 1,400.40달러 |

이 시스템은 선주문이 동일할 때 (100단위) 추가 주문에 대해 페널티를 가하지 않으면서 예측의 정확성에 대해서는 인센티브를 준다.

통업체의 이익 변화는 위의 표와 같다. 결국 약속을 정확히 지켰을 때의 이익이 가장 크다. 하지만 추가 판매로 수익을 낼 수 있기 때문에 최종 이익은 계속해서 늘어난다.

유통업체가 약속을 정확히 지켰을 때 인센티브가 가장 높다. 그러므로 유통업체의 헌신을 끌어내기가 쉽다. 추가 할인은 유통업체가 가능한 한 약속을 지키도록 강제하며 계약금은 가능한 한 약속을 어기지 않도록 강제한다. 더구나 이 시스템은 더 많이 판매하고자 하는 유통업체의 의욕을 꺾지도 않는다. 주문이 약속한 양을 넘어서도 추가 판매를 통해 수익이 늘어나기 때문이다.

이 통찰은 예측이 실제 거래에서 힘을 발휘하는 첫걸음에 불과하다. 물론 각 유형의 인센티브에서 최적의 수준이 무엇인지는 정답이 없는 문제다. 최선의 수준을 만들기 위해서는 많은 시행착오가 필요하다. 그러나 부디 그 시행착오를 현실에서는 하지 않기를 바란다. 가급적 통제된 상태에서 다양한 실험과 시뮬레이션을 거듭한 다음 악용과 편법이 불가능하다는 것을 검증한 후에 실천에 옮기도록 하자. 그런다면 누구나 범할 수 있는 실패를 피할 수 있을 것이다.

명심하라! 과학은 학자의 영역에만 존재하지 않는다. 비즈니스가 한층 더 성숙해지길 원한다면 과학을 자신의 두뇌로 활용하길 바란다. 그리고 이 책을 숙독하는 것 역시 잊지 말기 바란다.

# 결론

## 돈 앞에서 판단과 선택을 이해하면
## 분명 기회는 온다!

　몇 년 전 이 책의 공저자이자 기자인 마리나는 휴렛팩커드에서 '경제학 실험'에 참여할 사람들을 찾는다는 소식을 접했다. 거기서 흥미로운 일이 일어나고 있었고 수년간이나 지속됐다. 하지만 마리나는 그 사실을 전혀 몰랐다. 단지 기자로서 호기심과 '돈을 벌 수 있다.'라는 유혹에 기꺼이 참여 신청을 했다.

　며칠 후 마리나는 10여 명의 다른 참가자들과 함께 팰로앨토에 있는 HP연구소 강의장에 앉아 있었다. 그곳은 창문도 없는 회색 방으로 커다란 화이트보드가 있고 데스크톱 컴퓨터가 줄지어 놓여 있었다. 참가자들이 모두 컴퓨터 앞에 앉자 고리타분한 옷차림과는 전혀 어울리지 않는 근육질 몸을 가진 남자 한 명이 앞으로 나왔다. 그는 화이트보드에 환율 '1,500실험머니=1달러'라고 적고 몇 가지 지침을 준 다음 참가자들에게 일을 시작하게 했다.

참가자들은 판매자와 구매자 역할을 동시에 하면서 컴퓨터 네트워크를 통해 다른 참가자들과 거래했다. 구매자는 판매자에게 일정한 대금을 지불하고 판매자는 구매자에게 몇 개의 물건을 보낼지 결정한다. 각 단계가 끝나면 모두 누가 어떻게 주문하고 물건을 보냈는지 알 수 있게 된다. 구매자는 이 정보를 바탕으로 다음 단계에서는 어떤 판매자와 거래를 할지 선택한다. 판매자 역시 다른 판매자들의 패턴을 참고하고 앞으로 물건을 얼마에 팔지 방침을 결정한다.

실험이 다 끝나면 실험머니는 실제 돈으로 환전된다. 마리나와 참가자들이 얼마나 거래를 활발하게 그리고 지혜롭게 했는지에 따라 돈을 벌게 되는 것이다. 실험은 2시간 동안 계속됐다. 서로 대화는 일절 할 수 없고 메시지도 보낼 수 없다. 참가자들은 오로지 컴퓨터에 입력된 구매와 판매 결정을 통해서만 소통할 수 있었다. 하지만 그것만으로도 많은 것을 알 수 있었다. 어떤 판매자가 약속대로 물건을 보냈는지, 어떤 판매자가 부정한 속임수를 썼는지, 그리고 그 정보가 이후의 구매 결정에 어떤 영향을 주었는지, 정직함이 전혀 득이 되지 않는 '마지막 거래'에서조차 누가 정직한 태도로 임했는지 등이다. 그들은 실험을 통해 '진정한 인간의 내면'을 엿보는 기분이 들었다.

실험이 끝나고 참가자들은 실험머니를 현금으로 교환했다. 마리나는 75달러를 받았다.[1]

마리나는 더 많은 것을 알고 싶었다.

'이 실험이 휴렛팩커드가 사업을 하는 것과 무슨 연관이 있을까?

HP연구소의 실험이 자사의 수익원 중 하나인 프린터 기술 개발과 연결되기라도 하는 것일까? 하드웨어를 만드는 회사가 이런 실험을 해서 뭘 얻고 싶은 것일까?'

다행히 저널리스트인 마리나는 좀 더 깊이 있는 질문을 던질 기회를 얻을 수 있었다. 마리나가 실험 주최자를 만나게 해달라고 요청하자 'HP연구소 소장 케이웃 첸'이라고 적힌 명함을 받을 수 있었다.[2] 케이웃은 그날 실험만 지휘한 게 아니었다. 그는 캘리포니아 공과대학교에서 경제학 박사 학위를 받은 직후, HP연구소를 출범시킨 인물이었다. HP연구소는 최초의 사내 실험경제학 연구소였다. 그것만으로도 케이웃은 주위의 관심을 한 몸에 받았고 『뉴스위크』에 그를 소개하는 기사가 실리기도 했다.[3]

## 실험실에서 '실수'를 발견하면 현장에서 '실패'를 막을 수 있다

왜 기업들은 '경제학 실험'을 사업에 활용하는 것일까? 그 이유는 단순하다. 중요한 비즈니스 의사결정에서 정확한 판단을 내리기 위해 연구소라는 안전한 환경에서 먼저 실험해보는 것이다. 휴렛팩커드의 마케팅 책임자는 "테스트 없이 그저 그런 프로그램을 무턱대고 출시한다면 수백만 달러의 손해를 볼 수도 있다."라고 말한다.

예를 들어 '휴렛팩커드 제품을 취급하는 상위 3개의 유통 거래처에 인센티브를 몰아주자.'라는 아이디어는 신중한 시뮬레이션 없이 진행했다 실패한 사례. 월마트나 베스트바이 같은 공급업체들끼리 건전한 경쟁을 유도해 제품을 판매하겠다는 발상은 일견 타당해 보인다.

승자독식의 판매 경쟁은 다른 업계에서도 흔히 일어난다. 하지만 마리나가 참가한 '구매자-판매자' 실험의 경우는 이런 인센티브가 기대와는 다른 결과를 만들어낸다는 것을 증명한다. 자신이 이길 확률이 거의 없다고 생각한 참가자들은 애초에 경쟁을 포기한다. 반면에 확실한 우승이 보장된 사람들은 결국 어떻게 해도 인센티브를 받게 되기 때문에 그런 조항이 동기부여가 되지 못했다.[4]

이 실험 결과 휴렛팩커드는 새로운 인센티브 정책을 조기에 폐지했다. 그 대신에 유통업체들의 성과에 따라 인센티브를 주는 기존의 인센티브 정책으로 회귀했다. 연구소의 실험 때문만은 아니었다. 미약하게나마 새 정책이 효과를 발휘할 수도 있다. 하지만 그런 중대한 변화를 시도하려면 홍보, 교육, 법리적 타당성 검토 등에 상당한 비용이 든다. 실험은 새로운 정책이 기존과 비교해 얼마나 더 나은 결과를 가져올지 정확히 보여준다. 이를 바탕으로 경영자는 그 변화가 '투입 비용 대비 효용'이 있는지 판단을 할 수 있다.

그렇다고 해도 실험까지 하는 건 조금 과하다고 생각하는가? 엑셀을 활용해서 어느 쪽의 결과가 더 나을지 분석하는 것으로도 족하지 않을까? 경영자들은 대개 그런 식으로 일한다. 두 가지 정책을 비교하기 위해 각각의 총매출 계산 공식을 만든 다음 관련 변수에 예상치를 입력한다. 예를 들어 승자독식의 정책으로 상위 3개 유통사를 통한 매출이 5퍼센트 증가하리라 추정한 다음 엑셀을 이용해서 매출과 이익을 계산할 것이다. 추정이 정확하다면 엑셀은 정확한 답을 내놓을 것이다. 두 개의 서로 다른 조건의 대출 상품 중에서 어느 쪽이 더 이자 비용이 적을지 정확히 알려주는 것과 마찬가지다.

하지만 가정 자체가 틀렸다면? 새로운 정책이 매출을 단 1퍼센트도 올리지 못한다면? '쓰레기를 넣으면 쓰레기가 나온다Garbage in, Garbage out.'라는 불변의 법칙에 따라 엑셀도 정확한 결과를 산출하지 못할 것이다. 그러므로 정책에 따라 사람들이 어떻게 움직일지 '추정'하기보다는 '실제' 어떻게 생각하고 행동하는지 테스트할 필요가 있다. '실험'은 바로 이런 시뮬레이션을 통해 계획을 실행해보고 실제로 어떤 일이 벌어질지 예측해보는 가장 현실적인 방안이다.

'연구실에서 먼저 실험한다는 아이디어는 이렇듯 당연한 논리적 타당성을 갖고 있다. 그런데도 왜 이제껏 많은 기업이 그렇게 하지 않은 것일까?' 물론 우리가 알고 있는 것보다 실험경제학은 이미 좀 더 깊숙이 기업 속으로 들어와 있다.

구글이나 야후 같은 몇몇 기업들은 사내 연구소를 통해 핵심적인 경매 규칙이나 광고 정책들을 미세하게 조정한다. 또 이베이, 포드, 히타치 등의 기업들은 실험경제학자들의 조언을 받고 있다. 캐피털원Capital One과 하라스Harrah's 등은 여러 매체를 통해 알려진 것처럼 현장 실험을 하는 기업으로 잘 알려져 있다. 실제고객이나 잠재고객으로 구성된 표본 집단을 통해 각종 정책과 프로그램들을 실험한다.[5] 이보다는 덜 알려져 있지만 일부 기업들은 온라인 쇼핑몰에서 어떤 디자인이 가장 높은 매출로 이어지는지 파악하는 데 도움을 주는 랜덤 테스트를 제공하기도 한다.[6]

물론 아직 '실험'은 비즈니스 의사결정에 활용되는 극히 이례적인 방법이다. 2008년 시카고 부스 MBA가 개설한 '기업들의 실험 활용'이라는 강의가 바로 실험경제학이 경영학 교육 현장에 처음으로 등장한 계기였다. 시카고 대학교는 MBA에서 강의해본 적이 없던 두 명의 경제학자인 『괴짜경제학Freakonomics』의 저자 스티븐 레빗Steven Levitt과 '왜 자동차 정비사들이 휠체어를 탄 사람들에게 가격차별을 하는지'를 파악하는 독창적인 현장 실험을 한 존 리스트를 강단에 세웠다. 존 리스트에 따르면 기업들 대부분이 "실험을 활용하는 수준은 거의 무지에 가깝다."[7]

기업체에 재직 중인 사람들은 최근 몇 년 사이에 실험경제학의 위력이 얼마나 커졌는지에 놀란다. 물론 학문으로서 실험경제학의 연혁은 이미 수십 년에 이른다. 2002년에는 두 명의 선구적인 실험주의자인 경제학자 버넌 스미스Vernon Smith와 심리학자 대니얼 카너먼이 노벨 경제학상을 공동 수상했다.

오늘날 전 세계의 경제학 연구소는 엄청나게 많다. 실험심리학, 경영과학(혹은 오퍼레이션 리서치), 마케팅 과학 같은 유관 분야의 실험을 진행하는 연구소를 포함하면 그 숫자는 엄청나게 커진다.[8] 통상 느리기로 악명 높은 공기업이나 정부 기관들조차 방송 주파수 경매나 철도의 선로 이용권 양도 등을 두고 실험경제학자들에게 도움을 구하고 있다.[9] 사정이 이런데도 수익을 최대화하는 데 그 누구보다 많은 관심을 가져야 하는 기업들은 대부분 실험적 접근법을 무시하고 있는 형편이다.

그 배경을 이해할 수 있다. 이제껏 대다수의 경제학 실험들이 아주 단순하고 정형화된 방법으로 인간 행동의 단면만 연구하는 극히 학구적 시도였기 때문이다. 그러나 케이윳이나 실제 기업체가 운영하는 연구소의 실험경제학자들은 실제 비즈니스 환경과 가장 유사한 현실적 상황을 조성하기 위해 여러 세부 사항을 고려한다.

'최소 판촉 가격' 실험은 회사가 거래하는 다양한 유통업체(온라인에서 할인점까지)들의 서로 다른 이해관계, 상품별 특징, 라이프 사이클까지 많은 변수를 동시에 고려했다. 그런 실험을 고안하려면 학문적 깊이만이 아니라 비즈니스에 대한 통찰력이 필요하다. 그래서 경영에 실험을 도입하는 일이 교수에게 경영을 맡기는 일만큼이나 탁상공론으로 여겨지는 것이다.

발등의 불을 끄는 것만으로도 하루하루가 전쟁 같은 경영자들에게 인내심을 요구하는 게 어쩌면 무리인지도 모른다. 늘 하던 대로 일하는 편이 더 쉽다. 특히 경쟁자들이 새로운 방법을 도입해 자신을 추월할 거라는 위기감이 없을 땐 더욱 그렇다. 잘못이 있다는 걸 모르는데 고쳐야 한다고 생각할 리 만무하다.

그러나 언제나 그렇듯 업계의 베스트 프랙티스best practice가 반드시 최고의 방법은 아니다. 언제든 더 나은 대안은 존재한다. 그 대안을 시도하는 것만으로도 심지어 경쟁이 심한 레드오션 시장에서조차 비약적인 변화를 끌어낼 수 있는 원동력이 된다.

항공업계를 보자. 오랫동안 항공업계에는 오헤어, 존 F. 케네디, 로스앤젤레스 국제공항과 같은 허브 공항을 거치도록 비행 항로를 잡는 관행이 있었다. 그렇게 하면 같은 비행기 숫자로도 더 많은 루트를 제공할 수 있었다. 그래서 대규모 항공사들은 오랫동안 이 시스템을 이용해왔다.

'대도시 집중 방식'은 효율적이기는 했지만 정체와 지체를 낳았다. 텍사스나 엘파소 같은 작은 도시를 오고 가는 여행객들은 비행기를 두 번 이상 갈아타야 했다. 하지만 모두가 이 관행에 따랐기 때문에 항공사는 방법을 바꿀 필요가 없었다. 모든 비행기가 세계에서 가장 붐비는 공항을 경유하는 관행은 오랫동안 이의 없이 베스트 프랙티스로 남아 있었다.

사우스웨스트 항공의 창립자인 허브 켈러허Herb Kelleher는 이 관행에서 기회를 포착했다. 승객들은 직항을 선호하고 항공기 지연을 싫어한다. 더구나 지연은 항공사 입장에서도 손해다. 결국 사우스웨스트는 대도시 집중 방식을 버렸고 역사상 가장 높은 이익을 내는 항공사가 됐다. 켈러허는 이렇게 말한다.

"비행기란 땅에 있는 동안엔 돈을 벌지 못하는 물건이다."[10]

그가 '저가'와 '훌륭한 서비스'라는 불가능해 보이는 조합을 이루어낼 수 있었던 것은 부분적으로는 작고 정체가 덜한 공항들에 항공기를 취항했기 때문이다.

이 책에서 말하고자 하는 것이 우리 모두 켈러허처럼 되자는 것은 아니다. 사우스웨스트가 택한 것과 같은 '포인트 투 포인트point-to-point 전략'은 역효과를 불러일으키기 쉽다. 모두가 사우스웨스트의 전략을 답습해 전략을 선회한다면 그 전략은 더 이상 유효하지 않게 된다. 희소성 때문에 유효한 전략이었다. 여기서 중요한 점은 개인이든 조직이든 기존의 베스트 프랙티스만 답습한다면 좀 더 효과적인 다른 대안을 찾기 힘들어진다는 것이다.

혁신을 이루고 자신을 평범한 남들과 차별화하며 스스로 최선이라고 생각하는 것조차 뛰어넘으려면 어느 정도 리스크는 감수해야 한다. 하지만 무모하게 불로 뛰어드는 것은 피해야 한다. 리스크를 파악하고 덜 위험하게 바꾸려면 자신의 아이디어를 시뮬레이션해보면서 유용한 것은 지키고 그렇지 못한 것은 버려야 한다.

실험적 접근법은 이제 막 인기를 끌기 시작한 단계에 있다. 경제학과 심리학 분야에서 시작된 이 트렌드는 와튼, 하버드 대학교, 스탠퍼드 대학교, MIT 슬론 등 유수의 MBA를 이끌어가고 있다. '사람들은 어떻게 돈을 빌리고 투자하는가(행동·재무학behavioral finance)' '경영자들이 어떻게 하면 자원을 효율적으로 활용할 수 있는가(행동 운영 관리behavioral operations management)' '사람들은 집단 속에 있을 때 어떻게 행동하는가(조직 행동organizational behavior)' '쇼핑객들은 어떻게 구매를 결정하는가(소비자 행동consumer behavior)' 등을 잘 이해하기 위한 실험들이 여기에 포함된다.

차세대 비즈니스 리더를 가르치는 MBA에서 촉발된 이 트렌드의 다음 단계는 바로 실험경제학을 채택한 몇몇 선도적인 기업들에서 실제 성과가 나타나고 있다는 것이다. 모든 기업이 사내에 실험경제학 연구소를 차릴 필요는 없다. 모든 비즈니스상의 의사결정을 위해서 세부적으로 설계된 실험을 고안하고 운영할 만큼 비용을 들여야 하는 것도 아니다. 이미 가진 것을 바탕으로 최선의 결정을 내려야 할 때도 있다.

하지만 현재 가진 지식만으로는 충분치 않다. 대부분 그렇듯 그런 지식이란 습관, 직관, 통념, 개인적인 경험, 다른 사람이 효과를 보았던 단편적 자료들로 이루어져 있다. 그렇다면 명확한 증거에 근거를 둔 의사결정이라고는 할 수 없다. 다행히 휴렛팩커드처럼 다양한 실험을 실행하거나 혹은 그저 감에 의존하는 양극단의 방법만 있는 게 아니다. 다른 사람들의 연구를 통해 꾸준히 지식을 쌓으며 배울 수 있다. 서두에 소개했던 '구매자-판매자 실험'은 '평판이 미치는 영향'에 대한 가장 대규모의 실험 중 하나다. 이런 실험을 통해 사람들이 사업적 의사결정을 할 때 평판이 어떤 영향을 미치며 그 정보를 어떻게 활용하는지 폭넓은 이해를 하게 된다. 결과적으로 큰 조직의 경영자든 혹은 아직은 평범한 직장인이나 취업 준비생이든 많은 것을 배울 수 있다.

책 전반을 통해 알게 됐겠지만, 경제학자들과 사회과학자들은 엄청난 연구를 수행해왔다. 공정성과 상호작용, 리스크와 신뢰에 대한 태도, 새로운 시스템이나 예측 방법에 적응하는 경향 등 다양한 영역에서 수많은 연구가 이루어졌다. 이는 비즈니스에서 인간 행동을 어떻게 촉발하고 지속하는지 그 동력을 이해하는 과학적인 방법론을 제시할 것이다.

뛰어난 기업가들은 이미 이런 원리의 많은 부분을 직관적으로 알고 있다. 하지만 알고 있다고 해서 명확히 설명하거나 구현할 수 있는 것은 아니다. 이 책의 공저자인 케이윳의 멘토이자 협력자인 저명한 경제학자 찰스 플로트는 이들 지혜로운 기업가들을 '물속의 물고기'에 비유한다.

"물고기는 먹이를 낚아채려면 어떻게 움직여야 하는지 알고 있다. 에너지를 최소로 쓰면서 물속을 유영하고 본능적으로 위치를 정하고 효과적으로 공격한다. 하지만 물고기는 유체역학에 대해서는 알지 못한다. 이들 물고기처럼 사업가 역시 사업적 재능을 가진 사람이다. 그렇다고 해서 사업가가 자신의 일을 지배하는 원리를 정확히 이해한다는 의미는 아니다."

플로트는 기업가들이 자기가 하는 일이 왜 효과를 내며 그 원리는 무엇인지 인식하기 힘든 이유는 '자기 일에 지나치게 몰두하고 있기 때문'이라고 말한다. 그러므로 "과학을 이해하려면 물 밖으로 나와야 한다."라고 주장한다.

이미 일을 썩 잘하고 있고 운 좋게도 뛰어난 사업 감각까지 가진 사람이 굳이 귀찮게 우리가 제시하려는 정형화된 원칙을 배울 필요는 없지 않을까? 게다가 이런 연구를 한 사람들은 그야말로 유리정원 안에서 지낸 현장 경험이 거의 없는 학자들일 가능성이 크다.

휴렛팩커드의 CEO였던 마크 허드Mark Hurd 혹은 이베이의 CEO였던 메그 휘트먼Meg Whhitman 같은 노련한 경영자들은 원리를 배우고 학자들에게 귀를 기울인다. 스포츠를 떠올리면 이해가 쉬울 것이다. 타고난 재능을 가지고 오랫동안 연습에 매진해온 최고의 운동선수라도 코치가 필요하지 않은가?[11] 코치는 단순히 선수에게 이론을 주입하지 않는다. 자세를 개선하고 훌륭한 기량을 더 증가하도록 돕는다. 그것이 바로 케이웃과 같은 이들이 비즈니스 리더들을 위해 해온 일이자, 이 책이 독자를 위해 하고자 하는 일이다.

이 책은 비즈니스, 심리학, 경제학에 대한 수십 년간의 실험 연구를 망라하고 있다. 이 실험적인 접근법은 엄격하게 통제된 실험실의 연구만으로 한정되지 않는다. 그런 연구는 어느 정도 한계가 있어서 가능한 한 현장 실험 데이터를 덧붙이려 노력했다.

하지만 몇몇 실험의 경우 윤리적 혹은 현실적 이유로 실행이 불가능한 경우가 있다. 따라서 이 책에서는 여러 과학적 탐구 방법, 예를 들어 '위생평가표가 레스토랑의 수익에 미치는 영향' 같은 소위 '자연 실험natural experiments'을 통해 얻은 여러 결과도 인용했다. 독자들도 알겠지만 그 모든 사례가 명확한 증거로서 신뢰할 만한 데이터가 되지는 못할 것이다. 하지만 핵심 원리를 이해하게 하고 요점을 설명하는 데는 일조한다.

실험 결과가 항상 사람들의 행동 근거를 설명하지는 않는다. 오히려 결과를 두고 거꾸로 그럴듯한 추론을 하게 되는 경우도 있다. 하지만 최소한 사람들이 어떻게 '비즈니스 의사결정을 하는지'를 알게 된다면 더 나은 의사결정을 하게 될 가능성이 크다.

인간이 하는 경제적 행동의 '패턴'과 '이유'를 잘 파악하지 못하면 어떤 일이 벌어질까? 연방준비제도이사회FRB의 의장이라면 그 결과는 국가적인 재난이 될 수도 있다. 1990년대 경제 활황기 동안 앨런 그린스펀Alan Greenspan은 '주가 상승의 원인'을 그저 '비이성적인 과열irrational exuberance'이라고 분석한 바 있다. 금융 붕괴 후 그린스펀은 의회 보고에서 "오랜 경력에도 불구하고 전혀 예상치 못했던 이번 금융 붕괴로 큰 충격을 받았다. 그리고 세상이 어떻게 돌아가는지에 대한 이해에 근본적인 오류가 있었음을 알게 됐다."라고 인정했다.

일반 사람들의 의사결정이 앨런 그린스펀Alan Greenspan처럼 막강한 영향력을 갖기는 힘들 것이다. 더구나 이 책은 정부 정책에 국한된 것도 아니다. 하지만 만나는 사람이 누구든, 경쟁자든, 상사든,

고객이든, 협력업체든, 고용인이든 간에 인간 행동의 욕구나 심리적 동기에 대해 더 많이 알게 된다면 자신이 가진 힘을 좀 더 잘 이용하는 데 도움이 될 것이다.

이 책을 통해서 마치 경제학자의 눈을 통해 세상을 보듯 신선한 방법론을 얻을 수 있기를 희망한다. '실험'이라는 방법을 동원해본 적이 없거나 그럴 여건이 전혀 못 될 수도 있다. 그렇다 해도 적어도 이 책의 자료들을 바탕으로 '이제껏 이렇게 해왔으니 앞으로도 줄곧 이렇게 하겠다.'라는 흑백 논리에 의문을 던질 수는 있다.

이 책이 사람들의 사고회로가 좀 더 다각도로 움직이게 자극할 수 있다. 직관과는 반대되는 목소리를 내는 자료를 찾고, 평균이 아니라 정확한 분포도를 그려보고, 숨어 있는 비용을 끄집어내고, 누구에게나 주어지는 천편일률적인 조언들에 이의를 제기하고, 작은 변화가 가진 큰 힘을 활용할 수 있는 사람들을 기대한다.

# 미주

## 1부

### 1

1   워싱턴 발레 컴퍼니의 이야기는 『워싱턴 포스트』와 『워싱턴 타임스』의 기사에서 발췌했다. 다음 문헌을 참조하라. Sarah Kaufman, "Ballet's Italy Tour Canceled Over Dancers' Meal Ticket," Washington Post, April 13, 2005; Daniel Williams and Sarah Kaufman, "Washington Ballet's Italian Faux Pas De Deux," Washington Post, May 3, 2005; Jean Battey Lewis, "Clumsy Steps," Washington Times, May 34, 2005.

2   모름지기 최고의 협상가라면 파이 전체의 크기를 늘려 양쪽 모두 더 많은 것을 얻을 수 있도록 노력한다. 하지만 최후통첩 실험은 상황을 제로섬 게임으로 단순화한 것이다. 더구나 양쪽 모두 파이 크기가 얼마인지 알고 있다.

3   W. Güth, R. Schmittberger, and B. Schwarze, "An Experimental Analysis of Ultimatum Bargaining," Journal of Economic Behavior and Organization, vol. 3, no. 2 – 3 (1982): 367 – 88.

4   M. M. Pillutla and J. K. Murnighan, "Unfairness, Anger, and Spite: Emotional Rejections of Ultimatum Offers," Organizational Behavior and Human Decision Processes, vol. 68, no. 3 (December 1996): 208 – 24.

5   Alan G. Sanfey, James K. Rilling, Jessica A. Aaronson, Leigh E. Nystrom, and Jonathan D. Cohen, "The Neural Basis of Economic Decision–Making in the Ultimatum Game," Science, vol. 300, no. 5626 (June 13, 2003): 1755 – 58.

6   R. Forsythe, J. Horowitz, N. E. Savin, and M. Sefton, "Fairness in Simple Bargaining Experiments," Games and Economic Behavior, vol. 6, no. 3 (May 1994): 347 – 69. 대표 저자인 포사이스는 선거 결과와 미래 결과 예측에 대한 일련의 베팅 시장인 아이오와 일렉트로닉 마켓의 창립자이기도 하다. 이와 관련해 3부 「2장 예측 불가의 현실」에서 다루었다.

7   이 결과를 비롯한 다른 많은 것들이 다음 책에 실려 있다. Colin Camerer, Behavioral Game Theory: Experiments in Strategic Interaction (Princeton, N.J.: Princeton University Press, 2003).

8   John A. List, "On the Interpretation of Giving in Dictator Games," Journal of Political Economy, vol. 115, no. 3 (2007): 482 – 93.

9   이 데이터의 71퍼센트가 과거의 독재자 실험 평균의 61퍼센트보다 높다는 것을 알아챘을 것이다. 연구마다 비율은 약간씩 달라지지만 71퍼센트든 50퍼센트든 61퍼센트든, 어쨌든 얼마라도 나누어주는 비율은 리스트가 테스트한 변형 실험의 편차보다 기본형의 실험에서 훨씬 높았다.

10  Edward P. Lazear, Ulrike Malmendier, and Roberto A. Weber, "Sorting, Prices, and Social Preferences" (NBER Working Paper No. 12041, April 2010).

11  D. Kahneman, J. L. Knetsch, and R. Thaler, "Fairness as a Constraint on Profit Seeking: Entitlements in the Market," American Economic Review, vol. 76, no. 4 (1986): 728 – 41.

12  Eric T. Anderson and Duncan I. Simester, "Does Demand Fall When Customers Perceive

That Prices Are Unfair? The Case of Premium Pricing for Large Sizes," Marketing Science, vol. 27, no. 3 (May – June 2008): 492 – 500.

13  Peter Fishman and Devin G. Pope, "The Long-Run Effects of Penalizing Customers: Evidence from the Video-Rental Market" (University of California at Berkeley Department of Economics working paper, June 2007).

14  Alyssa Abkowitz, "How Netflix Got Started," Fortune, January 28, 2009.

15  블록버스터는 공식적으로는 연체료를 없앴지만 일정한 날짜만큼 반납이 늦어지면 영화 교체 비용으로 연체료를 대체했다. 어떤 경우에는 대체 비용이 해당 타이틀의 소매가보다 높이 책정돼 있었다. 이런 이유로 주 법무부와 지방 검사들에 의한 소송이 줄을 이었다. 근거는 '부당한 사업 관행'이었고 사태를 해결하는 데 상당한 비용과 노력을 들여야 했다. 블록버스터가 고객들의 분노를 산 것은 당연했고 고객 중 대부분이 넷플릭스로 거래처를 바꾸었다.

16  형제자매 경쟁상대에 관한 사례는 다음 문헌을 참조하라. Teck-Hua Ho and Xuanming Su, "Peer-Induced Fairness in Games," American Economic Review, vol. 99, no. 5 (2009): 2047 77.

17  Ernst Fehr, Helen Bernhard, and Bettina Rockenbach, "Egalitarianism in Young Children," Nature, vol. 454, no. 7208 (August 28, 2008): 1079 – 83.

18  Teck-Hua Ho and Xuanming Su, "Peer-Induced Fairness in Games." 이 문헌에 따르면 다른 참가자가 더 많은 액수를 제안받았다는 것을 아는 경우 참가자의 절반이 더 많은 금액을 요구했다고 한다. 다음 문헌도 참조하라. Marc Knez and Colin Camerer, "Outside Options and Social Comparison in Three-Player Ultimatum Game Experiments," Games and Economic Behavior, vol. 10, no. 1 (July 1995): 65 – 94.

19  Sarah F. Brosnan and Frans B. M. de Waal, "Animal Behaviour: Fair Refusal by Capuchin Monkeys," Nature, vol. 428, no. 6979 (March 11, 2004): 140.

20  Rachel Croson and Jen Shang, "The Impact of Downward Social Information on Contribution Decisions," Experimental Economics, vol. 11, no. 3 (2008): 221 – 33.

21  Sara J. Solnick and David Hemenway, "Is More Always Better?: A Survey on Positional Concerns," Journal of Economic Behavior and Organization, vol. 37, no. 3 (1998): 373 – 83.

22  L. Babcock and G. Loewenstein, "Explaining Bargaining Impasse: The Role of Self-Serving Biases," Journal of Economic Perspectives, vol. 11, no. 1 (1997): 109 – 26.

23  David Streitfeld's "On the Web, Price Tags Blur; What You Pay Could Depend on Who You Are," Washington Post, September 27, 2000.

24  "Making Loyal Customers Pay," Washington Post blog The Checkout, August 7, 2006.

25  이 사건과 가격 정책의 의미에 대한 자세한 논의는 다음 문헌을 참조하라. David Leonhardt's "Why Variable Pricing Fails at the Vending Machine," New York Times, June 27, 2005 (http://www.nytimes.com/2005/06/27/business/27consuming.html?ex=1277524800&en=72ef44cbd51eac99&ei=5090).

26  R. Thaler, "Mental Accounting and Consumer Choice," Marketing Science, vol. 4, no. 3 (1985): 199 – 214.

27 이 연구는 1980년대에 시행됐기 때문에 지금의 달러 시세로 한다면 가격은 훨씬 높아질 것이다. 어찌 됐든 중요한 것은 두 장소의 가격 차이다.

28 Sarah Maxwell, The Price Is Wrong: Understanding What Makes a Price Seem Fair and the True Cost of Unfair Pricing (Hoboken, N.J.: John Wiley and Sons, 2008). 책 전체가 공정한 가격 책정을 위한 기술과 과학에 할애돼 있다.

29 Alvin Roth, Vesna Prasnikar, Masahiro Okuno-Fujiwara, and Shmuel Zamir, "Bargaining and Market Behavior in Jerusalem, Ljubljana, Pittsburgh, and Tokyo: An Experimental Study," American Economic Review, vol. 81, no. 5 (1991): 1068-95.

30 J. Henrich, R. Boyd, S. Bowles, H. Gintis, E. Fehr, C. Camerer, et al., "'Economic Man' in Cross-Cultural Perspective: Ethnography and Experiments from 15 Small-Scale Societies," Behavioral and Brain Sciences, vol. 28, no. 6 (2005): 795-855.

31 A. E. Roth, "Bargaining Experiments," in The Handbook of Experimental Economics, ed. J. H. Kagel and A. E. Roth, pp. 253-326 (Princeton, N.J.: Princeton University Press, 1995).

32 여러 실험이 사람들이 협상 전에 신뢰감을 쌓는 스몰 토크 시간을 미리 가질 때 합의에 이를 가능성이 크다는 것을 보여주었다. Michael Morris, Janice Nadler, Terri Kurtzberg, and Leigh Thompson, "Schmooze or Lose: Social Friction and Lubrication in E-Mail Negotiations," Group Dynamics: Theory Research, and Practice, vol. 6, no. 1 (2002): 89-100. 이들 효과에 대한 논의를 위해 다음 문헌을 참조하라. Kathleen L. Valley, Leigh Thompson, Robert Gibbons, and Max H. Bazerman, "How Communication Improves Efficiency in Bargaining Games," Games and Economic Behavior, vol. 38, no. 1 (January 2002): 127-55. 협상을 위한 이메일에 대한 논의를 위해 다음 문헌을 참조하라. Kathleen L. McGinn and Rachel Croson, "What Do Communication Media Mean for Negotiations?: A Question of Social Awareness," in The Handbook of Negotiation and Culture, ed. Michele J. Gelfand and Jeanne M. Brett, pp. 334-49 (Stanford, Calif.: Stanford Business Books, 2004).

33 "Stressing Value of Face-to-Face Communication," Wall Street Journal, August 17, 2009.

34 J. C. Cox, "How to Identify Trust and Reciprocity," Games and Economic Behavior, vol. 46, no. 2 (February 2004): 260-81.

35 B. Huberman, C. Loch, and A. Önçüler, "Status as a Valued Resource," Social Psychology Quarterly, vol. 67, no. 1 (2004): 103-14.

36 이 표는 이 부분의 다른 견해들과 마찬가지로 다음 문헌을 각색한 것이다. Christoph H. Loch, D. Charles Galunic, and Susan Schneider, "Balancing Cooperation and Competition in Human Groups: The Role of Emotional Algorithms and Evolution," Managerial and Decision Economics, vol. 27, no. 2-3 (2006): 217-33. 저자들은 이러한 힘들을 '감정적 알고리즘'이라고 부른다. 그 이유는 사람의 반응이 좀 더 경쟁적 혹은 협조적이 되도록 결정하는 규칙으로 보기 때문이다. 여기에 나온 네 가지 힘은 인류학자 앨런 페이지 피스케가 개발한 범주를 보여주는 것이기도 하다. A. P. Fiske, "The Four Elementary Forms of Sociality: A Framework for a Unified Theory of Social Relations," Psychological Review, vol. 99, no. 4 (October 1992): 689-723.

37 이런 선호 사항들이 우리의 직접적인 물질적 이해관계에서만이 아니라 우리 자신의 사리 추구에도 있다는 것에 주목하라.

38  I. Bohnet, B. S. Frey, and S. Huck, "More Order with Less Law: On Contract Enforcement, Trust, and Crowding," American Political Science Review, vol. 95, no. 1 (2001): 131 –144. Also, see Ernst Fehr and Urs Fischbacher, "Why Social Preferences Matter: The Impact of Non-selfi sh Motives on Competition, Cooperation, and Incentives," Economic Journal, vol. 112, no. 478 (March 2002): C1 –C33.

39  F. Warneken B. Hare, A. P. Melis, D. Hanus, and M. Tomasello, "Spontaneous Altruism by Chimpanzees and Young Children," PLoS Biology, vol. 5, no. 7 (2007): e184.

## 2

1  David A. Kaplan, "SAS: A New No. 1 Best Employer," Fortune, January 22, 2010; Charles A. O'Reilly III and Jeffrey Pfeffer, Hidden Value: How Great Companies Achieve Extraordinary Results with Ordinary People (Boston: Harvard Business School Press, 2000); Rebecca Leung, "Working the Good Life," 60 Minutes, April 20, 2003; "Doing Well by Being Rather Nice," The Economist, December 1, 2007.

2  이 회사는 단어의 통상적인 의미와 같은 이타주의는 아니지만 경영진과 직원들은 사실 일종의 이타주의를 실행하고 있다. 생물학자들이 '상호적 이타주의reciprocal altruism'라고 부르는 '오는 정이 있어야 가는 정이 있다.'를 변형한 말이다. 경제학자들은 이런 종류의 '약한 상호주의'와 장기적으로도 아무런 물질적 이익이 없는 경우에도 다른 사람들에게 친절을 베푸는 '강한 상호주의'를 구분한다. 이 장은 이 두 유형의 상호주의를 모두 다룬다. Samuel Bowles and Herbert Gintis, "The Evolution of Strong Reciprocity: Cooperation in Heterogeneous Populations," Theoretical Population Biology, vol. 65, no. 1 (2004): 17 –28.

3  George A. Akerlof, "Labor Contracts as Partial Gift Exchange," Quarterly Journal of Economics, vol. 97, no. 4 (November 1982): 543 –69.

4  Ernst Fehr, G. Kirchsteiger, and A. Riedl, "Does Fairness Prevent Market Clearing?" Quarterly Journal of Economics, vol. 108, no. 2 (May 1993): 437 –79. See also E. Fehr, G. Kirchsteiger, and A. Riedl, "Gift Exchange and Reciprocity in Competitive Experimental Markets," European Economic Review, vol. 42, no. 1 (January 1998): 1 –34.

5  최저임금법은 이 이론을 망쳐놓았다. 임금이 법적으로 최저임금 이하로 떨어질 수 없기 때문이다. 하지만 최저임금이 존재하지 않는다면 이 논의는 의미가 있다. 더구나 많은 (전문가 시장과 같은) 노동 시장에서 임금은 최저임금보다 훨씬 높으므로 노동 비용을 설명하기가 어렵다. 그리고 노동자의 공급이 늘어나도 급여는 떨어지지 않기 때문에 일자리 부족 현상은 계속된다.

6  George A. Akerlof and Janet L. Yellen, "The Fair Wage-Effort Hypothesis and Unemployment," Quarterly Journal of Economics, vol. 105, no. 2 (May 1990): 255 –83.

7  경제학에서의 현장 실험 사용에 관한 논의는 다음 문헌을 참조하라. G. W. Harrison and J. A. List, "Field Experiments," Journal of Economic Literature, vol. 42, no. 4 (December 2004): 1009 –55.

8  Sebastian Kube, Michel André Maréchal, and Clemens Puppe, "The Currency of Reciprocity—Gift-Exchange in the Workplace" (working paper no. 377, University of Zurich Institute for Empirical Research in Economics, July 15, 2008).

9 Gary Charness, "Attribution and Reciprocity in an Experimental Labor Market," Journal of Labor Economics, vol. 22, no. 3 (2004): 665–88.

10 Armin Falk, "Gift Exchange in the Field," Econometrica, vol. 75, no. 5 (September 2007): 1501–11.

11 Bruno S. Frey and Felix Oberholzer-Gee, "The Cost of Price Incentives: An Empirical Analysis of Motivation Crowding-Out," American Economic Review, vol. 87, no. 4 (September 1997): 746–55; and Bruno S. Frey and Reto Jegen, "Motivation Crowding Theory: A Survey of Empirical Evidence," Journal of Economic Surveys, vol. 15, no. 5 (2001): 589–611.

12 U. Gneezy and A. Rustichini, "A Fine Is a Price," Journal of Legal Studies, vol. 29, no. 1 (January 2000): 1–18.

13 유리 그니지 인터뷰, 2008년 8월 25일.

14 U. Gneezy and A. Rustichini, "Pay Enough or Don't Pay at All," Quarterly Journal of Economics, vol. 115, no. 3 (August 2000): 791–810.

15 Natalie Glance and Bernardo Huberman, "The Dynamics of Social Dilemmas," Scientific American, vol. 270, no. 3 (March 1994): 76–81.

16 '공유지의 비극'이란 용어는 다음 논문에서 비롯됐다. 다음 문헌을 참조하라. Garrett Hardin, "The Tragedy of the Commons," Science, vol. 162, no. 3859 (December 13, 1968): 1243–48.

17 U. Gneezy, E. Haruvy, and H. Yafe, "The Inefficiency of Splitting the Bill: A Lesson in Institution Design," Economic Journal, vol. 114, no. 495 (2004): 265–80.

18 Ernst Fehr and Simon Gächter, "Altruistic Punishment in Humans," Nature, vol. 415, no. 6868 (January 10, 2002): 137–40.

19 우리는 '항상 합리적인 것은 아니다.'라고 말한다. 실험자가 무임승차자를 처벌하는 데 대한 물질적인 보상을 받느냐 여부는 보상과 비교한 처벌의 크기에 달려 있기 때문이다. 어떤 조건과 일부 처벌 전략하에서는 실험자가 속임수를 쓰는 사람을 처벌함으로써 이득을 볼 수도 있다.

20 '사육자'라는 말은 다양한 그룹에 동시에 속할 수밖에 없는 사람들의 '이기심'에 대한 판단 기준이 얼마나 주관적일 수 있는지 생생하게 보여준다. 예를 들어 직장에서 열심히 일하던 사람이 집에 와선 책임 회피자일 수도 있다. 어번딕셔너리닷컴UrbanDictionary.com에는 '사육자'의 두 번째 정의가 '동성애 커플과 비교해 인구 증가에 기여할 위험이 대단히 큰' 이성애 커플이라고 나와 있다.

21 이 때문에 비용이 드는 처벌을 자발적으로 나서서 하는 사람들의 즉각적인 관용과 비교해서 '2차적 공익' 혹은 '2차적 이타주의'라고 부른다. 1차적 이타주의자이지만 2차적 이타주의자가 아닌 사람도 있다. 즉, 그룹에서 자신의 몫을 다하지만 무임승차자를 벌주는 일에는 끼어들지 않는 사람도 있다. 이들은 그룹에 해를 끼치지도 않지만 적극적으로 보호하지도 않는 일종의 방관자들이다. 가장 흥미로운 사람들은 1차적 부정행위자이면서 2차적 이타주의자가 되는 이들이다. 이들은 자기 몫을 방기하고도 무임승차자를 처벌할 때는 가장 먼저 나서서 자기를 위해 더 많은 재원을 확보하는 위선자들이다. 생물학적 체계에서 이들의 역학관계에 대한 분석을 위해 다음 문헌을 참조하라. Omar Eldakar and David Sloan Wilson, "Selfishness as Second-Order Altruism," Proceedings of the National Academy of Sciences,

vol. 105, no. 105 (2008): 6982–86.

22  Kay-Yut Chen, Scott Golder, Tad Hogg, and Cecilia Zenteno, "How Do People Respond to
    Reputation: Ostracize, Price Discriminate or Punish?" In Proceedings of the 2nd Internation-
    al Workshop on Hot Topics in Web Systems and Technologies, ed. V. Padmanabhan and F.
    E. Bustamante, (IEEE, 2008): 31–36.

23  Jerald Greenberg, "Employee Theft as a Reaction to Underpayment Inequity: The Hidden
    Cost of Pay Cuts," Journal of Applied Psychology, vol. 75, no. 5 (1990): 561–68.

24  Boaz Keysar, Benjamin A. Converse, Jiunwen Wang, and Nicholas Epley, "Reciprocity Is Not
    Give and Take," Psychological Science, vol. 19, no. 12 (2008): 1280–86.

25  일부 독자는 이 현상이 일명 초기부존 효과Endowment Effect, 즉 일단 소유하게 되면 그 가
    치를 더 높게 평가하는 경향이 아닌지 궁금할 것이다. 하지만 케이사르와 그의 동료가 수
    행한 실험 중 하나가 그 가능성을 배제한다. 초기부존 효과에 관한 실험 사례는 다음 문헌
    을 참조하라. D. Kahneman, J. L. Knetsch, and R. Thaler, "Experimental Tests of the Endow-
    ment Effect and the Coase Theorem," Journal of Political Economy, vol. 98, no. 6 (1990):
    1325–48.

26  아민 포크Armin Falk와 우르스 피쉬바허Urs Fischbacher는 의도와 결과를 모두 고려하는
    상호주의 이론을 개발했다. 의도의 오해가 어떻게 자기충족적 예언이 되는지는 다음을 참
    조하라. Armin Falk and Urs Fischbacher, "A Theory of Reciprocity," Games and Economic
    Behavior, vol. 54, no. 2 (2006): 293–315.

27  충돌의 확대를 피하는 이런 접근법은 GRIT(graduated and reciprocated initiatives, 누진적이고 호
    혜적인 긴장완화 이니셔티브)라고 불리는 수십 년 된 전략이다. 충돌의 일방이 작은 양보를 하
    고 상대방에게도 똑같은 조치를 청하는 것이 그 본질이다(실제 대부분의 충돌에서는 각자 상대
    방이 먼저 양보하기를 바라면서 어느 쪽도 물러서지 않는 게 보통이다). 더 자세한 내용은 다음 문헌
    을 참조하라. Svenn Lindskold, "Trust Development, the GRIT Proposal, and the Effects of
    Conciliatory Acts on Conflict and Cooperation," Psychological Bulletin, vol. 85, no. 4 (July
    1978): 772–93.

# 3

1  카사노바 이야기는 『생갈의 J. 카사노바 회고록』 제2권에서 인용했다. 다음 문헌을 참조하
   라. Jacques Casanova de Seingalt, The Memoirs of Casanova, Volume 2 of 6: To Paris and
   Prison (Teddington, UK: The Echo Library, 1997). 이 이야기는 도박의 역사에 관한 다음의 두 책
   을 비롯해서 많은 책에 인용됐다. William Poundstone, Fortune's Formula: the Untold Story
   of the Scientifi c Betting System That Beat the Casinos and Wall Street (New York: Hill and
   Wang, 2005); David G. Schwartz, Roll the Bones: The History of Gambling (New York: Gotham
   Books, 2006).

2  예를 들어 룰렛에서 하우스 에지는 18개의 레드, 18개의 블랙과는 별개인 두 개의 녹색 칸
   에서 생겨난다. 게임자가 레드에 1달러를 거는 경우, 1달러를 따게 될 확률은 18/38이다.
   카지노는 레드가 아닌 곳에 볼이 멈출 때마다 게임자의 돈을 딴다. 따라서 카지노가 1달러
   를 딸 확률은 20/38이다. 카지노의 기대수익과 게임자의 기대수익 사이의 차이가 바로 하
   우스 에지다.

3    Charles Holt and Susan Laury, "Risk Aversion and Incentive Effects," American Economic Review, vol. 92, no. 5 (December 2002): 1644–55.

4    A의 기대수익은 1.64이고 B의 기대수익은 0.475에 불과하다. 따라서 기대수익의 차이는 1.17달러다.

5    홀트와 로리의 실험에서 참가자의 3분의 2는 위험 중립점이 지난 후에도 계속해서 A를 선택해 어느 정도 위험 회피적인 양상을 보였다. 어떤 이들은 A에서 B로만 전환하는 것이 아니라 때로 별다른 이유 없이 A로 되돌아오는 이상한 모습을 보였다.

6    Steven J. Kachelmeier and Mohamed Shehata, "Examining Risk Preferences Under High Monetary Incentives: Experimental Evidence from the People's Republic of China," American Economic Review, vol. 82, no. 5 (December 1992): 1120–41.

7    Kay-Yut Chen and Suzhou Huang, "Durable Goods Lease Contracts and Used-Good Market Behavior: An Experimental Study," in Experimental Business Research: Economic and Managerial Perspectives, ed. Amnon Rapoport and Rami Zwick, vol. 2 (New York: Springer, 2005).

8    Kay-Yut Chen and Charles Plott, "Nonlinear Behavior in First Price Sealed Bid Auctions," Games and Economic Behavior, vol. 25, no. 1 (October 1998): 34–78.

9    밀봉 경매를 연구한 다른 연구자들은 '가치에 비해 가격을 높게 부르는 것'에 대해 위험 회피가 아니라 모호성 회피ambiguity aversion로 설명한다. 위험 회피와 모호성 회피 모두 불확실성에 대한 회피다. 다음 문헌을 참조하라. Ahti Salo and Martin Weber, "Ambiguity Aversion in First-Price Sealed-Bid Auctions," Journal of Risk and Uncertainty, vol. 11, no. 2 (September 1995): 123–37.

10   J. Berg, J. Dickhaut, and K. McCabe, "Risk Preference Instability Across Institutions: A Dilemma," Proceedings of the National Academy of Sciences, vol. 102, no. 11 (2005): 4209–14.

11   L. Barseghyan, J. T. Prince, and J. C. Teitelbaum, "Are Risk Preferences Stable Across Contexts?: Evidence from Insurance Data" (December 2009). Forthcoming from American Economic Review.

12   Brian J. Zikmund-Fisher and Andrew M. Parker, "Demand for Rent-to-Own Contracts: A Behavioral Economic Explanation," Journal of Economic Behavior and Organization, vol. 38, no. 2 (February 1, 1999): 199–216.

13   이 반즈앤노블 상품권에는 2주 안에 사용해야 한다는 제약이 있었다. 따라서 참가자들이 사실상 돈을 산다고 생각하는 것인지는 분명하지 않았다. 다음 문헌을 참조하라. U. Gneezy, J. A. List, and G. Wu, "The Uncertainty Effect: When a Risky Prospect Is Valued Less Than Its Worst Possible Outcome," Quarterly Journal of Economics, vol. 121, no. 4 (November 2006): 1283 1309.

14   이 같은 소위 '피험자 간between-subjects' 설계는 '정확한' 답안으로 수렴되는 것을 막는 의미가 있다. 사실 연구자들이 피험자 간 설계를 이용한 실험을 수행할 경우, 즉 같은 사람들이 세 실험에 모두 참여할 때 이들은 의도적으로 100달러와 50달러에 대해 제각각 지급했던 금액의 중간 금액으로 무작위 지급에 대한 금액을 선택하는 경향이 있다.

15   U. Simonsohn, "Direct-Risk-Aversion: Evidence from Risky Prospects Valued Below Their

Worst Outcome," Psychological Science, vol. 20, no. 6 (2009): 686 - 92.

16  Tao Chen, Ajay Kalra, and Baohong Sun, "Why Do Consumers Buy Extended Service Con-
tracts?," Journal of Consumer Research, vol. 36, no. 4 (December 2009): 611 - 23.

17  Alice M. Isen and Robert Patrick, "The Effect of Positive Feelings on Risk Taking: When the
Chips are Down," Organizational Behavior and Human Performance, vol. 31, no. 2 (1983):
194 - 202.

18  샘 새비지Sam Savage가 소개하는바 편차가 얼마나 중요한가에 대한 또 다른 생생한 사례
는 '고속도로를 걷는 취객' 사례다. 보통 술 취한 사람들은 중앙선을 따라 걷는다. 하지만 이
내 비틀거리며 갈지자로 걷다가 곧 죽게 된다. 새비지는 편차를 무시하는 것을 '평균의 함
정'이라고 부르며, 이런 실수가 비즈니스에서 의미하는 바에 관한 책을 집필했다. 다음 문헌
을 참조하라. Sam Savage, The Flaw of Averages: Why We Underestimate Risk in the Face of
Uncertainty (Hoboken, N.J.: Wiley, 2009).

19  동물 연구, 컴퓨터 시뮬레이션, 로봇을 이용한 실험은 위험 회피 행동의 '진화 과정'을 보여
준다. 생물학자들은 리스크에 대한 태도가 참가자들의 유전적 환경에 좌우된다고 주장한다.
일부 생물의 경우 자연도태가 위험 회피 전략을 촉진한다. 위험 회피 현상은 소위 '안정적
인 종족' 혹은 예측 가능한 환경에 있는 종들에게 일어나는 현상이기 때문이다. 즉, 만약 당
신이 다음 식사가 어디서 나올지 알고 있다면 그것을 얻기 위해서 과도한 리스크를 감당할
필요가 없다는 뜻이다. 그렇지 않은 종은 리스크에 대해 좀 더 둔감해지는 방식으로 적응한
다. 예를 들어 인간과 가까운 동물인 침팬지와 보노보 연구에서는 보노보가 위험 회피적인
(1개 혹은 7개의 포도라는 불확실한 대가보다 4개의 포도라는 확실한 대가를 선호함) 반면, 침팬지는
정반대라는 것을 발견했다. 이는 아마도 환경 자체가 침팬지들이 위험을 무릅쓰도록 진화하
게 했기 때문일 것이다. 다음 문헌을 참조하라. Sarah R. Heilbronner, Alexandra G. Rosati,
Jeffrey R. Stevens, Brian Hare, and Marc D. Hauser, "A Fruit in the Hand or Two in the
Bush?: Divergent Risk Preferences in Chimpanzees and Bonobos," Biology Letters, vol. 4, no.
3 (June 23, 2008): 246 - 49.

인간은 남성이 여성보다 평균적으로 위험 회피 성향이 약하다. 이는 위험을 무릅쓰는 남성
들이 위험을 회피하는 남성들보다 재생산에 성공할 가능성이 크기 때문이다. 여성들은 위험
을 선호하는 파트너를 더 좋아한다. 다음 문헌을 참조하라. Susan Kelly and Robin Dunbar,
"Who Dares, Wins: Heroism Versus Altruism in Women's Mate Choice," Human Nature,
vol. 12, no. 2 (June 2001): 89 - 105.

컴퓨터화된 에이전트에서 위험 회피의 진화에 대해서는 다음 문헌을 참조하라. J. Neil
Bearden, "Evolution of Risk Aversion in Adaptive Learning Agents," in Computing in Eco-
nomics and Finance 2001, no. 253 (2001), Society for Computational Economics; Y. Niv, D.
Joel, I. Meilijson, and E. Ruppin, "Evolution of Reinforcement Learning in Uncertain Envi-
ronments: Emergence of Risk Aversion and Matching," in Proceedings of the Sixth European
Conference on Artificial Life, ed. J. Kelemen and P. Sosik, pp. 252 - 61 (Berlin: Springer-
Verlag, 2001).

20  물론 사람들이 고용 환경을 좋아하는 이유는 건강보험과 같은 서비스 접근권에서부터 팀의
일원이 됐다는 안정감에 이르기까지 다른 이유가 더 있다.

21  조정을 하느냐, 어디까지 조정으로 해결하느냐에 대한 결정에는 특히 변호사가 수임료를
얼마나 받느냐 등 근거가 되는 많은 요인이 있다. 다음 문헌을 참조하라. Steven M. Shavell,
"Suit, Settlement, and Trial: A Theoretical Analysis Under Alternative Methods for the Al-

location of Legal Costs," Journal of Legal Studies, vol. 11, no. 1 (January 1982): 55 – 82.

22  Tom Davis, "Effective Supply Chain Management," Sloan Management Review, vol. 34, no. 4 (Summer 1993): 35 – 46.

23  이것은 리스크가 서로 연관되지 않는 경우, 즉 그들이 같은 방향으로 변동하는 경향이 없는 한에서만 유효하다.

24  비행기 한 대가 추락할 가능성이 P라면 두 번째 비행기가 추락할 가능성은 첫 비행기의 추락 확률(P)과 같다. 그리고 두 개의 사건이 독립적이므로 적어도 한 대의 비행기가 추락할 확률은 1 – (1 – P)2 – 2P – P2이다. P2가 아주 작은 수이므로 적어도 한 대의 비행기가 추락할 확률은 거의 2P에 가깝다.

25  Daryl-Lynn Carlson, "Recessions Breed New Generation of Entrepreneurs," Financial Post, March 20, 2009.

26  보험사에는 다른 수입원도 있다. 그중 대부분은 보험금을 지급하기 전까지 보유하는 계약자의 보험료를 투자해 발생한 엄청난 투자수익에서 나온다.

27  Claire Poole, "Don't Get Mad, Get Rich," Forbes, May 24, 1993.

28  Margo Baldwin, "Zero-Waste Publishing: While Going to Recycled Paper Is an Essential First Step, Real Change Will Only Come When Book Sales Become Nonreturnable," Publishers Weekly, August 14, 2006; Jim Milliot, "Who's Footing the Bill for the Price Wars?: $8.98 Bestsellers Bring an ABA Letter and Suspicions About Extra Discounts," Publishers Weekly, October 26, 2009.

29  Eric T. Anderson, Karsten Hansen, and Duncan Simester, "The Option Value of Returns: Theory and Empirical Evidence," Marketing Science, vol. 28, no. 3 (May – June 2009):, pp. 405_4 – 23.

30  "2009 Holiday Return Policies," ConsumerWorld.org, http://www.consumerworld.org/pages/returns.htm.

31  Darren Rovell, "Playoff-or-Payoff Guarantees Back After Layoff," ESPN.com, October 25, 2002.

32  실제 이 기간에 비가 왔고 투어리즘 빅토리아는 환불해야 했다. 다음 문헌을 참조하라. Shannon Moneo, "No Rain, No Gain: Teacher Cashes In on Victoria's Sunshine Pledge," Globe and Mail, April 15, 2009.

33  Sarah Bernard, "The New Style Merchants: Small Boutiques Run by Young Women with Very Decided Tastes Are Guiding the Look of the City," New York, August 20, 2007.

34  Paula Paul, "Sales Staff Has Choice of Pay Plans," Automotive News, February 5, 2001.

35  Tad Hogg and Bernardo Huberman, "Taking Risk Away from Risk Taking: Decision Insurance in Organizations" (HP Labs working paper, April 13, 2006).

36  J. D. Cummins, R. Phillips, and M. Weiss, "The Incentive Effects of No-Fault Automobile Insurance," Journal of Law and Economics, vol. 44, no. 2 (2001): 427 – 64.

37  Audie Cornish, "Zappos Proves Shoes Do Sell Online," NPR's Weekend Edition Saturday, July 14, 2007.

38  Alexandra Jacobs, "Happy Feet," New Yorker, September 14, 2009.

39  Mark Israel, "Do We Drive More Safely When Accidents Are More Expensive?: Identifying Moral Hazard from Experience Rating Schemes," CSIO Working Paper #0043, 2004, Center for the Study of Industrial Organization at Northwestern University.

40  Diana Burrell of The Renegade Writer Blog (http://therenegadewriter.com/2008/05/27/lets-kill-the-kill-fee/).

41  Jennifer Howland, "'Kill' fees," Folio: the Magazine for Magazine Management, January 1984.

42  E. Fram and A. Callahan, "Do You Know What the Customer You Penalized Yesterday Is Doing Today?: A Pilot Analysis," Journal of Services Marketing, vol. 15, no. 6 (2001): 496 – 509.

43  이 이론을 비롯한 많은 오류가 학술 문헌과 대중 저술 모두에 잘 나타나 있다. 학술서로서의 고전은 다음과 같다. Daniel Kahneman, Paul Slovic, and Amos Tversky, eds., Judgment Under Uncertainty: Heuristics and Biases (Cambridge, UK: Cambridge University Press, 1982). 최근에 이 주제를 잘 다룬 책은 다음과 같다. Leonard Mlodinow, The Drunkard's Walk: How Randomness Rules Our Lives (New York: Pantheon Books, 2008).

# 2부

## 1

1  현대 물류업의 최적화에 대한 설명은 다음 문헌을 참조하라. Descriptions of optimization in modern trucking come from David Diamond, "The Trucker and the Professor," Wired, vol. 9, no. 12 (December 2001): 164 –73.

2  최적화 시스템이 안전에서는 최적화되지 않았다는 지적도 있다. 그 이유는 빽빽한 스케줄 때문이다. 대부분의 운전자들이 운행하면서 차 안에 장착된 배차 시스템을 사용한다. (다음 문헌을 참조하라. Matt Richtel, "Truckers Insist on Keeping Computers in the Cab," New York Times, September 27, 2009.) 달리 말하자면 시스템은 인간이 가진 분명한 인지적 한계, 즉 길과 스크린 양쪽 모두에 주의를 기울이지 못하는 한계를 무시한다. 이 문제를 해결하기 위해 운송회사들은 운전자들에게 새로운 메시지를 받을 때는 차를 정차하라고 요구할 수 있다. 하지만 하루 4회 15분간 정차를 한다면 1시간이 되고 효율은 8분의 1 정도 떨어지게 된다. 효율 감소와 현재 시스템 사이의 절충안은 내비게이션 시스템과 같은 목소리로 전달되는 좀 더 짧은 메시지가 될지도 모른다.

3  '인간은 인지적 한계 때문에 최적화 유용성의 극대화가 불가능하다.'라는 생각은 노벨상 수상자이기도 한 경제학자 허버트 사이먼Herbert Simon에게서 나온 것이다. 사이먼은 인간은 합리적이기보다 '한정 합리적bounded rational'이라고 주장한다. 즉 두뇌와 한정된 시간 등 주어진 범위 안에서 합리적이라고 생각하는 것이 옳다는 말이다. 사람은 모든 정보와 상황을 최대한 활용하느라 시간을 허비하느니 완벽하지는 않아도 주어진 제한하에서 충분히 괜찮은 해답을 도출하는 데 만족한다.

4  다음 문헌을 참조하라. Hossam Sadek and Zach Henderson, "It's All in the Details," Pharma-

ceutical Executive, October 1, 2004, http://www.pharmexec.com/pharmexec/article/ articleDetail.jsp?id=129291. 수익 극대화 소프트웨어의 사용은 샘플을 받되 그 약에 대한 처방전을 쓰지 않는 의사들을 관리해 향후에는 샘플을 제공하지 않게 한다. 따라서 의사들은 보험에 가입돼 있지 않은 가난한 환자들에게 많은 샘플을 줄 수가 없다. 결국 의사가 샘플을 나눠주려면 나머지 환자들에게 값비싼 약물을 많이 처방해야 한다. 결과적으로 이 '무료' 샘플이 상당히 비싸지는 것이다.

5    사람들은 이 장에서 다루는 범위를 넘어서는 여러 가지 형태의 비합리적인 결정을 내리곤 한다. 그 예를 다룬 자료로 다음 문헌을 참조하라. John Conlisk, "Why Bounded Rationality?" Journal of Economic Literature, vol. 24, no. 2 (1996): 669 – 700.

6    이 공식은 수요의 분포가 일정할 때, 즉 우리가 제시한 사례에서처럼 매일의 판매 부수가 달라지는 것과 같은 경우에만 작동한다. 이 공식은 조건이 매우 단순한 사례의 경우만 이렇게 간단하다는 것도 언급할 필요가 있겠다. 예를 들어 이 경우 수요 분포의 최젓값이 1(즉 0에 아주 가깝다)이라는 것을 알고 있다. 만약 그렇지 않다면 즉 수요의 범위가 100~400이라면 같은 기본적 공식을 쓸 수는 있겠지만 차감 계산을 포함해야 한다. 일반적인 공식은 다른 변수에 0이 아닌 수를 집어넣을 수 있다. 예를 들어 좀 더 복잡해진 공식은 다음 날 신문의 가치가 0이 된다고 가정하는 대신 재고 가치를 일정 부분 포함할 수 있다.

7    Maurice E. Schweitzer and Gérard P. Cachon, "Decision Bias in the Newsvendor Problem with a Known Demand Distribution: Experimental Evidence," Management Science, vol. 46, no. 3 (March 2000): 404 – 20.

8    Amos Tversky and Daniel Kahneman, "Judgment Under Uncertainty: Heuristics and Biases," Science, New Series, vol. 185, no. 4157 (September 27, 1974): 1124 – 31.

9    첫 제안을 하는 것이 유리하다는 정보는 다음 문헌을 참조하라. Deepak Malhotra and Max H. Bazerman, Negotiation Genius: How to Overcome Obstacles and Achieve Brilliant Results at the Bargaining Table and Beyond (New York: Bantam Books, 2007).

10   Gary Bolton and Elena Katok, "Learning–by–Doing in the Newsvendor Problem: A Laboratory Investigation of the Role of Experience and Feedback," Manufacturing and Services Operations Management, vol. 10, no. 3 (2008): 519 – 38.

11   James J. Choi, David Laibson, and Brigitte C. Madrian, "$100 Bills on the Sidewalk: Suboptimal Investment in 401(k) Plans" (working paper no. 11554, NBER, August 2005).

12   교육 후 최적의 401(k) 결정에 실패한 것은 합리성의 결핍이 아니라 결단력의 결핍일 가능성도 있다(사람들은 능장을 부리기 마련이다). 만일 그렇다면 종업원들이 401(k)에 최적액을 투자하게 하는 데 가장 좋은 방법은 최적의 선택을 디폴트 옵션으로 설정하는 것이다.

13   A. Byde and Kay-Yut Chen, "AutONA: A System for Automated Multiple 1-1 Negotiation," Fourth ACM Conference on Electronic Commerce, pp. 198 – 99. 자동화 협상의 도전 과제에 대해서는 다음 문헌을 참조하라. Raz Lin and Sarit Kraus, "Can Automated Agents Proficiently Negotiate with Humans?" Communications of the ACM, vol. 53, no. 1 (January 2010): 78 – 88.

14   이 문제는 때로 '결혼 문제the marriage problem'나 '성가신 소송인 문제fussy suitor problem' 같은 이름으로도 불린다. 이 문제가 묘사하는 결정의 유형이 이런 상황에도 적용되기 때문이다. 이 문제의 역사에 대한 자세한 내용은 다음 문헌을 참조하라. Thomas S. Ferguson, "Who Solved the Secretary Problem?" Statistical Science, vol. 4, no. 3 (August 1989): 282 – 89.

15 Darryl A. Seale and Amnon Rapoport, "Sequential Decision Making with Relative Ranks: An Experimental Investigation of the Secretary Problem," Organizational Behavior and Human Decision Processes, vol. 69, no. 3 (1997): 221–36.

16 Rami Zwick, Amnon Rapoport, Alison King Chung Lo, and A. V. Muthukrishnan, "Consumer Sequential Search: Not Enough or Too Much?," Marketing Science, vol. 22, no. 4 (Autumn 2003): 503–19.

17 Rongrong Zhou and Dilip Soman, "Looking Back: Exploring the Psychology of Queuing and the Effect of the Number of People Behind," Journal of Consumer Research, vol. 29, no. 4 (2003): 517–30.

18 Noah J. Goldstein, Robert B. Cialdini, and Vladas Griskevicius, "A Room with a Viewpoint: Using Social Norms to Motivate Environmental Conservation in Hotels," Journal of Consumer Research, vol. 35, no. 3 (2008): 472–82.

19 Stijn M. J. van Osselaer, Joseph W. Alba, and Puneet Manchanda, "Irrelevant Information and Mediated Intertemporal Choice," Journal of Consumer Psychology, vol. 14, no. 3 (2004): 257–70.

20 Manoj Thomas, Daniel H. Simon, and Vrinda Kadiyali, "The Price Precision Effect: Evidence from Laboratory and Market Data," Marketing Science, vol. 29, no. 1 (January–February 2010): 175–90.

21 케이윳 첸·퍼얄 에르훈Feryal Erhun·바삭 칼칸치Basak Kalkanci가 준비 중인 논문. 이 효과는 이 장의 뒷부분에서 이야기할 채찍 효과에 대한 J. D. 스터먼J. D. Sterman의 연구와 비슷하다. 스터먼은 사람들이 공급 라인을 과소평가한다는 것을 발견했다. 이 실험은 사람들에게 재고를 주문하게 한 뒤 이후 실험이 계속되는 일정 시간 동안 제품이 도착하지 않게 한다. 참가자들이 필요 이상으로 주문을 하는 이유 중 일부는 그들이 했던 주문을 잊어버리기 때문이다. 다음 문헌을 참조하라. J. D. Sterman, "Modeling Managerial Behavior: Misperceptions of Feedback in a Dynamic Decision Making Experiment," Management Science, vol. 35, no. 3 (March 1989): 321–39.

22 Amos Tversky and Daniel Kahneman, "Judgment Under Uncertainty: Heuristics and Biases," Science, New Series, vol. 185, no. 4157 (September 27, 1974): 1124–31.

23 J. N. Bearden, R. O. Murphy, and A. Rapoport, "Decision Biases in Revenue Management: Some Behavioral Evidence," Manufacturing Service Operations Management, vol. 10, no. 4 (2008): 625–36.

24 W. J. Becker, A. Rapoport, and J. N. Bearden, "Perishable Asset Dynamic Pricing in the Laboratory," Production and Operations Management Journal, 논문 준비 중.

25 J. D. Sterman, "Modeling Managerial Behavior: Misperception of Feedback in a Dynamic Decision-Making Experiment," Management Science, vol. 35, no. 3 (1989): 321–39.

26 심리학자 배리 슈워츠Barry Schwartz는 이 용어를 자신의 책 제목으로 사용했다. 이 책은 선택에 숨겨진 큰 비용을 드러내고 있다. Barry Schwartz, The Paradox of Choice: Why More Is Less (New York: HarperCollins, 2004).

27 Sheena S. Iyengar and Mark R. Lepper, "When Choice Is Demotivating: Can One Desire Too Much of a Good Thing?" Journal of Personality and Social Psychology, vol. 79, no. 6

(2000): 995 – 1006.; Sheena Iyengar, The Art of Choosing (New York: Twelve, 2010).

28  Daniel McFadden quote from an interview by Dan Ariely, "Arming the Donkeys" podcast, December 1, 2008.

29  Richard Thaler and Cass Sunstein, Nudge: Improving Decisions About Health, Wealth, and Happiness (New Haven, Conn.: Yale University Press, 2008).

30  숫자가 꼭 36이 될 필요는 없지만 행동이 안정될 정도의 크기는 되어야 한다. 36은 유사한 문제를 연구하는 다른 연구자들도 사용하는 숫자다.

31  의사결정자가 최적의 주문량을 선택하는 동안 연구자들은 각 가격을 최적 가격으로 설정한다. 이는 가격이 주문량에 따라 변하지 않는다는 의미다.

32  최적 수익을 계산하기 위해 연구자들은 참가자들과 동일한 정보와 제약 조건을 입력한 컴퓨터 시뮬레이션을 수행한다.

33  피로감이 차선의 의사결정을 하게 하는 원인이라는 게 의아할지도 모른다. 같은 두 시간이라도 그저 일하는 것과 계속해서 의사결정을 해야 하는 것은 다를 수 있다. 하지만 피로감만으로는 이 결과가 제대로 설명되지 않는다. 실험의 비교적 초기, 즉 피로해지기 전에도 반복적으로 좀 더 복잡한 결정을 하는 사람들이 간단한 결정을 하는 사람들보다 나쁜 결과를 보인다.

34  D. Redelmeier and R. Tibshirani, "Why Cars in the Next Lane Seem to Go Faster," Nature, vol. 401, no. 6748 (September 2, 1999): 35 – 36.; D. Huang, "Lane-Changing Behavior on Highways," Physical Review E, vol. 66, no. 2 (August 2002): 1 – 5.

35  Brad M. Barber and Terrance Odean, "Trading Is Hazardous to Your Wealth: The Common Stock Investment Performance of Individual Investors," Journal of Finance, vol. 55, no. 2 (April 2000): 773 – 806.

36  Youyi Feng and Guillermo Gallego, "Optimal Starting Times for End-of-Season Sales and Optimal Stopping Times for Promotional Fares," Management Science, vol. 41, no. 8 (August 1995): 1371 – 91.

37  Gary Stoller, "Car Rental Prices Can Change in a Heartbeat," USA Today, March 14, 2007.

38  또한 연구자들은 다른 흔한 계약 유형, 리베이트 계약의 효과를 조사해 리베이트 계약이 초과분 할인 계약에 가까운 효과가 있다는 것을 발견했다.

39  계약과 제한된 합리성에 대한 이런 결과는 경매와 리스크 회피에 대해 발견된 것과 유사하다. 다른 유형의 경매들이 동등한 결과를 내야 함에도 불구하고 리스크 회피가 최고가 밀봉 경매에서의 가격을 영국식 시계 경매에서보다 높이는 경향이 있는 것처럼 말이다.

40  이것이 제한된 합리성을 측정하는 유일한 방법은 아니다. 다른 실험자와의 전략적인 상호작용에서 사람들이 어떻게 행동하는가 하는 면에서의 제한된 합리성을 연구하는 또 다른 경제학자 팀은 '합리성의 한계'를 한 실험 참가자가 다른 참가자와 상호작용하며 내린 결정에 이용하는 생각의 단계 수로 측정한다. 완벽하게 합리적인 실험자라면 헤아릴 수 없이 많은 단계를 앞서 생각하겠지만 대부분의 사람들은 두 단계 이하로 생각한다. 다음 문헌을 참조하라. C. F. Camerer, T.-H. Ho, and J. K. Chong, "A Cognitive Hierarchy Model of Games," Quarterly Journal of Economics, vol. 119, no. 3(August 2004): pp. 861 – 98.

## 2

1 이 여론조사는 http://www.nydailynews.com/sports/2008olympi cs/2008/08/19/2008-08-19_breakfast_of_a_champion_frosted_fl akes_p.html에서 볼 수 있었으나 현재는 닫혀 있다.

2 Georg Szalai, "License to Print Money for Disney," Hollywood Reporter, June 10, 2008.

3 Fred Vogelstein, "The Untold Story: How the iPhone Blew Up the Wireless Industry," Wired, vol. 16, no. 2 (February 2008).

4 Paul Resnick, Richard Zeckhauser, John Swanson, and Kate Lockwood, "The Value of Reputation on eBay: A Controlled Experiment," Experimental Economics, vol. 9, no. 2 (June 2006): 79 – 101.

5 이 연구의 저자가 지적한 대로 이베이는 거래 상대방의 평가에 대해 직접적인 인센티브를 주지 않는다. 그리고 피드백을 주는 것에는 최소한 약간의 시간과 노력이 필요하다. 그 때문에 경제학적 관념으로는 합리적으로 보이지 않는다. 그렇지만 수백만의 사용자들이 시간과 노력을 들여 평가한다. 이런 행동을 해석할 수 있는 하나의 논리는 상호주의다. 자신에 대한 대우가 소홀한 서래자를 저벌하고 자신을 잘 대우한 거래자에게 보상을 주고 싶은 욕구이다. 상호주의는 온라인과 오프라인에서 평판 시스템을 움직이는 동력이다. 뒷공론하는 동료에게 맞서는 것이 두려울 수도 있다. 그러나 소문을 통해 동료의 평판에 흠집을 내기는 쉽고 만족스럽고 비교적 위험에서 자유롭다. 사실 듣는 사람들은 정보를 준 당신에게 고마워할지도 모른다.

6 이것은 구매자가 주문한 물품이 배송되기 전에 대금을 지급하는 이베이에서는 사소한 문제다. 그렇지만 판매자가 좋은 기록을 이용해 고객에게 우선적인 대우를 해주는 것은 다른 시장에서도 언제든지 일어나는 일이다.

7 Charles J. Fombrun and Cees B. M. van Riel, Fame and Fortune: How Successful Companies Build Winning Reputations (Upper Saddle River, N.J.: Pearson Education, Financial Times, 2004).

8 "Procter & Gamble Wins $19 Million in Satanism Suit," New York Times, March 20, 2007.

9 G. A. Akerlof, "The Market for 'Lemons': Quality Uncertainty and the Market Mechanism," Quarterly Journal of Economics, vol. 84, no. 3 (August 1970): 488 – 500; 레몬 효과에 대한 실험 연구는 다음 문헌을 참조하라. M. Lynch, R. Miller, C. Plott, and R. Porter, "Product quality, consumer information and 'lemons' in experimental markets," in Empirical Approaches to Consumer Protection Economics, ed. P. M. Ippolito and D. T. Schefman, pp. 251 – 306 (Washington, DC: Federal Trade Commission, Bureau of Economics, 1986).

10 이 논문의 발전 과정에 대한 애컬로프 자신의 설명은 다음 문헌을 참조하라. "Writing 'The Market for "Lemons"': A Personal and Interpretive Essay," Nobelprize.org, November 14, 2003.

11 자동차의 예에서 더 많은 정보를 가진 쪽은 판매자다. 하지만 비대칭적 정보asymmetric information의 두 가지 중요한 사례인 '보험'과 '신용' 시장에서는 구매자가 판매자보다 많은 정보를 가지고 있다. 그리고 많은 경우에 두 유형의 비대칭이 모두 존재한다. 어떤 정보에 대해서는 구매자가 판매자보다 많이, 다른 정보에 대해서는 판매자가 구매자보다 많이 알고 있다.

12 즉, 당신이 거짓말을 나쁘게 생각하지 않거나 이런 정보의 제공을 자제하는 것을 거짓말이

라고 생각하지 않는다면. 6장에서 거짓말을 꺼리는 사람들에 대한 견해를 다루게 될 것이다.

13 애컬로프의 소위 레몬 원칙이 신차 시장에서는 적용되지 않는다는 데 주목하라. 신차 중에 레몬이 있다 하더라도 거기에는 정보 비대칭이 존재하지 않기 때문이다. 판매자는 어떤 차가 레몬인지에 대해 구매자보다 잘 안다고 할 수 없다. 그리고 정보 비대칭이 없다면 역선택도 없다.

14 개인은 친구나 동료와 같이 이미 그를 알고 신뢰하는 어떤 사람에게 중고차를 팔면서 좋은 값을 받을 수 있다. 하지만 판매를 원할 때 그런 구매자를 찾을 가능성은 극히 낮다. 더구나 옵션의 범위가 좁아서(딜러에 비교해서) 가격 교섭에서 협상력이 떨어진다.

15 사실 켈리 블루 북은 각 차에 대해 세 가지 기준으로 나누어 싣고 있다. 딜러에게 파는 가격 Trade-in Value, 개인 간 거래가Private Party Value, 즉 딜러에게 사는 가격 권장소비자가, 즉 딜러에게 사는 가격 Suggested Retail Price이 그것이다. 이 가격은 순서대로 점차 높아진다. 낯선 사람에게 자기 소유의 차를 팔면 당신은 딜러에게 파는 것보다 훨씬 높은 가격을 받을 수 있다. 하지만 딜러가 낯선 사람에게 파는 가격보다는 낮을 것이다.

16 '지식의 저주'는 최근 칩 히스Chip Heath와 댄 히스Dan Heath의 책 『스틱Made to Stick』에 등장하면서 유명해졌다. 그 경제학적 함의는 이미 다음 문헌에서 언급된 바 있다. C. Camerer, G. Loewenstein, and M. Weber, "The Curse of Knowledge in Economic Settings: An Experimental Analysis," Journal of Political Economy, vol. 97, no. 5 (1989): 1232–54.

17 Nick Paumgarten, "Food Fighter," New Yorker, January 4, 2010.

18 한 연구는 기부가 많은 사람을 속이고 있다고 말하고 있다. 이 연구는 환경 법규나 근로자 안전 법규를 지키지 않는 것은 기업의 평판에 손상을 주는 반면, 기부를 하는 것은 평판을 개선한다는 증거를 보여주고 있다. 기부가 규칙을 어기는 회사의 부정적인 평판을 감소할 수 있는 것이다. Robert J. Williams and J. Douglas Barrett, "Corporate Philanthropy, Criminal Activity, and Firm Reputation: Is There a Link?," Journal of Business Ethics, vol. 26, no. 4 (August 2000): 341–50.

19 사람들 대부분은 다른 힘에 의해서도 동기부여를 받으며 옳은 행동을 하는 데 외적인 인센티브가 필요치 않다. 전통적인 경제학만이 우리 모두를 태생부터 이기적인 존재로 간주한다. 하지만 이렇게 보다 미묘한 경제 행동의 행동 모델에서조차 평판은 속이지 않는 사람과 가치 있는 보상만이 속이는 사람들을 구분함으로써 영향력을 발휘한다.

20 Kitty Bean Yancey, "When Irate Guests Pounce: Should Hotels Have a Blacklist?," USA Today, September 15, 2006.

21 Scott McCartney, "Your Airline Wants to Get to Know You," Wall Street Journal, March 24, 2009.

22 이 용어는 컬럼비아 MBA의 경제학자 래리 셀던Larry Selden에 의해 대중화됐다. 다음 문헌을 참조하라. Larry Selden and Geoffrey Colvin, Angel Customers and Demon Customers: Discover Which Is Which and Turbo-Charge Your Stock (New York: Portfolio, 2003).

23 Justin Martin, "Do Your Customers Love You?" FSB, October 2007.

24 이 실험들과 프로스퍼닷컴Prosper.com의 금리 분석에 대해서는 다음 문헌을 참조하라. Kay-Yut Chen, Scott Golder, Tad Hogg, and Cecilia Zenteno, "How Do People Respond to Reputation: Ostracize, Price Discriminate or Punish?" Proceedings of the 2nd International

Workshop on Hot Topics in Web Systems and Technologies, ed. V. Padmanabhan and F. E. Bustamante (IEEE, 2008), 31 - 36.

25  Felicity Barringer, "Los Angeles Times Issues Unsparing Report on Itself," New York Times, December 21, 1999.

26  Steven Mufson, "BP Failed on Safety, Report Says," Washington Post, January 17, 2007. 시간이 흐르면 2010년 BP의 멕시코만의 참사에 대한 영향을 알 수 있을 것이다. 그리고 비용 삭감이 이 폭발 사고와 환경 재해의 결과에 어떤 역할을 했는지는 아직 명확하지 않다.

27  Jodi S. Cohen, Tara Malone, and Robert Becker, "U. of I. Jobs-for-Entry Scheme," Chicago Tribune, June 26, 2009.

28  일리노이 주지사는 자발적인 사퇴를 요구하면서 "그것은 우리 주와 우리나라, 온 세계의 모든 사람이 일리노이 대학과 그 뛰어난 평판과 지식이 계속 이어질 것임을 알게 하기려는 조치라고 생각한다."라는 말을 남겼다. 다음 문헌을 참조하라. Amanda Paulson, "Admissions Scandal Brings Down University of Illinois President," Christian Science Monitor, September 23, 2009.

29  우리는 이미 최후통첩 실험을 통해 비용 부담을 감수하는 처벌의 명확한 사례를 보았다. 이 실험에서는 다른 실험자를 처벌하는 데 따른 비용이 그보다 직접적이지 않다. 당신을 속인 사람을 속임으로써 당신은 다른 거래자들이 함께하는 자신의 평판에 손상을 입힌다. 따라서 잠재적으로는 자신에게 주어질 미래의 보상에 손실을 입히는 것이다. 이런 조건에서 다른 거래자들은 당신이 왜 속임수를 썼는지 알지 못하고, 오로지 당신이 속임수를 썼다는 사실만을 알게 된다. 따라서 당신의 평판은 타격을 입는다. 하지만 당신은 다른 실험자들이 당신이 속임수를 쓴 배경을 이해하는 것으로 실험의 규칙을 상상해볼 수 있다. 이런 규칙하에서는 보복적인 속임수가 오히려 해로운 사람과는 관계를 맺지 않는 사람으로 당신의 평판을 좋게 만든다.

30  Jennifer Brown and John Morgan, "Reputation in Online Auctions: The Market for Trust," California Management Review, vol. 49, no. 1 (2006): 61 - 81.

31  Kenneth R. Harney, "Homeowners Who 'Strategically Default' on Loans a Growing Problem," Los Angeles Times, September 20, 2009.

32  피에르 가르뎅의 평판 하락에 대해서는 다음 문헌을 참조하라. Charles J. Fombrun, Reputation: Realizing Value from the Corporate Image (Boston: Harvard Business School Press, 1996), and Leyland Pitt and Michael Parent, "Stretching the Luxury Brand," Financial Post, October 24, 2008.

33  http://www.fundinguniverse.com/company-histories/Apple-Computer-Inc-Company-History.html.

34  G. Jin and P. Leslie, "The Effect of Information on Product Quality: Evidence from Restaurant Hygiene Grade Cards," Quarterly Journal of Economics, vol. 118, no. 2 (2003): 409 - 51, and G. Z. Jin and P. Leslie, "Reputation Incentives for Restaurant Hygiene," American Economic Journal: Microeconomics, vol. 1, no. 1 (February 2009): 237 - 67. 흥미롭게도 등급 카드 도입은 '유명 체인 소속'이라는 평판이 있던 체인 레스토랑의 비교 우위를 낮추었다. 저자는 베니스 같은 인기 있는 관광지는 고객 대부분이 일회적으로 방문하기 때문에 평판에 대해 익힐 기회가 없어 위생 상태가 좋지 못한 레스토랑이 많다는 것도 지적했다. 레스토랑들이 좋은 위생 상태에 대한 평판을 만들 강한 인센티브가 없기 때문에 등급제가 없는 가

운데 좋지 못한 위생 상태가 계속된다. 하지만 점점 많은 관광객이 스마트폰 등을 통해 정보를 공유하면서 품질이 향상될 것으로 예측된다.

35  Glenn Collins, "City Restaurants Required to Post Cleanliness Grades," New York Times, March 16, 2010.

36  K.-Y. Chen, T. Hogg, and N. Wozny, "Experimental Study of Market Reputation Mechanisms," Proceedings of the 5th ACM Conference on Electronic Commerce (2004): 234 – 35.

37  Ronald Alsop, "How Boss's Deeds Buff a Firm's Reputation," Wall Street Journal, January 1, 2007.

38  이것은 'Catch-22(진퇴양난의 상황)'와 비슷하다. 회원이 충분히 없으면 회원 기준을 낮추고 싶은 유혹을 받을 수 있다. 하지만 기준을 낮추면 좋은 회원을 유인할 수 있는 무기가 사라진다. 어느 시점에는 이런 악순환을 전환할 방법이 없어진다.

39  흥미롭게도 미국 금융 시스템이 최근 위기를 맞았을 때 연방 정부는 국민이 은행에 있는 자신의 돈이 안전하다고 믿게 만들려면 연방예금보험공사의 프로필을 강화해야 한다고 생각했다. 그 목적으로 수지 오먼을 고용해 대대적인 TV 광고를 벌인 것이다. 천하의 연방예금보험공사조차 일개인의 평판을 통해 이익을 얻을 수 있었다.

40  오프라는 비공식적으로 자신의 이름을 이용할 사람이나 대상을 선택하는 데 전혀 까다롭지 않다. 자신의 프로에서 논란의 여지가 있는 의학 치료법을 공개하는 오프라의 의도가 선한지는 몰라도, 그런 행동은 전문가인 의사들이 평가하는 오프라의 이미지를 훼손한다.

41  Steven Tadelis, "The Market for Reputations as an Incentive Mechanism," Journal of olitical Economy, vol. 110, no. 4 (August 2002): 854 – 82.

42  Gary J. Miller, Managerial Dilemmas: The Political Economy of Hierarchy (Cambridge, UK: Cambridge University Press, 1992).

43  D. H. Hsu, "What Do Entrepreneurs Pay for Venture Capital Affiliation?," Journal of Finance, vol. 59, no. 4 (2004): 1805 – 44.

44  M. J. Salganik, P. S. Dodds, and D. J. Watts, "Experimental Study of Inequality and Unpredictability in an Artificial Cultural Market," Science, vol. 311, no. 5762 (February 10, 2006): 854 – 56.

45  게리 볼튼과의 전화 인터뷰, 2008년 5월 27일.

46  Gary Bolton, Ben Greiner, and Axel Ockenfels, "Engineering Trust: Reciprocity in the Production of Reputation Information," (SSRN working paper, April 2010).

47  Anya Kamenetz, "The Perils and Promise of the Reputation Economy," Fast Company, November 2008.

48  C. Dellarocas and C. A. Wood, "The Sound of Silence in Online Feedback: Estimating Trading Risks in the Presence of Reporting Bias," Management Science, vol. 54, no. 3 (March 2008): 460 – 76.

49  Charles J. Fombrun, C. B. M. van Riel, Cees Van Riel, Fame & Fortune: How Successful Companies Build Winning Reputations, (Upper Saddle River, N.J.: Pearson Education, Financial Times, 2004)

50  Mooweon Rhee and Pamela R. Haunschild, "The Liability of Good Reputation: A Study of Product Recalls in the U.S. Automobile Industry," Organization Science, vol. 17, no. 1 (January – February 2006): 101 – 17.


## 3

1   Louise Story, "Lead Paint Prompts Mattel to Recall 967,000 Toys," New York Times, August 2, 2007.

2   이후 몇 주간 소비자들이 중국산 제품을 모조리 경계하게 되면서, 마텔은 중국의 제품 안전 책임 당국자와 중국 국민을 대상으로 자사의 미흡한 안전 관리에 대해 공개적인 사과를 해야 하는 이상한 입장에 서게 됐다. 다음 문헌을 참조하라. Jyoti Thottam, "Why Mattel Apologized to China," Time, September 21, 2007.

3   신뢰 실험은 '투자 실험'이라고도 불린다. 다음 문헌을 참조하라. Joyce Berg, John Dickhaut, and Kevin McCabe, "Trust, Reciprocity, and Social History," Games and Economic Behavior, vol. 10, no. 1 (July 1995): 122 – 42.

4   Martin Hollis, Trust Within Reason (Cambridge, UK: Cambridge University Press, 1998).

5   사실 신뢰 실험은 순차적인 죄수의 딜레마다. 참가자들이 순차적으로 행동하긴 하다. 하지만 신뢰 실험은 전형적인 죄수의 딜레마와 몇 가지 주요한 특징을 공유하고 있다. 가장 중요한 것은 불확실성하에서 신뢰를 주느냐의 문제다.

6   P. J. Zak and S. Knack, "Trust and Growth," Economic Journal, vol. 111, no. 470 (April 2001): 295 – 321. 잭은 신경경제학 분야의 선도자다. 신경경제학은 사람들이 경제적 결정을 내릴 때 두뇌에서 어떤 일이 일어나는지 관찰한다. 비전문가인 청중들의 구미를 당길 만한 그의 연구(신경전달물질과 옥시토신 호르몬의 역할과 신뢰와 성장 사이의 관계)를 다룬 기사는 다음에 실려 있다. P. J. Zak, "The Neurobiology of Trust," Scientific American, vol. 298, no. 6 (June 2008): 88 – 95.

7   T. Kiyonari, T. Yamagishi, K. S. Cook, and C. Cheshire, "Does Trust Beget Trustworthiness?: Trust and Trustworthiness in Two Games and Two Cultures: A Research Note," Social Psychology Quarterly, vol. 69, no. 3 (September 1, 2006): 270 – 83.

8   가족 기업은 정반대의 문제에도 부딪힌다. 2세는 비즈니스를 잘 안다. 따라서 부모는 자식을 완벽하게 신뢰한다. 하지만 2세는 자신만의 경력을 추구하고자 한다. 그 때문에 부모의 방식대로 기업을 경영할 동기가 부족하다. 두 경우 모두, 부모는 사업을 다른 사람에게 이양하는 편이 유리하다.

9   A. J. C. Cuddy et al., "When Professionals Become Mothers, Warmth Doesn't Cut the Ice," Journal of Social Issues, vol. 60, no. 4 (2004): 701 – 18.

10  Jennifer Aaker, Kathleen Vohs, and Cassie Mogilner, "Non-Profi ts Are Seen as Warm and For-Profi ts as Competent: Firm Stereotypes Matter" (working paper no. 69, Rock Center for Corporate Governance at Stanford University, forthcoming in Journal of Consumer Research, 2010).

11  제프리 페퍼Jeffrey Pfeffer로부터 얻은 사례.

12  J. Farrell and M. Rabin, "Cheap Talk," Journal of Economic Perspectives, vol. 10, no. 3 (Summer 1996): 103 – 18. 이 글은 빈말과 빈말이 신뢰를 얻는 조건에 대해 비전문적이긴 하지만

매우 뛰어난 통찰력을 보여준다.

13 '진실 편향'이라는 개념은 다음 문헌에서 나왔다. S. McCornack and M. R. Parks, "Deception Detection and Relationship Development: The Other Side of Trust," in Communication Yearbook 9, ed. M. McLaughlin, pp. 377 – 89 (Beverly Hills, Calif.: Sage Publications, 1986). 후속 실험에 관한 기사는 다음 문헌을 참조하라. T. Kawagoe and H. Takizawa, "Why Lying Pays: Truth Bias in the Communication with Confl icting Interests," SSRN Electronic Paper Collection, 2005, ID: 691641.

14 Rachel Croson, Terry Boles, and J. Keith Murnighan, "Cheap Talk in Bargaining Experiments: Lying and Threats in Ultimatum Games," Journal of Economic Behavior and Organization, vol. 51, no. 2 (June 2003): 143 – 59.

15 거짓말 회피에 대한 실험은 다음 문헌을 참조하라. S. Hurkens and N. Kartik, "Would I Lie to You?: On Social Preferences and Lying Aversion," Experimental Economics, vol. 12, no. 2 (2009): 180 – 92.

16 Maurice E. Schweitzer and Rachel T. A. Croson, "Curtailing Deception: The Impact of Direct Questions on Lies and Omissions," International Journal of Confl ict Management, vol. 10, no. 3 (July 1999): 225 – 48.

17 William P. Bottom, Kevin Gibson, Steven E. Daniels, and J. Keith Murnighan, "When Talk Is Not Cheap: Substantive Penance and Expressions of Intent in Rebuilding Cooperation," Organization Science, vol. 13, no. 5 (September 2002): 497 – 513.

18 실제 상황은 이보다 더 복잡하다. 이 실험들은 불확실성의 효과가 제조비용에 달려 있다는 것을 발견했다. 제조비용이 높으면 수요 변동성이 낮아지면서 과장이 줄고 신뢰가 높아진 다. 하지만 제조비용이 낮으면 구매자의 과장 정도는 수요의 불확실성 수준에 관계없이 동 일하다. 하지만 낮은 비용 때문에 제조업자는 본문에서 설명한 대로 구매자를 더 신뢰하게 된다.

19 Rachel Croson and Nancy Buchan, "Gender and Culture: International Experimental Evidence from Trust Games," American Economic Review, Papers and Proceedings, vol. 89, no. 2 (May 1999): 386 – 91.

20 위와 동일한 문헌.

21 M. Pillutla, D. Malhotra, and J. K. Murnighan, "Attributions of Trust and the Calculus of Reciprocity," Journal of Experimental Social Psychology, vol. 39, no. 5 (2003): 448 – 55.

22 P. J. Zak, K. Borja, W. T. Matzner, and R. Kurzban, "The Neuroeconomics of Distrust: Sex Differences in Behavior and Physiology," American Economic Review, vol. 95, no. 2 (2005): 360 – 63.

23 J. Mark Weber, Deepak Malhotra, and J. Keith Murnighan, "Normal Acts of Irrational Trust: Motivated Attributions and the Trust Developmentm Process," Research in Organizational Behavior, vol. 26 (2005): 75 – 101.

24 이것은 2008년 11월 1일에 FGG 웹사이트 fggus.com에 제시된 수치다.

25 I. Bohnet, F. Greig, B. Herrmann, and R. Zeckhauser, "Betrayal Aversion: Evidence from Brazil, China, Oman, Switzerland, Turkey, and the United States," American Economic Re-

view, vol. 98, no. 1 (March 2008): 294 – 310.

26 J. Cox, "How to Identify Trust and Reciprocity," Games and Economic Behavior, vol. 46, no. 2 (2004): 260 – 81.

27 Jeffrey H. Dyer and Wujin Chu, "The Role of Trustworthiness in Reducing Transaction Costs and Improving Performance: Empirical Evidence from the United States, Japan, and Korea," Organization Science, vol. 14, no. 1 (January – February 2003): 57 – 68.

28 Michael Spence, "Job Market Signaling," Quarterly Journal of Economics, vol. 87, no. 3 (August 1973): 353 – 74.

29 잠재적인 고비용 신호에 대한 또 다른 해법은 응신 신호다. 신호를 보내지 않음으로써 신호를 보내는 위험이 따르는 전략이다. 예를 들어 TV 광고를 하지 않음으로써 당신은 '나의 평판이 스스로를 말해준다.'라는 메시지를 성공적으로 전달할 수 있다. 마찬가지로 허름한 옷을 입고 직위나 신분을 경시하는 태도를 취함으로써, 당신에게는 전형적인 과시가 필요 없다는 신호를 보낼 수 있다. 꾸며낸 겸손의 이 모든 형태는 당신의 평판이 당신보다 우월하다는 확신이 있을 때만 효과가 있다.

30 믿을 수 있는 커뮤니케이션에 꼭 많은 비용이 들어가는 것은 아니다. 정보를 밝히는 것이라면 어느 것이나 유효하다. 예를 들어 소매업자에게 전망을 묻는 도매업자는 부정확한 정보를 얻을 수도 있다. 소매업자에게 정확성을 추구해야 할 인센티브가 없기 때문이다. 하지만 소매업자의 선주문에 할인을 제공함으로써 도매업자는 효과적으로 정확한 전망을 이끌어 낼 수 있다. 이 신호는 주문 자체에 있는 수량 정보이며 확실성은 주문을 일찍 하는 데 대한 금전적 인센티브에서 나온다.

31 노동자에게 경계심을 풀고 업무 규정에서는 허용하지 않는 방식으로 허심탄회하게 이야기할 기회를 주는 것과 같은 다른 이유에서도 의미가 있을 것이다.

32 R. Sosis, "The Adaptive Value of Religious Ritual," American Scientist, vol. 92, no. 2 (March – April 2004): 166 – 72.

33 Bradley J. Ruffle and Richard Sosis, "Does It Pay to Pray? Costly Ritual and Cooperation," B.E. Journal of Economic Analysis and Policy, vol. 7, no. 1 (2007): Article 18.

34 Diego Gambetta, Codes of the Underworld: How Criminals Communicate (Princeton, N.J.: Princeton University Press, 2009).

35 Peter T. Leeson, The Invisible Hook: The Hidden Economics of Pirates (Princeton, N.J.: Princeton University Press, 2009).

36 신원을 확인할 수 있는 민족적 혹은 종교적 집단 내 신뢰의 착취, 친족 사기affinity fraud의 사례는 모르몬교도나 침례교도와 같이 밀접하게 결합된 다른 공동체에서도 일어난다.

# 3부

## 1

1 Jane Costello, "Shopper Turns Lots of Pudding into Free Miles," Wall Street Journal, January 24, 2000, and James Bone, "Pudding Buyer Can Fly Free for a Lifetime," The Times (London),

January 26, 2000. Other details of this story come from Kathleen Holder, "Engineer Finds Sweet Travel Deal in Cups of Pudding," Dateline UC Davis, February 4, 2000; "Roger and Out," Airline Industry Information, March 17, 2000; and Larry Jaffee, "Promoland," Promo, August 1, 2007.

2   의사 보고서의 효과에 대한 연구는 다음 문헌을 참조하라. Timothy P. Hofer et al., "The Unreliability of Individual Physician 'Report Cards' for Assessing the Costs and Quality of Care of a Chronic Disease," Journal of the American Medical Association, vol. 281, no. 22 (June 9, 1999): 2098 – 105. The No Child Left Behind Act had many unintended consequences; this particular one is discussed in Sam Dillon, "States' Data Obscure How Few Finish High School," New York Times, March 20, 2008.

3   Steven Mufson, "Papermakers Dig Deep in Highway Bill to Hit Gold," Washington Post, March 28, 2009.

4   Melissa Morrison, "Arizona Taxpayers Fuming over $200 Million Boondoggle," Washington Post, December 11, 2000.

5   David Waldstein, "Nationals Sign Top Draft Pick, but Need Record $15 Million Bonus to Do So," New York Times, August 18, 2009.

6   Alvin E. Roth, J. Keith Murnighan, and Francoise Schoumaker, "The Deadline Effect in Bargaining: Some Experimental Evidence," American Economic Review, vol. 78, no. 4 (1988): 806 – 23.

7   또 다른 경제학자인 MIT의 무하메트 일디즈Muhamet Yildiz이 이유를 제시한다. 그는 관련된 거래상의 힘에 대해서 쌍방이 지나치게 낙관적일 경우, 더 이상의 지연으로 양쪽이 큰 비용을 치르게 되는 마지막 순간까지 타협하거나 거래를 성사시키지 않는다고 추론했다.

8   Chico Harlan, "A Franchise, and a City, Pin Their Hopes on a Mighty Arm," Washington Post, August 19, 2009.

9   Ian Larkin, "The Cost of High-Powered Incentives: Employee Gaming in Enterprise Software Sales" (working paper, May 17, 2008), http://isites.harvard.edu.

10  Dan Ariely, Axel Ockenfels, and Alvin Roth, "An Experimental Analysis of Ending Rules in Internet Auctions," RAND Journal of Economics, vol. 36, no. 4 (Winter 2005): 890 – 907.; Alvin E. Roth and Axel Ockenfels, "Last-Minute Bidding and the Rules for Ending Second-Price Auctions: Evidence from eBay and Amazon Auctions on the Internet," American Economic Review, vol. 92, no. 4 (September 2002): 1093 – 103.

11  아마존 사용자가 경험이 쌓이면서 스나이핑을 덜 하는 이유를 분석할 수 있을까? 결국 그것은 추측이 될 것이다.

12  평판에 대한 장에서 설명했듯이 평가 메커니즘을 변경하면서 이베이는 시스템에 미칠 충격을 줄이기 위해 새로 올라온 소비자 평가를 과거의 평가보다 상위에 둔다고 강조했다.

13  Ali Dasdan, Santanu Kolay, Panagiotis Papadimitriou, and Hector Garcia-Molina, "Output Bidding: A New Search Advertising Model Complementary to Keyword Bidding," Fifth Workshop on Ad Auctions (in conjunction with the ACM Conference on Electronic Commerce), July 6, 2009, Stanford, Calif.).

14 온라인 유통업자들 사이에서는 이런 차이가 확실치 않다. 기술적으로는 웹사이트에서 물품 옆에 보이는 판매가가 판촉 가격이다. 하지만 실제 판매가는 고객의 장바구니를 들여다보기 전에는 알 수 없다. 온라인 쇼핑몰은 겉으로는 MAP 판매가를 제시하고 실제로는 낮은 가격에 판매할 수 있다. 예를 들어 MAP을 교묘히 피해갈 수 있는 전자상거래용 소프트웨어를 판매하는 한 개발회사는 자사 제품을 이렇게 설명한다. "이 프로그램은 MAP에 의한 제조업체와의 충돌을 피하고 당신이 원하는 가격에 제품을 팔도록 도와줍니다. 여기에는 '가격 확인' 버튼이 있습니다. 고객이 이 버튼을 클릭하면 장바구니에 아이템이 담기고 그 후에야 최종 판매가가 보이게 됩니다."

15 타임워너, EMI, 소니 등 음반회사들은 유통업자들이 자기 마진을 줄여서 할인을 하더라도 MAP 판매가를 음반 포장에 표기할 것을 강제함으로써 MAP의 악용을 막으려는 시도를 했다. 이에 대해 연방거래위원회는 독점금지법 위반으로 벌금을 부과했다.

16 Gary Charness and Kay-Yut Chen, "Minimum Advertised-Price Policy Rules and Retailer Behavior: An Experiment by Hewlett-Packard," Interfaces, vol. 32, no. 5 (September-October 2002): 62-63.


## 2

1 "Traders Hit 88퍼센트 of Oscar Awards," HSX press release, February 23, 2009.

2 Anita Elberse, "The Power of Stars: Do Star Actors Drive the Success of Movies?" Journal of Marketing, vol. 71, no. 4 (October 2007): 102-20.

3 William Goldman, Adventures in the Screen Trade: A Personal View of Hollywood and Screenwriting (New York: Warner Books, 1983).

4 제임스 서로위키James Surowiecki는 그의 한 칼럼에서 비슷한 논평을 했다. James Surowiecki, "Nobody knows anything. But everybody, it turns out, may know something," "The Science of Success," New Yorker, July 9, 2007.

5 13억 달러라는 수치는 다음 문헌에 나온 업계 분석가의 견해에서 나왔다. "Wii Shortage Means $1.3bn Lost Sales for Nintendo This Christmas," The Times (London), December 18, 2007.

6 Cliff Edwards, "A Long, Long Wait for a Wii," BusinessWeek, December 17, 2007.

7 Scott E. Page, The Difference: How the Power of Diversity Creates Better Groups, Firms, Schools, and Societies (Princeton, N.J.: Princeton University Press, 2007).

8 Emile Servan-Schreiber, Justin Wolfers, David M. Pennock, and Brian Galebach, "Prediction Markets: Does Money Matter?" Electronic Markets, vol. 14, no. 3 (September 2004): 243-51.

9 또한 각 게임에서 시장이 이길 것이라고 선호했던 팀의 시장 거래 가격은 이길 확률을 근접하게 반영했다. 트레이드스포츠상의 게임 전 평균 거래 가격은 65.1퍼센트, 스포츠익스체인지상에서는 65.6퍼센트였다.

10 Charles Plott and Shyam Sunder, "Rational Expectations and the Aggregation of Diverse Information in Laboratory Security Markets," Econometrica, vol. 56, no. 5 (September 1988): 1085-118.; Charles Plott and Shyam Sunder, "Efficiency of Experimental Security Markets with Insider Information: An Application of Rational-Expectations Models," The Journal of

Political Economy, vol. 94, no. 4 (August 1982): 663–698.

11   http://www.nhtsa.dot.gov/CARS/rules/CAFE/overview.htm.


## 결론

1   사실 마리나는 그날 정확히 얼마를 받았는지 기억하지 못한다. 그저 70달러는 넘고 100달러는 안 됐다는 것만 기억할 뿐이다. 마리나가 그렇게 기억한 이유는 실험 주최자인 케이웃이 그 실험 참가자들이 평균 75달러를 받았다고 말해주었기 때문이다. 마리나는 평균보다적게 받았다고 믿고 싶지 않았을지도 모른다.

2   현재 케이웃의 직함은 '비즈니스 최적화 연구소, 최고책임연구원'이다.

3   Rana Foroohar, "An Experimental Mind," Newsweek, October 6, 2003. Marina Krakovsky, "Experiments at Work," Scientific American, March 2006.; Marina Krakovsky, "The Not-So-Dismal Science," Portfolio.com, June 26, 2008 (http://www.portfolio.com/executives/features/2008/06/26/HPs-Kay-Yut-Chen/).

4   케이웃은 이 결과를 대외적으로 발표하지 않았다. 하지만 최근 학계에서 나온 논문은 HP연구소의 실험 결과와 비슷한 내용을 발표했다. Noah Lim, Michael Ahearne, and Sung Ham, "Designing Sales Contests: Does the Prize Structure Matter?," Journal of Marketing Research, vol. 46, no. 3 (2009): 325–45.

5   캐피탈원에 대해서는 다음 문헌을 참조하라. Charles Fishman, "This Is a Marketing Revolution," Fast Company, April 1999. 하라에 대해서는 다음 문헌을 참조하라. Christina Binkley, "Lucky Numbers: Casino Chain Mines Data on Its Gamblers, and Strikes Pay Dirt," Wall Street Journal, May 4, 2000.

6   MarketingExperiments.com.

7   Hal Weitzman, "An Experimental Approach to the Right Answers," Financial Times, April 20, 2009.

8   실험 참여에 대한 페이지가 링크된 연구소들의 목록은 http://leem.lameta.univ-montp1.fr/index.php?page=liste_labos&lang=eng에 있다.

9   J. C. Cox et al., "Competition for Versus on the Rails: A Laboratory Experiment," International Economic Review, vol. 43, no. 3 (August 2002): 709–36.

10   많은 곳에서 켈러허의 이 말을 인용했다. 이 말은 업계에서, 특히 경쟁업계 사이에서조차 애용하는 표현이 됐다. 그렇지만 대도시 공항을 피하는 이단적인 전략은 쉽게 복제될 수 있는 것이 아니었다. 사우스웨스트의 성공은 주류의 방향과 반대되는 데 달려 있다. 다른 회사들이 작은 공항들로 항로를 변경한다면 작은 공항들 역시 정체될 것이기 때문이다.

11   코지의 비유 역시 찰스 플로트Charlie Plott의 발상이다.

# 게임의 법칙을 설계하라

**초판 1쇄 인쇄** 2021년 11월 4일
**초판 1쇄 발행** 2021년 11월 11일

**지은이** 케이윳 첸·마리나 크라코프스키
**옮긴이** 유효상
**펴낸이** 안현주

**기획** 류재운 **편집** 이상실 안선영 **마케팅** 안현영
**디자인** 표지 최승협 본문 장덕종

**펴낸 곳** 클라우드나인    **출판등록** 2013년 12월 12일(제2013-101호)
**주소** 우) 03993 서울시 마포구 월드컵북로 4길 82(동교동) 신흥빌딩 3층
**전화** 02-332-8939  **팩스** 02-6008-8938
**이메일** c9book@naver.com

**값** 18,000원
**ISBN** 979-11-91334-36-4 03320